QUELLES SONT
AU POINT DE VUE JURIDIQUE ET AU POINT DE VUE PHILOSOPHIQUE

LES RÉFORMES

DONT NOTRE

PROCÉDURE CIVILE

EST SUSCEPTIBLE

PAR M. SELIGMAN

Juge au tribunal civil de Reims, ancien Lauréat de l'Institut de France.

OUVRAGE

qui a obtenu une première mention honorable

A l'Académie des Sciences morales et politiques de Paris.

PARIS
AUGUSTE DURAND, LIBRAIRE
RUE DES GRÈS, 7.
—1855—

RÉFORMES

DONT NOTRE

PROCÉDURE CIVILE

EST SUSCEPTIBLE

PARIS. — IMPRIMERIE D'E. DUVERGER
RUE DES GRÈS, 11.

QUELLES SONT

AU POINT DE VUE JURIDIQUE ET AU POINT DE VUE PHILOSOPHIQUE

LES RÉFORMES

DONT NOTRE

PROCÉDURE CIVILE

EST SUSCEPTIBLE

PAR M. SELIGMAN

Juge au tribunal civil de Reims, ancien Lauréat de l'Institut de France.

—

OUVRAGE

qui a obtenu une première mention honorable

A l'Académie des Sciences morales et politiques de Paris.

PARIS
AUGUSTE DURAND, LIBRAIRE
RUE DES GRÈS, 7.
—1855—

QUELLES SONT

au point de vue juridique & au point de vue philosophique

LES RÉFORMES

DONT

NOTRE PROCÉDURE CIVILE

EST SUSCEPTIBLE.

CHAPITRE PREMIER.

Critiques de la procédure et leur appréciation.

> Rendre l'expédition des affaires plus prompte, plus facile et plus sûre.
> (Louis XIV.— *Préambule de l'ordonnance de 1667.*)

L'esprit réformateur de nos jours qui veut renverser tout, sans pouvoir édifier rien, lance aussi son anathème sur les formes qui servent à rendre la justice.

Sans avoir approfondi l'utilité de la procédure, par une espèce de maladie du siècle, il la condamne, il la flétrit des noms de chicane, de plaie qui dévore les biens et l'honneur des familles. C'est en déversant sur elle ces injures, qu'il croit triompher d'une institution consacrée par le temps et adoptée chez tous les peuples civilisés.

Cette manière légère et sans façon de faire le procès aux choses les plus utiles, les plus sacrées, et de trancher les questions sociales les plus difficiles, fait comprendre facilement l'horreur qu'inspirent à de pareils critiques ces formes de procédure dont le but est de guider, d'éclairer la justice dans ses investigations de la vérité.

De telles opinions peuvent exercer une influence dangereuse dans des moments de troubles et faire abolir une loi sauvegarde de nos propriétés, de notre vie, de notre honneur et de notre liberté.

Si nous ne devons pas nous arrêter à ces déclamations d'esprits sans valeur, ni consistance, il faut dire cependant qu'il y a, dans les occasions qui mettent en action la procédure, des motifs pour faire naître contre elle des préventions défavorables. En effet, si la procédure n'est pas un mal; c'est un remède souvent amer pour ceux qui sont obligés d'y recourir, afin de réparer le tort que leur cause une injustice.

Notre société, où les conventions sont si multiples et si rapides, serait bien à plaindre, si pour leur exécution il lui fallait l'intervention continuelle des tribunaux. Heureusement, il n'en est pas ainsi; les recours à la justice pour leur accomplissement sont un fait anormal, toujours désagréable pour ceux que la nécessité y contraint.

Le demandeur, impatient de jouir de son droit, trouve dans les formes de procédure autant d'obstacles à surmonter. Le défendeur, de son côté, lorsqu'il sera condamné, la maudira comme coûteuse et même injuste. Souvent deux plaideurs s'épuisent (1) dans une lutte de bonne foi devant la justice, où le triomphe affaiblit le vainqueur et fait la ruine du vaincu.

De là, bien des personnes, semblables aux malades qui détestent la médecine, conservent une rancune contre la procédure, qu'elles trouvent un remède trop cher et trop pénible. A plus forte raison est-elle exposée à la colère des plaideurs qui perdent leurs causes. Ceux-ci n'osant trop s'en prendre aux magistrats, s'attaquent à l'institution dont les formes leur paraissent lentes, inutiles et coûteuses, ainsi qu'à leurs défenseurs.

Ceux qui sont victimes d'un procès, ne considèrent jamais que leur intérêt propre dans leurs contestations. Ce sentiment, qui prend sa source dans l'amour de soi-même, est naturel, et par là à peu près excusable. Mais l'homme impartial s'élève au dessus de ces considérations individuelles, et se dit que le bien général doit l'emporter sur l'intérêt particulier.

Cette erreur, si commune parmi les gens qui censurent les lois de la procédure, provient de ce que l'intelligence ne peut remonter à l'utilité publique

---

(1) Un tableau du siècle dernier représente deux plaideurs, après le jugement du procès, l'un en chemise et l'autre tout nu.

 Crois moi, dût Auzanet t'assurer du succès,
 Abbé, n'entreprends pas même un juste procès.
 N'imite point ces fous dont la sotte avarice
 Va de ses revenus engraisser la justice,
 Qui, toujours assignant et toujours assignés,
 Souvent deviennent gueux de vingt procès gagnés.

              (BOILEAU.)

qu'après plusieurs réflexions, au lieu que les considérations tirées de l'intérêt privé s'offrent à nous sur-le-champ. Peu de personnes ont l'esprit assez perçant pour pénétrer jusqu'aux vues générales ; parce que ce sont des idées trop abstraites, et que notre pensée, souvent absorbée par des choses accessoires, n'a pas la force de s'élever jusqu'à ces régions où domine avant tout l'intérêt public.

On ne peut nier qu'il n'y ait des imputations qui soient fondées, mais si l'on prouve qu'elles résultent des abus de la procédure, ou de l'imperfection des lois, l'institution elle-même restera inattaquable. La plupart des gens ne font pas cette distinction, et confondant toujours l'institution avec l'abus qu'on en fait, ne voient pas de meilleur moyen pour réformer l'un, que de supprimer l'autre. Il est, à la vérité, certaines imperfections dans la procédure, auxquelles on peut remédier. Cependant il y a des utopistes qui, dans le délire d'une imagination portée au bien, mais exaltée, pensent qu'il est facile de remédier à tout, et exigent une perfection irréalisable dans les institutions humaines. Ils croient avoir trouvé la panacée, en cherchant par tous les moyens à diminuer les procès, ou à les vider dans le plus bref délai. Pour eux, le tribunal serait un hippodrome, où les juges et les parties ne doivent s'appliquer qu'à le parcourir dans le plus bref délai possible. Pour eux, la justice devrait passer sur des chevaux de course, pour s'arrêter un instant auprès de ceux qui sauraient saisir par hasard les ailes de cette déesse rapide. Pour eux, toute la science législative de la procédure consiste à organiser des bureaux de conciliation, ou des arbitrages plus ou moins forcés, à écarter les hommes de loi des justiciables, de peur qu'ils ne les entraînent à des procès ruineux.

Certes, on ne peut nier que la manie des procès et leur augmentation ne soient une chose fâcheuse ; mais les maux qui forment souvent leur triste cortège, ne proviennent pas toujours des procès mêmes, et sont, au contraire, le résultat de l'obscurité des lois civiles, et des imperfections dans la procédure et l'organisation judiciaire.

D'un point de vue plus élevé, les procès paraissent une conséquence nécessaire des rapports parmi les hommes. Chaque nouvelle contestation est la suite d'une relation juridique nouvelle, et comme telle, une preuve d'un commerce vif et animé parmi les citoyens, d'une rapide circulation de l'argent, et de l'accroissement du bien-être national.

Que ceux qui se réjouissent de trouver que, dans tel pays, les rôles du tribunal sont peu chargés, n'oublient pas que souvent cette absence de procès provient de la pauvreté des habitants et du défaut absolu de tout négoce productif. Qu'ils consultent les statistiques de l'administration de la justice, et ils reconnaîtront facilement que le petit nombre de contestations dans certains pays, en comparaison avec d'autres qui en ont une quantité bien plus grande, n'est pas toujours un indice suffisant d'un état moral et politique meilleur dans ces pays, mais qu'il faudrait, au contraire, attribuer la rareté des affaires litigieuses à des circonstances bien différentes. Chez les uns, c'est l'éloignement et l'accès difficile des tribunaux, comme dans les montagnes. Chez les autres, c'est le peu de commerce, l'indifférence et la civilisation arriérée (1) des populations, qui sont cause du petit nombre de procès.

Souvent aussi la mauvaise organisation judiciaire fait préférer des arbitres à des juges, ou même souffrir un tort, plutôt que de s'adresser à des tribunaux qui n'ont pas la confiance de leurs justiciables. Et enfin, ce sont les lenteurs judiciaires et les vices de la procédure qui éloignent les habitants des tribunaux.

Si les procès sont, comme nous venons de le voir, la conséquence nécessaire des rapports multiples entre les hommes, sera-t-il nécessaire de démontrer longuement qu'il fallait des lois pour déterminer de quelle manière on pourrait réclamer l'autorité, et l'éclairer sur les contestations, comment elle interposerait son pouvoir et ferait exécuter les jugements? Évidemment, la question de la nécessité des formes ne saurait être méconnue (2). A quoi servirait le droit civil sans la procédure?

C'est elle qui lui donne la vie et le mouvement. En vain une personne serait-elle obligée par les lois,

(1) Ainsi les procès sont plus fréquents parmi les habitants des villes que ceux des campagnes. V. *Compte général de l'Administration de la justice en France*, pour l'année 1847, page XXVI, et de *l'Administration civile en Belgique*, pendant les années 1832-36 (Bruxelles, 1837.) — Civiljustiz-statistik von Oestreich (1819-32) de Springer. Dans le département de la Seine, sur 115 habitants vient un procès. Dans le département du Morbihan, un procès sur 1777, et dans les Pyrénées Orientales, sur 1800. On compte à Trieste, sur 31 habitants, un procès tous les 10 ans; en Silésie, au contraire, pendant le même laps de temps, un procès sur 905 personnes.

(2) Toute garantie, dit M. Guizot, consiste en deux éléments: un moyen de faire reconnaître le droit, un moyen de le faire effectivement respecter. (*De la Civilisation.*)

à me rendre mon bien, si d'autres n'indiquaient la marche pour parvenir à le mettre en ma possession, dans le cas où elle me le refuserait.

La loi civile fixe les droits et les obligations. Mais supposons le droit violé, l'obligation contestée, leur exécution refusée, les lois civiles n'auront ni puissance ni sanction, sans des tribunaux chargés de décider si le droit existe, si l'obligation est dûe, et de rendre ces décisions exécutoires. Tel est l'objet de l'organisation judiciaire.

La manière de réclamer son droit devant les tribunaux, d'en prouver l'existence aux magistrats, de rendre leurs jugements, de les faire réformer en cas d'erreur, d'en contraindre l'exécution, fait l'objet des règles de la procédure.

Ces formes n'étaient dans l'origine que des précautions imaginées pour un petit nombre d'événements prévus; les législateurs les ont multipliées, à mesure que leur prévoyance plus éclairée a pu calculer les efforts des passions et les ruses de la mauvaise foi. Frédéric disait dans le préambule de son Code : « Puisque l'injustice a créé un art d'em-
» brouiller les affaires, ne faut-il pas que la justice
» ait un art de les débrouiller? »

Aussi ces formalités sont-elles plus multipliées chez les nations civilisées que chez les peuples barbares. Dans son langage original et spirituel (1), Montesquieu exprime ainsi la même pensée: « On
» entend dire sans cesse qu'il faudrait que la justice
» fût rendue comme en Turquie: il n'y aura donc
» que les plus ignorants de tous les peuples qui

---

(1) Esprit des Lois, l. VI, ch. III.

» auront vu clair dans les choses du monde qu'il
» importe le plus aux hommes, de savoir. »

Une maxime d'éternelle justice veut que nul ne soit condamné, s'il n'a pu se défendre ; c'est l'idée dominante qui se développe, s'étend et se ramifie dans tous les détails des règles de la procédure. Si la faveur d'une demande légitime réclame simplicité et célérité dans les formes, celui que l'on poursuit, injustement peut-être, doit y trouver protection et sûreté.

Sans doute, la prolongation des luttes judiciaires est un mal, mais une imprudente promptitude nuit à la recherche des titres, à la découverte de la vérité et au droit de défense. « Il ne faut pas donner
» à l'une des parties le bien de l'autre, sans examen,
» ni les ruiner toutes les deux, à force d'examiner. »
(*Esp. des Lois.*)

Les formalités judiciaires sont établies, aussi bien dans l'intérêt du défendeur, pour lui faire la réclamation et lui donner le temps de préparer ses moyens, que dans celui du demandeur. Elles sont nécessaires au juge, pour le mettre à même de rendre la décision en connaissance de cause. Toutes ont pour but d'éviter la précipitation si contraire à la marche du raisonnement, et qui ne manquerait pas d'exposer la propriété à un danger continuel. Rappelons ici, les belles paroles de l'auteur de l'*Esprit des Lois* : « Si vous examinez les formalités
» de la justice, par rapport à la peine qu'a un ci-
» toyen à se faire rendre son bien, vous en trouverez
» sans doute trop ; si vous les regardez dans le
» rapport qu'elles ont avec la liberté et la sûreté
» des citoyens, vous en trouverez souvent peu, et

» vous verrez que les peines, les dépenses, les
» longueurs, les dangers mêmes de la justice, sont
» le prix que chaque citoyen donne pour sa liberté. »

La nécessité d'une procédure étant incontestable, la question importante à étudier est celle de savoir comment ces formes seront tracées, quelles sont les idées fondamentales qui doivent guider le législateur dans son œuvre. — Pour bien examiner le mérite de notre Code des formalités judiciaires, nous ferons porter nos investigations, d'abord sur les principes généraux qui doivent former la base d'une bonne procédure, d'une manière abstraite et philosophique ; et ensuite rechercher historiquement, quelles furent les destinées de la procédure civile en France, jusqu'à la rédaction du Code, quel est l'esprit qui a présidé à sa création, et si cet esprit a toujours été suivi fidèlement.

Les lumières de la philosophie nous donneront la règle, et les moyens de critique si l'on s'en est écarté ; nos recherches historiques nous fourniront l'explication des erreurs législatives ; et nous serons ainsi à même de proposer les améliorations possibles dans la partie pratique.

CHAPITRE II.

A. — *Influence que la philosophie doit avoir sur la procédure.*

La philosophie indique au législateur ce qu'il doit faire pour empêcher les désordres dans ce qui est du ressort de l'établissement judiciaire, les précautions qu'il doit prendre pour sonder les replis du cœur et parvenir à la connaissance d'une vérité obscurcie.

Une législation, faite pour gouverner une société bien organisée, ne doit être d'après sa nature, rien autre chose qu'une émanation de la philosophie, ou plutôt d'une vue philosophique, s'élevant au dessus du caprice des despotes et embrassant tous les rapports de l'homme et du citoyen. Les lois mauvaises, en contradiction avec la nature humaine, ne peuvent jamais être d'une application durable. Elles sont la source d'une routine arbitraire, d'usages incertains, de controverses qui exercent la subtilité des sophistes, mais qui ne constituent jamais une base scientifique.

En vain la philosophie dégradée se courbera sous leur joug; ce qu'elle n'a pas produit, elle ne pourra jamais l'ennoblir, ni le purifier. Une législation sans son génie peut tout au plus donner matière à un travail de compilation et de routine. Mais, on ne trouvera pas dans la poussière des études et des greffes, des maximes d'une application raisonnable. Rien n'est, par conséquent, plus utile à la pratique des affaires que de rechercher par l'analyse de la législation existante les principes de la philosophie. Ce sont eux qui peuvent produire l'harmonie entre la forme et le fond, la lettre et l'esprit de la loi.

En ôtant à la loi la sanction d'un *sic volo; sic jubeo* capricieux, la philosophie la transporte dans les régions plus élevées du vrai et du nécessaire.

En regardant la nature humaine comme majeure et l'organisation de la société, telle qu'elle existe, comme mineure, elle voit dans la loi la conséquence forcée de prémices données. Pénétré de ces idées, le juge ne décide pas de telle façon, parce que la loi est telle; mais, parce qu'il a la conscience que la loi est ainsi faite, parce qu'il ne doit pas décider autrement.

La loi paraît, pour ainsi dire, ne pas commander la sentence, mais être seulement là comme garantie de sa justesse.

Eclairées par l'esprit de la législation, toutes les obscurités de la lettre disparaissent devant son regard profond, et les principes généraux donnent la solution des antinomies apparentes du texte.

L'incertitude se dissipera pour le juge, et des règles sûres guideront sa conscience. C'est ainsi que la philosophie de la législation sert à former une pratique judiciaire, exempte de tout arbitraire.

B. — *Influence fâcheuse de l'esprit philosophique du XVIIIe siècle sur la procédure.*

Si la vraie philosophie, selon l'expression de l'illustre Portalis (1), travaille à assurer les lois par la morale, leur source première; l'esprit de système jette des erreurs au milieu des vérités les plus utiles, et des théories exagérées étouffent les sages leçons de l'expérience.

Dans aucun siècle la philosophie n'a exercé une puissance plus grande sur les idées qu'au XVIIIe. L'élan de l'esprit humain, le libre examen furent le trait dominant, le fait essentiel de cette époque.

Sans entrer dans les diverses circonstances qui ont

(1) Usage et abus de la philosophie.

concouru à donner cette influence à l'esprit philosophique, constatons seulement que son empire augmentait toujours. La philosophie, jusque là reléguée dans des régions inconnues, eut l'art de venir habiter avec nous, elle abandonna des recherches contemplatives et échangea des idées contre des faits, des chimères contre des réalités. — Jusque là, le libre examen s'était exercé dans un champ limité, spécial, il avait eu pour objet tantôt les questions religieuses; quelquefois les questions politiques et religieuses ensemble; mais ses prétentions ne s'étendaient pas à tout. Dans le XVIII° siècle le caractère du libre examen c'est l'universalité, la religion, la politique, la pure philosophie, l'homme et la société, la nature morale et matérielle; tout devient à la fois un sujet d'étude, de doute, de système; les anciennes sciences sont bouleversées : les sciences nouvelles s'élèvent. C'est un mouvement qui se porte en tous sens, quoique émané d'une seule et même impulsion. D'après la situation des esprits quelques écrivains osèrent tout. Après avoir cherché à détruire la religion par la société, ils travaillèrent à détruire la société par la nature. Ils interrogèrent toutes les institutions et leurs abus; ils leur demandèrent compte de leurs motifs, ils les confrontèrent avec ce qu'on appela les lois naturelles. Ils entreprirent de reconstituer le monde et de recommencer l'éducation du genre humain. Voltaire avait proposé à Frédéric II de faire l'essai d'un peuple d'athées dans le duché de Clèves et il s'offrait d'y devenir l'apôtre de l'irréligion.

Si les siècles d'ignorance donnent naissance aux abus, les siècles de lumières ne sont que trop souvent le théâtre des excès. « La philosophie, dit Bayle, ressemble à des poudres corrosives qui, après avoir consumé les chaires malsaines d'une plaie, rongeraient la chaire vive, carieraient les os et perceraient jusqu'aux moelles. Elle refute d'abord les erreurs ; mais, si on ne l'arrête pas là, elle attaque la vérité, et va si loin qu'elle ne sait plus où elle est, ne trouve plus où s'asseoir. »

Pendant que le génie philosophique du XVIII° siècle déployait cette activité prodigieuse, les institutions du passé subsistaient toujours ; mais l'esprit qui les animait, s'en était enfui. Rien n'était encore attaqué par la violence, tout l'était par le raisonnement. Ce qui était maxime on l'appelait rigueur, ce qui était règle on l'appelait tyrannie. L'antagonisme entre les institutions et les idées était flagrant. Le gouvernement dont le chef disait *Après moi le déluge*, ne devait mettre aucun obstacle au progrès de ces idées, dès qu'elles ne se traduisaient pas en attaque directe contre ce qui existait. La corruption des mœurs et la légèreté insouciante, que la Régence avait introduites dans les classes attachées par intérêt à l'ancien système, les rendaient incapables d'arrêter le courant du nouvel esprit qui les entraînait elles-mêmes.

Ce grand mouvement intellectuel a ce caractère singulier et qui ne s'est peut-être pas rencontré une seconde fois dans l'histoire du monde, c'est d'être purement spéculatif. Jusque là, dans toutes les grandes révolutions humaines, l'action s'était promptement mêlée à la spéculation. Ainsi au XVI° siècle, la révolution religieuse avait commencé par des idées, par des discussions purement intellectuelles ; mais elle avait presque aussitôt abouti à des événements.

Les chefs des partis intellectuels étaient très promptement devenus des chefs de partis politiques, les réalités de la vie s'étaient mêlées aux travaux de l'intelligence. Il en était arrivé ainsi au XVIIe siècle, dans la révolution d'Angleterre.

En France, au XVIIIe siècle, on voit l'esprit humain s'exercer sur toutes choses, sur les idées qui, se rattachant aux intérêts réels de la vie, devaient avoir sur les faits la plus prompte et la plus puissante influence. Et cependant les meneurs, les acteurs de ces grands débats restent étrangers à toute espèce d'activité pratique, purs spéculateurs qui observent, jugent et parlent sans jamais intervenir dans les événements. A aucune époque, le gouvernement des faits, des réalités extérieures, n'a été aussi complétement distinct du gouvernement des esprits. Chose très-grave et qui a exercé une prodigieuse influence sur le cours des événements. Elle a donné aux idées du temps un singulier caractère d'ambition et d'inexpérience; jamais la philosophie n'a plus aspiré à régir le monde, et ne lui a été plus étrangère. On vivait de spéculations et de systèmes, et bâtissait un empire idéal. Dès qu'on avait rédigé une idée, on croyait avoir fait un établissement. Il a bien fallu qu'on vînt un jour au fait, que le mouvement intellectuel passât dans les événements extérieurs, et comme ils avaient été totalement séparés, la rencontre fut plus difficile, et le choc beaucoup plus violent.

Ces théories aériennes donnèrent à l'esprit humain une prodigieuse hardiesse. Jusque là, il avait été retenu par de certaines barrières; au XVIIIe siècle, il serait difficile de dire quels étaient les faits extérieurs qu'il respectait, il avait l'état social tout entier en haine ou en mépris. Il en conclut qu'il était appelé à réformer toutes choses; il en vint à se considérer lui-même, comme une espèce de créateur : institutions, opinions, mœurs, la société et l'homme lui-même, tout parut à refaire, et la raison humaine se chargea de l'entreprise. Jamais pareille audace lui était-elle venue en pensée?

Si cette activité extraordinaire de l'esprit humain répandait les lumières partout, elle avait aussi l'inconvénient de n'éclairer rien à fond. Le génie philosophique étend ses ailes sur toutes les branches de l'arbre, mais il n'en touche que la surface. Des notions superficielles se vulgarisaient, la masse des demi-connaissances augmentait ; mais le vrai savoir n'eût plus aucune influence réelle. — Ce qui caractérise parfaitement la portée des travaux intellectuels de cette époque, ce fut la forme extérieure qu'on leur donna.

On créa les encyclopédies, on inventa les dictionnaires qui devaient renfermer l'universalité des connaissances humaines. Ainsi furent popularisées certaines doctrines. Mais ce que l'instruction gagna en étendue, elle le perdit en profondeur. Ces collections habituaient la plupart des hommes à ne rien chercher au delà, et on décriait ainsi la vraie érudition, en persuadant que l'on n'en avait plus besoin. Peu de personnes avaient le courage ou la volonté de remonter aux sources. On ne parlait des maximes de nos pères qu'avec dédain.

Les auteurs d'un ouvrage périodique (1) qui

---

(1) Journal littéraire dédié au roi.

s'imprimait en 1770, conseillaient sérieusement aux souverains qui voudraient composer de nouveaux codes de n'y point employer de jurisconsultes.

Ces savants s'estimant seuls capables de réformer la législation, croyaient qu'il suffisait d'un nouveau code pour faire d'un vieux peuple un peuple nouveau, pour substituer à ses institutions et à ses mœurs une candeur native, et le faire rentrer d'un saut dans la simplicité des voies de la nature. L'esprit satirique de Voltaire s'attaquant aussi à la procédure lui faisait dire, qu'il ne serait pas mal de trouver un jour quelque biais, pour que le fond l'emportât sur la forme. Le mot est joli, si l'on veut ; mais avec quelques réflexions sur la marche des affaires et sur l'esprit du temps on verra que ce biais ne serait autre chose qu'un pouvoir arbitraire et une funeste précipitation des jugements.

Combien sont plus vraies les paroles de Pierre Ayrault, ce profond jurisconsulte (1) : « Que justice
» gist en formalité : que l'instruction, la formalité
» et l'inquisition en sont la plus noble partie: que
» sans la formalité, on tombe dans l'arbitraire, que
» quant à juger, il n'y a rien de si aise à qui
» a tant soit peu d'expérience, bon et clair entende-
» ment ; mais qu'un jugement est comme une
» monnaie publique tant que la forme et l'image
» du prince y est, elle s'appelle monnaie, dont
» l'autorité et le crédit vaut plus que de l'or. Otez
» l'image, ce n'est désormais qu'une masse et rien
» de plus. Ainsi en est-il de justice à qui ôtera
» l'ordre, la formalité et l'instruction. »

(1) *L'Ordre, formalité et instruction judiciaire* par Pierre Ayrault. — Lyon, 1842, t. 1, art. 1, n° 2, p. 18.

L'habitude de cette époque, de tout réduire en dictionnaire, avait répandu des connaissances faciles, dans toutes les classes de la société. Chaque homme, ayant ainsi dans chaque branche quelques notions superficielles, s'arrogeait le droit de critiquer toute chose (1). « Un habitant de paroisse
» censurait amèrement l'instruction pastorale de son
» évêque. Les fantaisies de quelques esprits raison-
» neurs et abusés rivalisaient dans les tribunaux
» avec les lois elles-mêmes. Chaque cause qui fixait
» l'attention, devait être jugée dans le temple de la
» justice, comme on l'avait jugée dans les salons. »

Les écrivains philosophes, étrangers à la législation, avaient la prétention de réformer les lois. Leurs idées furent mises en pratique, lorsque la Convention décréta la destruction entière de l'ordre existant. Aux yeux des novateurs, toutes les institutions avaient le tort de n'avoir pas été conçues et établies par eux. On méconnaissait les souvenirs historiques de la nation qu'on espérait refondre dans le moule formé par une vaine philosophie.

On voit ainsi que les erreurs législatives de la révolution ont leur source principale dans les sophismes d'une fausse dialectique, et dans les spéculations pour ainsi dire aériennes d'une philosophie délirante. L'influence fatale qu'exerça plus tard l'esprit philosophique du XVIII° siècle, n'avait pas échappé au génie observateur de l'abbé Dubos. Il présageait les maux qui devaient en résulter, en écrivant ces lignes prophétiques : « Je me
» contenterai de dire que l'esprit philosophique qui

(1) *Esp. philos. du 18° siècle*, par Portalis.

» rend les hommes si raisonnables et pour ainsi dire
» si conséquents, fera bientôt d'une grande partie
» de l'Europe ce qu'en faisaient autrefois les Goths et les
» Vandales, supposé qu'il continue à faire les mêmes
» progrès qu'il a faits depuis soixante-dix ans. Je vois
» les arts nécessaires négligés, les préjugés les plus
» utiles à la société s'abolir, les raisonnements
» spéculatifs préférés à la pratique. Nous nous con-
» duisons sans égard pour l'expérience, le meilleur
» maître qu'ait le genre humain, et nous avons
» l'imprudence d'agir comme si nous étions la
» première génération qui eût su raisonner. Le
» soin de la postérité est pleinement négligé. Toutes
» les dépenses que nos ancêtres ont faites en bâ-
» timents et meubles seraient perdues pour nous,
» et nous ne trouverions plus dans la forêt du
» bois pour bâtir ni même pour nous chauffer, s'ils
» avaient été raisonnables de la manière dont nous
» le sommes. »

Les lois qui ont été faites sous l'empire de ces idées philosophiques, avaient tous les défauts du système qui les a fait naître. Comment s'étonner encore que, lorsqu'il s'agissait de rédiger sous la Convention un code des formalités judiciaires, ce produit révolutionnaire ait été entaché de ces vices, résultat des théories absolues et hostiles à toute pratique antérieure ? On remplace par de vaines spéculations les sages leçons de l'expérience. On ne veut que des vérités et des maximes absolues, comme s'il y en avait de telles dans la politique et dans la législation. On oublie que la paix et les autres avantages dont on jouissait jusqu'alors, étaient un bienfait des lois et des institutions mêmes que les novateurs maudissaient, que des coutumes qui s'enracinent dans une nation peuvent être changées doucement, mais qu'il ne faut pas les extirper à coups de hache au risque de la faire périr. On oublie que l'homme n'est point un être simple, mais très-compliqué ; que les hommes sont régis par des habitudes plutôt que par des raisonnements, et qu'il s'agit de leur donner non une métaphysique, mais des mœurs qui tiennent au caractère d'un peuple et aux passions habituelles qui le font mouvoir. Or, les mœurs ne peuvent se former que lentement, elles ne sont pas établies, mais inspirées ; elles n'ont point un principe unique, mais une multitude de causes concourent à les produire. C'est donc une bien grande imprudence de vouloir trop simplifier les ressorts de la société et de couper tous les fils qui, par leur nombre et leur réunion, lient les mœurs aux lois et les lois aux mœurs. On compromet la civilisation d'un peuple, si sous prétexte de lui donner de meilleures institutions, on ne laisse rien subsister de ce qui l'a civilisé; on le replonge dans la barbarie, en l'isolant de toutes les choses qui l'en ont fait sortir.

La loi de procédure qui se lie intimement aux habitudes et aux traditions judiciaires d'une nation, ne devait pas convenir à l'esprit philosophique de l'époque. Pourquoi des formalités de justice, pourquoi un art si compliqué que la procédure ? pourquoi des coutumes, des usages, des formes, tout cela ne saurait être l'essentiel, et le fait souvent oublier ? Qu'on retranche les procédures ou les réduise à la seule comparution des parties devant le juge pour expliquer leur différend et recevoir la solution !

Ce fut cette utopie judiciaire qui séduisit les philosophes législateurs de la Convention et donna naissance à la fameuse loi du 3 brumaire an II. Un pareil essai des novateurs suffit pour faire ressortir à la fois le danger et la vanité de ces systèmes de simplification. Notre âge est devenu trop fertile en artifices, la fraude a trop de calculs, l'erreur trop de subtilités, les actions trop de variété pour qu'un petit nombre de règles embrasse tous les cas.

La loi de procédure ne se plie pas à l'esprit généralisateur des théories abstraites. Cette manie des philosophes du XVIIIe siècle de tout généraliser sans tenir compte des faits, les rendait ennemis des règles particulières, des restrictions, des tempéraments d'équité qui semblent faire un art de la raison même. Comme on s'habituait à ne rien distinguer, on finissait par ne rien connaître. On voulait que les mœurs, le caractère national, que tout enfin s'aplanit sous l'empire de quelque idée générale, et fléchît devant une abstraction. Les sophistes pour accréditer leurs idées usent de la même violence qu'emploient les tyrans pour exécuter leurs volontés. Ils ne transigent jamais. Périsse le monde plutôt qu'un principe ! Ils négligent ou sacrifient les individus au bien, à l'intérêt métaphysique de l'espèce. Mais, comme ces abstractions n'ont aucune prise sur les hommes, elles ne peuvent pas prendre racine dans les faits. C'est ce qui arriva à la procédure informe, créée par la Convention. Le mal qu'elle avait fait aux justiciables accéléra le retour de l'ancien système. Pour combler le vide de la législation révolutionnaire, on se contenta de faire revivre un ordre de choses qui n'était plus en harmonie avec notre nouvelle organisation judiciaire (1).

La triste expérience des innovations radicales avait laissé des souvenirs encore trop récents pour qu'on osât entreprendre toutes les améliorations utiles, lors de la rédaction du Code de procédure. C'est ainsi que « les théories philosophiques du XVIIIᵉ siècle » toujours si abstraites et si absolues, en attaquant » la procédure elle-même, ont fait obstacle à son » complet perfectionnement (2). »

PARTIE PREMIÈRE.

Principes généraux et type de la procédure.

Avant d'entrer dans les questions de détail, posons d'abord les principes généraux qui forment, pour ainsi dire, la charpente de cet édifice législatif, dont nous nous réservons un examen approfondi dans les divers titres du code de procédure.

La procédure civile repose sur des principes très-simples, elle a pour but l'accomplissement de la loi civile. C'est par elle que le droit de chacun, lequel ne peut lui être enlevé contre sa volonté, doit être réalisé par l'application des lois générales, et non

---

(1) V. partie historique.
(2) V. Rapp. à l'Acad. des sciences mor. et pol., *Séance publ.*, 1852. p. 16.

selon des opinions individuelles du juge (1) Il ne suffirait pas sans aucun doute de lui prescrire seulement qu'il ait à suivre les lois et non son arbitraire. Comment être sûr de la conformité de sa sentence avec les dispositions légales ? Le juge pourrait les violer ou volontairement, ou par ignorance. Quelles précautions le législateur doit-il prendre pour écarter ce danger ?

D'abord il faut une bonne organisation judiciaire ; ensuite établir des règles de procédure qui rendent sa marche simple, rapide et sûre.

CHAPITRE III.

ORGANISATION JUDICIAIRE.

Section 1re.

A. — *De la magistrature.*

Nous allons rechercher quels sont les principes dont il faut partir pour garantir les parties contre les abus des juges.

§ I.

Les droits, disons-nous, peuvent être violés volontairement ; soit parce que le juge est soumis à l'arbitraire des parties, soit à l'inverse, les parties

---

(1) Si les jugements étaient une opinion particulière du juge, on vivrait dans la société sans savoir précisément les engagements qu'on y contracte.

(MONTESQUIEU, l. II, ch. 6.)

au bon plaisir des juges. Il fallait donc les rendre indépendants les uns des autres.

Le juge sur lequel, dans l'exercice de ses fonctions, les passions d'autrui peuvent influer, qui, selon qu'il décide de telle façon ou autrement, doit espérer ou craindre, n'est plus un magistrat indépendant. Sa place est usurpée par tous ceux qui dirigent sa volonté; l'usurpateur le plus terrible c'est le gouvernement, — il possède la puissance publique.

Pour protéger le juge contre l'influence des parties, il fallait donc avant tout, en tant qu'il doit connaître de leurs contestations, le mettre à l'abri de l'intervention des gouvernements. Car, alors toute crainte que pourrait lui inspirer une autre personne, quelle qu'elle soit, sera d'autant plus sûrement neutralisée, qu'il est évident que les représentants du pouvoir ne concéderont pas plus de puissance à aucun autre qu'ils n'en ont eux-mêmes, et par conséquent une influence sur les actes du juge, influence qu'ils ne doivent avoir eux-mêmes.

L'inamovibilité de la magistrature réalise cette garantie d'une bonne justice, elle assure l'indépendance du juge contre les volontés des parties puissantes qui méprisent le frein salutaire des lois. Ce motif vrai dans les États où le monarque nomme les juges, ne l'est pas moins dans ceux où leur élection est confiée à des assemblées populaires ou à des corps représentatifs. Le juge dans la crainte de perdre sa place et pour assurer sa réélection ne pourrait-il point être tenté de céder aux passions populaires ou à l'influence des membres dirigeant le corps électoral, surtout quand il s'agit d'un grand État où la valeur individuelle des candidats est plus difficilement connue de ceux qui nomment les magistrats ?

L'inamovibilité de la magistrature est un don de la civilisation moderne, inconnu à l'antiquité. Elle est un rempart essentiel, mais non pas le seul contre le despotisme et l'arbitraire. Il faut encore que les places de juges soient occupées par des magistrats doués d'une intelligence, d'une fermeté, d'une science telles que les parties, abstraction faite de leur position, les choisiraient volontiers pour arbitres par le seul effet de la confiance qu'ils leur inspirent (1).

Ainsi que le juge, non pas pour lui-même, mais dans l'intérêt d'une justice impartiale, devait être protégé contre une destitution arbitraire; de même il était nécessaire d'empêcher tout empiétement sur sa fonction dans les contestations dont i est saisi. Car au fond c'est bien la même chose de se servir d'un juge dépendant comme instrument d'une violation des droits, ou de mettre de côté cet

---

(1) Le mode de nommer les juges est donc d'une grande importance. — Ici se présente la question de savoir si le gouvernement doit les choisir librement, ou s'ils doivent être nommés au moyen d'un concours. Malgré les objections sérieuses qu'on fait, le dernier mode est généralement reconnu préférable, mais la difficulté de son application pratique, plus grande encore pour les degrés supérieurs que pour les places inférieures, des considérations politiques d'une haute gravité, le rendent jusqu'à présent irréalisable. D'ailleurs, le soin que prend depuis longtemps le gouvernement français de faire occuper les siéges de la justice par des hommes aussi honnêtes que capables fait de la magistrature de notre pays la première de l'Europe et ôte à l'institution du concours pour la nomination des juges jusqu'à présent beaucoup de son utilité pratique.

instrument, et de permettre de rendre la justice à des fonctionnaires qui n'offrent pas la garantie de l'indépendance judiciaire.

Une des plus puissantes garanties du citoyen contre l'injustice consiste dans la fixité de l'organisation judiciaire et dans la certitude que l'administration de la justice ne sera jamais interrompue ni confiée à d'autres personnes qu'aux magistrats. L'autorité judiciaire serait donc mal organisée, si son action pouvait être ou paralysée ou suspendue (1), ou même détournée de son cours, pour être livrée à des commissions temporaires. Car la magistrature cesserait d'être indépendante et inviolable, et ces atteintes en ébranlant la constitution même de l'État compromettraient par suite et la liberté publique et la liberté civile. De là, anathème sur toute justice de cabinet ouverte ou cachée.

Avec la nécessité de mettre le juge à l'abri de toute influence des parties, marche de front celle de laisser le moins de place possible à son propre despotisme. Ce problème d'ôter tout arbitraire à celui qui ne doit dépendre de personne, n'est pas plus facile que celui d'assigner des limites à ce qui doit être illimité.

La puissance judiciaire peut devenir la plus dangereuse dans l'État. Elle influe immédiatement sur la vie intérieure des familles. C'est elle qui dispose

---

(1) Quel scandale, quel désordre, quel notable préjudice ne résultaient pas autrefois en France de l'exil des Parlements? Le ministère de Louis XIV voulut les renverser, il fut vaincu : les Parlements, un moment abattus, se relevèrent aux acclamations publiques, et les fantômes dont on avait garni leurs bancs disparurent. (FRITOT, *Esprit du Droit*, p. 467.)

de la propriété et de l'honneur de chaque citoyen. La justice tient son glaive suspendu sur la tête de chacun, tandis que les autres puissances de l'Etat, formidables et efficaces pour le tout, frappent moins les individus en particulier.

L'histoire nous montre que si le chef du pouvoir exécutif, relativement à l'exercice légal de ses fonctions, est soumis à l'autorité judiciaire, cette dernière s'élève à la première puissance de l'Etat, et devient même, si son indépendance est assurée, le dépositaire de la force publique : ainsi les Ephores à Sparte, l'ancien Justicier en Aragon, pour peu de temps, il est vrai, le Sénat conservateur sous le Consulat.

Le précepte général que le juge doit décider d'après la loi et non arbitrairement n'est pas d'une grande utilité, ainsi que nous l'avons déjà remarqué. Qui doit vérifier, si la loi a été ou non suivie par lui dans chaque cas particulier? Si le gouvernement n'a pas ce droit, et il ne doit point l'avoir, il n'existe pas de contrôle direct possible pour s'opposer à l'arbitraire du juge. Il fallait donc l'organiser d'une manière indirecte. De là, les principes suivants qui forment la base d'une bonne organisation judiciaire.

Le juge civil ne doit jamais intervenir de lui-même, mais agir seulement sur la réclamation de la partie. Il n'a rien à faire tant qu'il n'a pas été saisi par une demande; et même alors il ne doit jamais statuer au delà. Point de demandeur, point de juge, point de jugement au delà de la demande. Cette maxime s'applique dans toute la procédure civile et dans toute ses phases. Toute activité judiciaire doit être pour ainsi dire passive.

Ceci, il est vrai, met un frein à l'arbitraire du juge, il ne peut agir lui-même selon ses vues privées; mais il pourrait se faire l'instrument d'une injustice étrangère, en accueillant des conclusions illégales ou rejetant des demandes justes. — Ce danger est combattu par la publicité de la procédure. Toutes les demandes doivent aussi être l'objet d'une large critique mutuelle des parties. C'est cette critique qui doit déjà d'avance frapper de réprobation les dispositions ultérieures d'un magistrat qui voudrait consacrer des prétentions contraires au droit. Quel juge braverait le blâme public auquel l'exposerait une décision qui admettrait une injustice prouvée aux yeux de tout le monde? Ne voudrait-il pas écouter la voix de sa conscience, il ne l'oserait pas par un sentiment de pudeur.

Mais le législateur n'aurait pas toujours atteint son but, s'il s'était fié uniquement à ce sentiment de pudeur du juge. Assuré comme l'est ce dernier contre tout contrôle d'en haut par son inamovibilité, il aurait pu abuser de sa puissance contre les justiciables. La loi doit mettre une arme plus forte entre les mains des parties contre son arbitraire.

Il dépend d'elles d'arrêter d'une parole l'activité du juge, dans les moments importants et décisifs pour le résultat du procès; cette parole magique se nomme *Appel*. Il doit avoir lieu pour toutes les décisions qui jugent, ou même selon les cas préjugent seulement le fond des contestations. Toute la force et toute l'efficacité de cette institution réside dans l'effet dévolutif et en principe suspensif qu'elle produit. Elle ôte au premier magistrat la connaissance de l'affaire, pour la donner à un autre

qui, par sa position supérieure, n'a aucun ménagement à prendre dans l'appréciation de la décision antérieure. C'est donc un point de vue trop étroit que de regarder l'appel seulement comme un moyen de soumettre le litige à des juges plus éclairés. Il est, en même temps, un rempart contre l'arbitraire du magistrat qui sacrifierait les droits des parties.
— L'appel produit en outre par son institution seule cet effet salutaire de piquer l'honneur des premiers juges à bien examiner les affaires, à bien motiver leurs décisions, pour qu'elles ne soient pas réformées par la juridiction supérieure. Il contribue ainsi fortement à diminuer le nombre des jugements qui devraient être frappés d'appel.

Mais quelle garantie, la loi doit-elle donner contre le juge en dernier ressort qui peut réformer ou confirmer à son gré? — Contre cette possibilité l'institution de plusieurs magistrats formant un collège dans les tribunaux d'appel est un moyen efficace. Certes, l'élévation à une fonction n'anéantit pas les passions qui fermentent dans le cœur de l'homme, mais elle peut créer un caractère public qui saura les dompter, si la mission est confiée non pas à un individu, mais à une personne morale.

Chaque membre a alors un intérêt double et comme individu, et comme appartenant à une corporation.

Plus les avantages dont jouissent les membres d'une personne morale seront grands, plus l'intérêt du corps sera efficace, plus il combattra avec énergie les vues personnelles. Il est impossible que les membres d'un collège de juges réunis ensemble, puissent avoir un autre intérêt que de s'attirer la considération publique, par une justice égale, intègre qui met de côté toutes vues privées. Les individus pourraient dans chaque affaire être portés à décider arbitrairement ; mais comme il n'est pas facile que les opinions de tous, fondées sur le caprice, se rencontrent au même point, l'un empêchera l'autre de faire valoir la sienne. L'intérêt du collège entier réprimera les vues personnelles de chacun. Tous les membres seront d'accord pour élever le caractère de leurs fonctions, par une justice impartiale et indépendante. Rien n'est donc plus dangereux que de permettre à un seul individu de décider en dernier ressort.

Ce double examen doit constituer une garantie suffisante pour la vérification du fait. Mais il y a dans les appréciations du juge une mission plus délicate, c'est celle d'appliquer la loi, c'est-à-dire le droit au fait. Le tribunal, lorsqu'il rend un jugement, établit une loi pour les parties, subordonnée à la loi générale. La sentence judiciaire, pour qu'elle soit bonne, doit donc avoir dans une certaine proportion les caractères de la loi générale. Celle-ci ne peut produire un effet vraiment heureux que quand elle est basée sur les faits usités chez une nation, et manifestés par la volonté commune. Si le législateur est placé dans une sphère à les observer de sang-froid, il fera de bonnes lois, elles seront mauvaises et *ab irato*, lorsqu'il ne consultera que des faits isolés dans l'intérêt d'un parti, ou que les passions, qui le mêlent à la lutte, obscurciront sa raison qui devrait être calme. — Le juge assistant aux débats ardents des plaideurs se laissera quelquefois dominer par le fait. S'attachant trop à l'intérêt particulier, il méconnaîtra l'expression de l'intérêt général, la loi. — La cour de cassation intervient alors pour forcer les autres tribunaux à juger selon les lois. Elle n'a aucune prise sur le fait qu'elle ne doit pas vérifier ; et, par cette raison, elle est mieux à même de voir si la loi a été bien ou mal appliquée. Elle anéantit toute sentence judiciaire, fondée sur la violation des dispositions légales, et donne ainsi une grande sûreté aux parties contre l'arbitraire des juges.

Enfin, une bonne précaution à prendre contre la partialité des magistrats, ce serait d'ajouter à notre serment la clause introduite dans celui des juges d'Angleterre de *non audiendo extrajudicialiter*. Il faut fermer la porte secrète de la corruption. On ne va pas dire en public à un juge : donnez-moi gain de cause et je mettrai tel prix à ce service. On commence par capter sa bienveillance, puis on se met à sonder le terrain. Mais, si toute conférence entre le juge et les parties ou les amis des parties constituait une violation de son serment, celui qui oserait le faire, mettrait sa réputation à la merci du solliciteur.

En France les magistrats ne se refusent pas, en général, à recevoir les visites des plaideurs. Cet usage s'est maintenu depuis la création du nouvel ordre judiciaire. Ce sont, dit-on, de simples formalités de bienséance, et, en effet, la réputation des juges est intacte sous le rapport de la corruption pécuniaire ; mais, n'y a-t-il que ce moyen de séduction? « Quel-
» que tour qu'on donne à la chose, dit Rousseau (1),
» ou celui qui sollicite un juge l'exhorte à remplir son

(1) Lettre à d'Alembert.

» devoir, et alors il lui fait une insulte, ou il lui
» propose une acception des personnes, et alors il
» veut le séduire ; puisque toute acception des
» personnes est un crime dans un juge qui doit
» connaître l'affaire et non les parties, et ne voir
» que l'ordre et la loi. »

Tels sont les moyens que le législateur doit employer, pour empêcher les injustices par volonté inique des magistrats.

§ II.

Les droits peuvent aussi, avons-nous dit, être violés par la négligence, l'inaptitude ou l'ignorance des juges. Quelles précautions le législateur a-t-il prises contre ces obstacles à ce que bonne justice soit rendue ? A cet égard nous devons rappeler que les institutions qui combattent la mauvaise volonté des magistrats contribuent aussi puissamment à diminuer les erreurs qu'ils peuvent commettre. La publicité des débats judiciaires qui impose aux juges malveillants, servira aussi à instruire les faibles de l'esprit de la loi et de son application aux faits. Cette réunion de plusieurs magistrats qui neutralise et anéantit leur arbitraire, aura à la fois ce résultat heureux d'éclairer les moins capables, pour que leurs votes viennent consacrer le bon droit. La question de savoir comment on choisira les juges revient ici avec une importance peut-être plus grande encore, que lorsque nous traitions de leur indépendance. Nous renvoyons nos lecteurs sur ce point à ce que nous avons dit précédemment. Nous n'avons qu'une seule observation à ajouter, c'est que le gouvernement devrait exiger au lieu du titre de licencié celui de docteur, de ceux qui veulent entrer dans la magistrature. Il n'est plus dans les habitudes de nos premiers présidents et procureurs généraux d'examiner les candidats eux-mêmes et de leur dire s'ils sont incapables, comme autrefois le grand chancelier Lamoignon, « faites retirer ces grands ânes. » On devrait, faute de mieux, tâcher d'y suppléer par cette présomption d'un savoir plus grand que donne au moins le titre de docteur. Ceux qui sont chargés d'appliquer la loi, doivent l'avoir étudiée davantage. Qu'on ne craigne pas de manquer d'aspirants qui sont trop nombreux aujourd'hui, et pour ce motif seul le grade de plus qui en exclurait les moins capables, serait un bienfait.

L'obligation de motiver les jugements est encore un moyen de sûreté contre la légèreté ou l'incapacité du juge. Elle force à examiner et à approfondir la contestation sous toutes ses faces, et comme un auteur (1) l'a fait remarquer, plus d'une fois le juge est revenu d'une première opinion, par l'impossibilité de motiver sainement le jugement qui devait en être le résultat, c'est une manière de vérifier si la décision est bonne ou mauvaise.

L'obligation pour les juges de motiver publiquement leurs votes, ainsi que cela existait dans la loi de brumaire an II, a été proposée par des publicistes distingués comme moyen d'astreindre les négligents à être attentifs, et d'écarter les incapables qu'il fait connaître. De plus on ne peut nier que le vote public serait en harmonie avec notre système de publicité de la procédure, système,

---

(1) BELLOT, *C. de procédure de Genève.*

il est vrai, que nos législateurs n'ont pas toujours suivi. Mais nous croyons que ces avantages sont bien petits à côté des inconvénients. Evidemment on n'ira pas jusqu'à vouloir que les délibérations des magistrats se fassent publiquement. Les discussions vives auxquelles les débats donnent lieu dans certains cas porteraient atteinte à la dignité de la justice. Que ferait alors le juge faible ou distrait? Il répéterait en public quelques motifs que d'autres auront donnés à la chambre du conseil. Il ne jugerait que par les autres, et passerait pour capable aux yeux de ceux qui l'écoutent ; souvent ainsi le remède ne ferait qu'aggraver le mal. Quelquefois aussi cette nécessité de motiver en public ferait naître dans les juges l'ambition de briller par la forme, plutôt que de s'attacher aux raisons solides. Pour éblouir l'auditoire ils prépareront leurs motifs d'avance et y tiendront au détriment de la bonne justice, parce qu'ils voudront jouir de l'effet que produira leur petit discours, afin de satisfaire leur amour-propre. D'autres, au contraire, d'un caractère timide mais d'un mérite réel, inspireront de la défiance à leurs justiciables, parce qu'ils manqueront de cette facilité d'élocution. Enfin, une décision à une seule voix de majorité ne produit-elle pas un effet pénible sur la partie qui le sait? Elle lui laissera toujours un sentiment de défiance sur l'incertitude de la justice, et même de haine contre le juge qui lui a fait perdre son procès. Ne serait-il pas à craindre aussi que des magistrats, oublieux de leurs devoirs, n'émissent quelquefois des votes de complaisance, tandis que des juges intègres s'exposeraient à la rancune des plaideurs pour leurs opinions impartiales?

Avec le vote secret ce danger n'existe qu'à un degré bien moindre.

Nous concevrions tout au plus cette manière de voter dans un Etat où les juges sont nommés par l'élection populaire (1). Elle serait un moyen d'éclairer les électeurs dans leur choix, mais elle aurait de très-grands inconvénients dans notre organisation judiciaire actuelle. Il est constant qu'on connaît parfaitement la capacité des juges après quelque temps d'exercice, par leurs votes à la chambre du conseil et par leurs rapports forcés avec les avoués et les avocats, sans que le vote public soit nécessaire.

L'exposé de ces principes fondamentaux nous montre, combien l'organisation de la magistrature est importante pour la bonne administration de la justice. Il nous a donné la conviction profonde que celle de la France dans presque tous ses rouages en est une saine application. — Nous n'aurions qu'à critiquer le droit des juges de paix de décider, quoique magistrats uniques et exceptionnels, certaines causes, en dernier ressort, sans aucun contrôle. Nous verrons plus tard si la pratique exigeait cette dérogation aux principes généraux, lorsque nous traiterons la question de l'extension ou de la restriction de l'appel.

---

(1) ROYER-COLLARD, Introd. — *Lettres sur la Chanc. d'Angl.* — Cette publicité existe dans l'Amérique du Nord et en Angleterre. V. les reports qui contiennent les votes des tribunaux.

Section II.

Organisation de la défense en justice.

Une classe secondaire de ministres de la justice non moins indispensables que celle des juges, qui a toujours marché parallèlement avec elle, sont ceux à qui est confiée la mission de diriger et d'instruire les procès, de représenter et de défendre les parties, quelle que soit la dénomination sous laquelle on les désigne : avocat, avoué, etc.

Si l'inégalité des forces dans l'état naturel empêche les faibles de faire valoir leurs droits, et que l'institution de la justice sociale provienne de ce besoin des hommes de les réaliser, à plus forte raison l'état civilisé doit-il organiser la justice de manière que l'inégalité naturelle des forces intellectuelles préjudicie le moins possible aux parties, dans leurs contestations devant les tribunaux. En effet, si les plaideurs étaient obligés de paraître en personne devant la justice, d'instruire eux-mêmes leurs procès sans guide et sans conseil, qu'en résulterait-il ? Bien loin de placer ses raisons dans le meilleur jour, l'homme ignorant et qui n'a pas la connaissance du barreau concevrait à peine lui-même quel est le point le plus fort de son droit, et la confusion de son langage viendrait encore augmenter la confusion de ses idées. Quel avantage n'aurait pas un adversaire habile sur un pareil novice, et quelle prise ne donnerait-il pas par ses fautes ? Le timide, le maladroit soutiendraient une lutte inégale contre l'habile et l'audacieux. Tel à qui la nature a refusé le don d'une élocution facile aura de la peine à donner aux juges une notion claire de sa cause ; son adversaire, au contraire, doué du talent de la parole convaincra facilement le tribunal. Tandis que l'homme prudent et versé dans les affaires pèsera toutes ses expressions, enveloppera d'une certaine obscurité les déclarations nuisibles qu'il est obligé de faire, la partie irréfléchie et sans expérience se trahira elle-même et se fera tort par ses propos inconsidérés. Ce ne sera pas le bon droit qui triomphera, ce sera l'intelligence et le talent qui l'emporteront sur lui.

Pour combattre cette inégalité des forces intellectuelles entre les parties, le législateur doit leur permettre de choisir des conseils, des guides, des défenseurs qui soient chargés d'examiner et d'apprécier leurs prétentions et leurs droits ; s'ils les trouvent fondés, de formuler leur demande, de les assister dans la recherche et l'exposition des preuves, de rédiger par écrit et de développer oralement les faits de la cause, les moyens de droit qu'elle présente ; le jugement une fois rendu, de les diriger, s'il leur est favorable dans son exécution ; et s'il leur est contraire, dans les voies de recours que leur offrent les lois.

Celui qui occupe le premier siège de la justice, le juge, dira-t-on, doit, en cette occasion comme en toute autre, remplir pour les deux parties, la fonction de défenseur, et suppléer à ce qui manque à l'une ou à l'autre.

Mais, pour exercer ce protectorat il y a deux conditions nécessaires, une connaissance entière de tout ce qui concerne la cause, et un zèle suffisant pour en tirer le meilleur parti. De la part du juge on ne peut ni espérer le même degré d'information sur chaque affaire, ni le même intérêt en faveur de chaque partie.

Supprimez les défenseurs, un injuste agresseur aurait souvent deux avantages d'une nature oppressive : celui d'un esprit fort sur un esprit faible et celui d'un rang élevé sur une condition inférieure.

Dans une cause de nature douteuse ou complexe, à moins de supposer des juges inaccessibles aux faiblesses humaines, ces deux avantages pourraient être trop dangereux pour la justice, et même dans le cas d'une parfaite impartialité, ils laisseraient le juge exposé à des soupçons odieux. — Les défenseurs rétablissent l'égalité entre les parties plaidantes. La rivalité même qui existe entre eux leur fait déployer dans chaque occasion, quel que soit leur client, riche ou pauvre, petit ou grand, illustre ou obscur, toute la force de talent qu'ils possèdent et qu'ils ne peuvent négliger sans se nuire à eux-mêmes. L'honneur et l'intérêt sont ici auxiliaires du devoir.

Cette mission ne pourrait être remplie que par des hommes instruits, versés dans la pratique des affaires, unissant à la connaissance approfondie des lois civiles et de procédure, au talent d'une rédaction précise et d'une parole facile, un sentiment d'honneur et de probité qui leur fera refuser leur ministère à des procès qu'ils croient injustes, et dédaigner l'emploi de tous les artifices et moyens contraires à la vérité qui pourraient tromper la religion du juge.

Si telles sont les qualités exigées dans celui qui doit défendre avec honneur les intérêts des parties, fallait-il laisser cette carrière ouverte à tous ceux qui voudraient y entrer. — L'essai d'une liberté illimitée a été fait en France sous la Convention. Cette assemblée avait supprimé dans un accès ou plutôt dans un délire de perfectionnement la procédure et les avoués; on sentit un vide extraordinaire. Les membres honorables du barreau l'avaient déserté dans ces jours de deuil et de terreur. Il fut envahi par des praticiens ignorants et sans honneur qui, affranchis de toute responsabilité commettaient les excès les plus criants de cupidité et de fraude. Cette expérience malheureuse pendant sept années prouvait suffisamment qu'on ne pouvait laisser le choix de l'homme de loi à l'appréciation des clients qui ne sont pas généralement à même de juger son aptitude. Les intérêts si graves qui leur sont confiés, imposent à l'État le devoir de prévenir le danger des abus, par les garanties qu'il exige de ceux qui se vouent à leur défense.

Ainsi que pour les médecins, les lois ont réglé les études et les épreuves qu'ils doivent subir pour exercer leur profession, il fallait dans l'intérêt des justiciables exiger de ceux qui veulent se destiner à la mission si honorable de défenseurs, des garanties de leur aptitude.

Si par l'incapacité de l'un, notre santé, notre vie peuvent être en danger, par l'inhabileté de l'autre nos biens, notre état, notre honneur plus cher que la vie peuvent être compromis; la gravité des inconvénients résultant de l'ignorance du médecin ou de l'homme de loi impose donc aux législateurs l'obligation de donner au public des garanties de leur capacité.

Le législateur doit éviter de tomber dans l'excès contraire de prévoyance contre les abus du barreau, en supprimant entièrement la liberté de la profession d'avocat. C'est ce qui arriva à Frédéric II, roi de Prusse. Il interdit aux parties d'employer à leur choix des avocats salariés, et y substitua des conseillers ou mandataires légaux, payés par le trésor public et qui devaient servir gratuitement les particuliers. Qu'en résulta-t-il ? Ces défenseurs étaient dans la dépendance du gouvernement. Le roi disciplinait le barreau comme l'armée. Pour les parties cette prohibition de choisir leur avocat était inutile ou dangereuse pour leurs intérêts : inutile, quand elles avaient confiance dans le défenseur assigné par l'Etat, dangereuse, quand elles s'en méfiaient. Ajoutez à cela que la procédure était secrète. Le client se sentait ainsi tout-à-fait à la merci de son avocat qui pouvait impunément négliger sa cause, puisque sa récompense était indépendante de ses efforts. La publicité des débats ne serait même qu'un remède insuffisant contre le défaut d'intérêt des défenseurs officiels. Jamais un avocat pensionné par le gouvernement n'emploiera le zèle et le talent d'un avocat payé par les parties. L'un fera juste son devoir pour ne pas perdre sa place, ni encourir le blâme du gouvernement; l'autre, animé par le double aiguillon de la crainte et de l'espérance, ne s'endormira point sur ses succès, et cherchera toujours à se surpasser. Le devoir, quand il agit seul, peut mettre en œuvre les facultés qui existent déjà, il n'appartient qu'au feu de l'émulation de faire éclore de nouveaux talents.

Il faut pourtant reconnaître que le but de cette institution des mandataires légaux était louable, mais le moyen mal choisi.

On voulait détruire la chicane en ôtant aux avocats tout intérêt à la prolongation des procès, et l'on compromettait la défense des intérêts légitimes.

Il eût mieux valu faire les lois de procédure de telle sorte que les avocats n'eussent pu les rendre mauvaises. Il faut déraciner le mal pour obtenir une guérison complète. Attaquer les effets et laisser subsister les causes, c'est prendre la chose à rebours.

Tout en rejetant la création de défenseurs officiels, payés par l'État, nous n'admettons point l'exercice illimité de la fonction d'avocat. Le législateur doit exiger des garanties de capacité de ceux qui veulent se consacrer à cette carrière.

Ces garanties me paraissent, on ne peut mieux, résumées dans le passage suivant emprunté au rapport fait au conseil représentatif de Genève, par le professeur Bellot (1). « Indépendamment d'une éduca-
» tion lettrée, dit-il, que suppose toute carrière
» libérale, elles nous semblent être au nombre de
» cinq :

» 1º Des études spéciales sur les diverses bran-
» ches du droit pendant un certain nombre d'années,
» et des épreuves assez sévères et variées pour
» justifier que les principes de la science, que les
» textes et les motifs des lois sont familiers aux
» candidats.

» 2º Un stage pour unir la pratique à la théorie
» du droit, pour s'exercer à l'application des lois,
» pour acquérir l'habitude des formes de procéder
» du barreau.

» 3º Une libre concurrence, aucune restriction de

---

(1) TAILLANDIER, Du Code de procédure de Genève, p. 508.

» nombre, l'admission de tous ceux qui justifieront
» des conditions de capacité requises.

» 4° Une responsabilité non partagée, morale ou
» civile suivant la distinction des cas qui pèse toute
» sur celui auquel le client avait confié ses intérêts.

» 5° Une organisation du barreau qui établisse
» entre ses membres une solidarité d'honneur. »

La loi française est bien loin d'avoir réalisé ces garanties dans son organisation des avoués et des avocats.

Il suffit pour exercer la profession d'avocat d'être reçu licencié en droit, de s'être fait inscrire au tableau des stagiaires, et de fréquenter quelquefois les audiences pendant les trois années de stage. Qu'y a-t-il dans tout cela d'épreuves sérieuses, si ce ne sont les examens passés pour obtenir le diplôme de licencié? Mais il est bien reconnu de tout le monde que le titre de licencié ne suffit pas, pour mettre un jeune homme à même de bien instruire et plaider une cause, que sorti des bancs de l'école à peine sait-on assez pour pouvoir étudier soi-même sans professeur. Il faudrait, avant qu'ils pussent plaider au civil, imposer aux jeunes gens l'obligation d'avoir travaillé deux ans chez un avocat qui se trouve pour le moins au tableau depuis cinq années, et ensuite de passer un examen devant une commission composée de magistrats de la cour d'appel où le stagiaire voudrait exercer, du bâtonnier des avocats à la même cour et de deux membres du conseil de l'ordre. Dans ce jury d'admission le nombre des avocats examinateurs ne devrait jamais dépasser le tiers des membres présents, pour que les décisions ne pussent être suspectées de défaveur à l'égard des candidats, dans le but de diminuer la concurrence.

Quant aux avoués la loi leur impose seulement l'obligation de suivre le cours de procédure civile et criminelle, et pour toute preuve de capacité l'attestation d'avoir subi sur cet unique cours l'examen requis. Il est vrai que dans plusieurs grandes villes, notamment à Paris, la chambre syndicale ne reçoit dans la compagnie des avoués que des licenciés qui doivent en outre produire un certificat de stage de quelques années dans une étude. Ce certificat souvent de complaisance peut même être donné par le titulaire dont on a acheté la charge.

Malgré cette absence presque complète de garanties légales pour constater l'aptitude et la capacité des avoués, la loi leur a accordé des privilèges très-étendus. Les circonstances politiques, la fiscalité dans un intérêt étranger aux justiciables, ont fait des offices judiciaires des charges vénales, un objet de privilège et de monopole. Ce fut la loi du 27 ventôse an VIII (18 mars 1800) qui rétablit ces mandataires légaux, connus autrefois sous le nom de procureurs, aujourd'hui sous celui d'avoués.

Le droit exclusif de postuler et de prendre des conclusions fut accordé aux avoués, sous la seule garantie fiscale du cautionnement, sans autre condition de capacité, jusqu'à la loi du 22 ventôse an XII relative aux écoles de droit. Celle-ci exige, comme nous l'avons dit, pour les avoués un certificat de capacité et pour les avocats le diplôme de licencié ou de docteur en droit.

Les avoués licenciés pouvaient même plaider concurremment avec les avocats les affaires dans lesquelles ils occupaient (1). Cette loi de ventôse est

---

(1) V. les changements introduits par l'ordonnance de 1822.

confirmée, et ses principes développés dans les décrets impériaux du 14 décembre et 2 juillet 1812; le premier décret régla les conditions pour l'exercice de la profession d'avocat, et le second étendit même la faculté de plaider aux avoués non-licenciés des cours d'appel et des tribunaux de première instance séant aux chefs-lieux de département dans les causes sommaires ou relatives à la procédure, et aux avoués des autres tribunaux celle de plaider dans toute espèce de cause dans lesquelles ils occuperaient, à moins qu'il ne s'y formât des collèges d'avocats.

Il résulte de ces lois que la postulation, c'est-à-dire le droit de représenter les parties, de faire les actes de procédure, de prendre des conclusions, appartenait seul aux avoués. Toute concurrence avec eux était sévèrement défendue aux avocats. Le décret de 1810 contient même des dispositions pénales contre ceux qui s'immisceraient dans leurs fonctions et les troubleraient dans cette jouissance exclusive. Leur ministère est forcé, les parties ne peuvent s'y soustraire. Leur nombre aussi est déterminé et, en fait, limité. Ainsi il y a en leur faveur privilège, monopole et nécessité de se servir de leur ministère, pour obtenir justice.

Dans tous les tribunaux non exceptionnels nous rencontrons des avoués auxquels sont dévolues les fonctions spéciales d'instruire la procédure, d'en diriger les actes, de surveiller la marche des procès et de représenter les enchérisseurs aux ventes judiciaires. Dans les grandes villes il y a, à côté d'eux, des avocats auxquels est confiée la défense orale, tandis que dans presque tous les chefs-lieux d'arrondissement les avoués plaident eux-mêmes.

L'organisation actuelle de l'assistance judiciaire des parties présente donc ces trois difficultés qui sont des questions vitales de la procédure.

1° Le ministère des avoués doit-il être forcé dans tous les procès civils devant les tribunaux ordinaires ?

2° Le nombre des avoués doit-il être limité ?

3° Est-il nécessaire, comme cela a lieu dans les villes d'une certaine importance, de diviser cette défense des plaideurs entre deux agents différents ?

Au point de vue philosophique, si la législation était à créer, nous répondrions aux trois questions que nous venons de poser par la négative. En effet avec une procédure orale et simplifiée dans ses formes le ministère des avoués n'aurait plus cette importance, et la plaidoirie jouerait le rôle principal dans la plupart des contestations. Les parties auraient donc plutôt besoin d'un avocat qui, après les avoir éclairées sur leurs intérêts, après avoir réduit la cause à ce qu'elle doit être, la présenterait au tribunal d'une manière intelligible.

La loi actuelle n'impose pas aux plaideurs le ministère de l'avocat, ils sont toujours libres de se défendre eux-mêmes, à moins que le tribunal n'ordonne le contraire, et je crois qu'il serait bien dur de les forcer, aujourd'hui que l'instruction et les lumières sont généralement répandues, que nos lois sont claires, à recourir aux intermédiaires qui leur coûtent des honoraires, dans les affaires de peu d'importance.

Le ministère de l'homme de loi ne devrait donc en principe être forcé que dans les causes compliquées.

La solution négative que nous donnons aux deux autres questions, celles relatives au monopole des avoués et au partage d'attribution, fait entr'eux et les avocats, s'appuie également sur des raisons incontestables.

Si la simplification de la procédure, l'abaissement du tarif peuvent amoindrir les causes fâcheuses du monopole, ils ne sauraient avoir pour effet de les détruire entièrement. Ces conséquences seront toujours telles, que l'expérience dans tous les temps et dans toutes les carrières nous les montre, résultant de l'établissement du privilège, du défaut de concurrence.

Nous ne pouvons mieux caractériser les dangers du monopole qu'en citant les paroles du ministre de Louis XVI. Turgot disait aux défenseurs des corporations : « Prenez toutes sortes de précautions, pour » que chacun remplisse les devoirs de son état, mais » laissez chacun employer ses facultés. Ne fixez pas » le nombre des sujets qu'il doit y avoir dans les » professions utiles, ou fixez en même temps le » nombre des enfants qui doivent naître. Les maîtrises » ne supposent ni la capacité, ni la droiture, et » elles perpétuent l'ignorance. »

Dans le préambule de l'édit de février 1776 qui supprimait les corporations, le même ministre mit ces paroles énergiques attachées au frontispice d'une loi : « Lenteurs, infidélités, exactions, régime arbitraire et intéressé, voilà ce qu'il y a au fond » des monopoles. Le droit de travailler n'est pas un » droit royal ; Dieu, en rendant le travail nécessaire » à l'homme, a fait de travailler la propriété de » tous et la plus imprescriptible de toutes. »

Il n'est pas douteux que le privilège n'écarte ou n'ajourne l'emploi d'hommes capables. Il sacrifie leur avenir, leur fortune à quelques familles de titulaires et s'oppose à ce qu'ils se fassent connaître. Il crée et favorise la médiocrité, le relâchement, la négligence par l'absence de cet intérêt et de cette émulation que provoque et qu'entretient le concours de rivaux jeunes, actifs, habiles qui, pour percer, ont besoin de se distinguer par leurs lumières, par leur régularité et leur zèle.

Le privilège confisque en faveur de quelques personnes l'exercice d'une profession, et dépouille les autres du droit de choisir et d'exercer librement cette industrie. Il est donc une violation d'une des libertés les plus essentielles et les plus précieuses d'un peuple ; il empêche les hommes, quelles que soient leurs capacités, leurs aptitudes reconnues, de gagner honorablement leur vie, en exerçant un état de leur choix.

Il est onéreux à la société ; l'immense intérêt de tous est froidement immolé à celui de quelques uns, parce que ceux qui ont besoin du ministère des monopoleurs se trouvent trop restreints dans leur choix. Ils ne peuvent compter sur le même zèle, sur les mêmes lumières, ni obtenir les mêmes sûretés que leur offriraient une libre concurrence et une honorable émulation. « Pendant que quelques
» uns des possesseurs du monopole, dit Jean de
» Wit (1), se livrent à des opérations démesurées,
» en vue de se remplir promptement du prix de
» leurs charges, d'autres en revanche s'abandonnent
» à toute la mollesse et à toutes les dissipations
» que permet l'accumulation de leurs gros bénéfices.
» Le gain assuré des corps de métiers les rend in-

---

(1) *De ses Mémoires*, Chap. X, 1ʳᵉ page.

» dolents et paresseux, pendant qu'il exclut les gens
» sûrs et habiles. »

Loin de moi la pensée de faire la guerre aux avoués, ma critique ne porte que sur les institutions et non sur les hommes. Toutefois nous ne pouvons admettre, sans trahir la vérité, qu'eux seuls aient échappé aux influences et conséquences naturelles, inévitables, uniformes jusqu'à ce jour de tout exercice de privilège.

Mais la faute en est aux lois qui devraient prévenir les abus, au lieu de les autoriser et les prescrire, et ne devraient jamais faire naître des tentations dans les cœurs honnêtes.

Enfin le partage d'une cause entre deux officiers judiciaires, chargés l'un des formes, de l'introduction, et l'autre du fond, de la plaidoirie, n'est pas plus rationnel que le monopole.

Pour peu qu'on soit familier avec la procédure, on sait combien il est important que la même direction soit donnée à l'affaire, et combien il est difficile à l'avocat de bien plaider une cause, lorsque le procès a été mal engagé.

Il est impossible de méconnaître qu'il existe une étroite liaison entre la forme et le fond, et que le choix de telle marche dans la procédure cause souvent le gain ou la perte d'un procès. Rarement l'avoué et l'avocat se concertent sur la demande à former, les conclusions à poser, bref sur la direction de l'affaire. Le plus souvent l'avocat ne peut suivre le procès qu'en l'état où il lui est remis, que dans la direction imprimée et avec les conclusions posées. Si l'avoué a pris une fausse voie, le mal n'est pas toujours réparable, à moins de rectifier les conclusions ou de recommencer toute la procédure. Si au contraire c'est l'avocat qui dirige la procédure, l'avoué ne jouera que le simple rôle de copiste, il est vrai, lent et coûteux.

Cette séparation des fonctions d'avocat et d'avoué est sous tous les rapports plutôt nuisible qu'avantageuse aux parties.

D'abord elle augmente les frais, il faut payer les honoraires de deux personnes au lieu d'une seule. Il en résulte une perte de temps bien plus considérable pour les deux parties qui sont obligées d'avoir des conférences avec leur avocat et leur avoué, pour les mettre successivement au fait de la cause. Le client est souvent renvoyé de l'un à l'autre qui s'imputent réciproquement les retards qu'éprouve un procès. Cette responsabilité, partagée entre les deux agents judiciaires, est bien moins grande. Elle pèserait bien plus fortement, si un seul était chargé de l'affaire d'un bout à l'autre.

Au lieu de cela un procès est perdu, l'avoué en attribue souvent la faute à l'avocat, qui n'aurait pas fait valoir tous les moyens dans la plaidoirie, et l'avocat de son côté rejette le tort sur l'avoué qui aurait mal dirigé la procédure, qui ne l'aurait pas mis au courant de la cause ou qui aurait négligé de fournir toutes les pièces utiles. Ceux qui ont un peu l'habitude des affaires judiciaires savent parfaitement que ce ne sont nullement des suppositions gratuites.

L'utilité de ce partage se fait-elle sentir davantage à l'audience? Le rôle de l'avoué n'y est que purement muet et passif, mais néanmoins forcé; l'avocat ne peut se faire entendre comme organe de son client qu'assisté de l'avoué. Nous le demanderons, n'y a-t-il pas là quelque chose de blessant pour le caractère et la dignité de l'avocat, dans cette obligation de la présence de l'officier ministériel, pour qu'il puisse porter légalement la parole à l'audience? Aussi il faut le dire, en fait les tribunaux n'exigent-ils pas rigoureusement cette présence; mais réelle ou fictive, ce n'est jamais dans la taxe des frais qu'elle manque de figurer.

Deux sortes d'objections peuvent être faites au système de défense judiciaire que nous proposons.

Les premières tirées de la difficulté que nous ont créée les lois de 1800 et de 1816 dont l'une, au prix d'un cautionnement accorda aux avoués (1), (nom moderne substitué à celui de procureur), le monopole de la postulation; et dont l'autre, comme corrélation des suppléments de cautionnements, leur attribua le droit de présenter eux-mêmes leurs successeurs, droit que l'usage a transformé en une véritable vénalité des charges, dont les titulaires sont propriétaires.

Nous traiterons cette question de la vénalité des offices, lorsque nous parlerons des obstacles qui s'opposent à l'amélioration de la procédure.

Les secondes objections sont tirées de la nature spéciale de la profession de l'avocat. On a craint que cette réunion des attributions d'avocat et d'avoué ne portât atteinte à la considération dont jouissent les avocats, en les astreignant au travail matériel de la procédure, à la taxe de leurs émoluments qui substituerait au mobile de l'honneur celui du gain.

(1) Le nom d'avoué était donné au moyen-âge au champion qui lors des combats judiciaires défendait les faibles. (V. Beaumanoir, *Coutumes de Beauvaisis*, chap. 16, p. 308.)

4

Otons à ces objections le vêtement brillant dont elles s'enveloppent, et nous verrons qu'elles sont tout-à-fait creuses et vides. En effet, comment avec une procédure simple qui écarte toutes les formes arbitraires, oiseuses et fiscales, qui n'en permet aucune sans motif et sans but assigné, l'avocat convaincu de la nécessité de leur observation pourrait-il croire qu'il porte atteinte à sa dignité, en se chargeant lui-même de cette besogne, si utile à sa cause, attribuée aujourd'hui à l'avoué? Est-ce que les avocats de la cour de cassation qui ont toujours compté parmi eux les noms les plus honorables du barreau de Paris ont perdu par la postulation qu'ils exercent, la haute réputation dont ils jouissent. Il n'est pas plus vrai que l'obligation de se soumettre au tarif nuise à leur dignité. Le tarif n'existe-t-il pas pour les avocats de la cour de cassation, et cependant leur considération n'en a pas le moins du monde souffert? Tant qu'on n'aura pas démontré la convenance et la possibilité de faire du barreau des fonctions entièrement gratuites et accessibles seulement à la richesse, il sera impossible de séparer les services de l'avocat du salaire qui lui est dû, quelque dénomination d'honoraires ou autre qu'on lui donne, pour en dissimuler la nature.

Est-ce à dire que cette nécessité de pourvoir à son existence exclue le dévouement généreux et le désintéressement de l'avocat? Cette cumulation de fonctions ne paraît-elle pas au contraire présenter à l'avocat des occasions de plus pour mettre en pratique les maximes d'honneur qui font la gloire de sa noble profession?

L'assistance forcée des avoués leur a attiré peuà-peu toute la clientèle, ce n'est qu'à de rares exceptions que les plaideurs s'adressent à l'avocat; celui-ci ne saurait donc avoir que par eux quelques causes, il doit pour ainsi dire se placer sous leur patronage, s'il veut acquérir par la pratique du barreau une réputation assez grande pour s'affranchir de leur dépendance. Les avocats qui ne sont pas assez heureux ou adroits pour se faire attacher à une étude, quel que soit d'ailleurs leur mérite, n'ont pas les moyens de se faire connaître par la plaidoirie.

Ce défaut d'exercice, le relâchement et le découragement qui en sont la suite, porteront leurs fruits plus tard; l'ordre des avocats en éprouvera une atteinte grave. La confiance qu'il inspire, l'éclat dont il brille sont attachés à une étroite alliance entre la science et la pratique du droit. Or peut-on espérer et attendre cette alliance d'une carrière fermée pour la majeure partie, telle que celle du barreau actuel, dans lequel, sans être favorisé par le privilège, la pratique est devenue si difficile. Loin donc de voir dans le parti que nous proposons, au point de vue théorique, quelque chose qui puisse nuire à la considération des avocats, il ne doit que l'accroître par leur affranchissement de toute dépendance des avoués.

On voudrait enfin justifier ce partage de la postulation et de la plaidoirie entre l'avoué et l'avocat, lorsqu'il s'agit d'un vaste ressort de juridiction, de tribunaux placés dans des villes, telles que Paris où aboutit un si grand nombre de causes et d'affaires importantes. Car il est reconnu que les sièges de justice moins considérables, où le barreau est occupé presque exclusivement par des avoués licenciés, joignant la plaidoirie à la postulation, ne sont point ceux dans lesquels les affaires se suivent avec le moins de soin et s'expédient avec le moins de célérité.

Mais là où la distinction d'avocat et d'avoué existe, que se passe-t-il? La procédure est instruite, les actes sont rédigés, la marche est dirigée par de jeunes clercs; tandis que l'avoué reçoit paisiblement ses clients dans son cabinet, leur donne des conseils qu'ils pourraient recevoir d'un avocat, et se borne à signer aveuglément ce qui a été dressé dans son étude. Il semblerait donc que le plus souvent, ce sont les clercs seuls qui soient utiles, et que leur utilité même se borne à l'accomplissement d'une foule de pratiques dont la suppression dans le plus grand nombre de cas serait un bienfait. Ne serait-il pas préférable, à tous égards, que l'avocat trop absorbé par la plaidoirie et les travaux qu'elle exige, se déchargeât des soins de la postulation sur un aide collaborateur de son choix, sous sa responsabilité et sa surveillance? Dans tous les cas, par conséquent, la réunion de la postulation et de la plaidoirie dans la personne de l'avocat sera la meilleure institution de défense judiciaire.

Nous aurions à faire quelques observations sur d'autres attributions spéciales des avoués, relatives à la poursuite des saisies immobilières et aux ventes judiciaires, nous les réservons pour plus tard, quand nous examinerons l'économie de ces lois dans les divers titres du code de procédure.

CHAPITRE IV.

Quel est le meilleur système des formes de procédure.

§ I.

Jusqu'à présent nous avons recherché quel serait le meilleur système d'organisation de la magistrature et de la défense judiciaire, l'ordre du plan que nous avons adopté nous conduit à examiner quels sont les principes qui doivent guider le législateur dans les formes judiciaires qu'il prescrit. Avant tout il ne doit jamais perdre de vue le but de la procédure. C'est par elle que doit être réalisé le droit de chacun, lequel ne peut lui être enlevé contre sa volonté, par l'application des lois et non arbitrairement. Son œuvre sera donc d'autant plus parfaite, qu'elle saura mieux atteindre ce but, c'est-à-dire que les règles qu'il tracera ordonneront une marche plus simple, plus prompte, plus sûre et moins coûteuse.

Une bonne loi sur la procédure doit réunir en elle toutes les qualités que nous venons d'énumérer. La grande difficulté provient de ce que la simplicité et la célérité ne s'allient pas toujours avec la sûreté : le législateur doit concevoir les formalités judiciaires de manière à faire le plus de bien possible, en causant le moins de mal possible dans l'acheminement au but vers lequel elles doivent conduire.

Pour le créancier, le propriétaire qui réclame son droit, la route la plus simple, la moins chère, la plus courte est la meilleure ; pour lui toute forme, tout délai est un mal. Les grands frais peuvent absorber son gage, surpasser la valeur de sa propriété.

Si l'on considère le défendeur contre qui le droit est réclamé, la simplicité, la promptitude, le bon marché de la procédure ne sont pas aussi appréciés ; pour lui, la sûreté est plus désirable, elle l'empêche d'être condamné à tort.

C'est donc à peser scrupuleusement ce qu'exigent ces intérêts opposés des parties que le législateur doit s'attacher, lorsqu'il trace les règles des formes judiciaires.

Ainsi une des exigences d'une bonne procédure est de simplifier ses rouages ; mais cette simplicité ne doit pas aller jusqu'à omettre les points de procédure qui s'offrent journellement dans la pratique. Supposons que séduits par une fausse idée de simplicité, les rédacteurs de la loi placent en première ligne le mérite de la brièveté, non cette brièveté inestimable qui consiste à renfermer beaucoup en peu de mots, mais une autre qui se manifeste seulement par le petit nombre d'articles, par l'exiguité du volume, qu'en arriverait-il ? Les lacunes veulent être remplies, l'arbitraire remplace alors la loi et entraine à sa suite cette incertitude aussi pénible aux juges qu'aux justiciables. Au fléau de l'excès des formes sera substitué le fléau plus grand encore d'une procédure arbitraire qui a sa source dans les préjugés, l'intérêt personnel des praticiens appelés à y concourir. L'empire de l'habitude, plus encore la force de la nécessité feront survivre à leur abolition les lois supprimées, sur tous les points auxquels on n'a pas expressément pourvu. Quelque imparfaites, quelque vicieuses que soient ces lois, elles seront cent fois préférables à l'absence de toute règle. Tels furent les effets déplorables de la fameuse loi du 3 brumaire an II (pour n'en citer qu'un exemple), loi que la Convention avait improvisée en 17 articles, croyant ainsi faire table rase de tout l'ancien système de procédure.

Que le législateur fixe les formes, toute incertitude disparaît, la loi seule règne, tout lui est subordonné. Juges et parties n'ont qu'à suivre la marche qu'elle trace et ils cessent d'être à la merci des praticiens.

La loi doit être pure des deux excès, se renfermer dans de justes limites, ne traiter que des points nécessaires à prévoir, ne tracer que les formalités indispensables. Le législateur ne doit introduire aucune règle, n'accorder aucun délai sans une nécessité ou une utilité évidente pour la bonne justice. Il ne faut rien sacrifier à la commodité des juges, à l'avantage des hommes de loi, et on doit mettre de côté tout intérêt fiscal. Toutes les vues accessoires devront être écartées, toutes les formalités ne tendront qu'à ce but de donner les moyens aux parties d'éclairer les juges. Tous les actes de la procédure qui ne concourront pas évidemment à ce résultat doivent en être bannis.

Un autre caractère distinctif d'un bon système de procédure, c'est la promptitude avec laquelle il fait obtenir justice ; mais le législateur doit savoir éviter le défaut de sa qualité. L'écueil contre lequel il échouera n'est pas loin, lorsqu'il fait marcher la justice à pleines voiles ; la célérité a lieu aux dépens de la sûreté et amène souvent le préjudice qu'un procès en fait naître plusieurs, ou qu'une partie est obligée après le jugement de recommencer un autre litige, parce qu'elle n'avait pas le temps nécessaire pour faire valoir ses prétentions ou exceptions dans le procès primitif.

Que le législateur ne se laisse pas facilement entraîner par ce brocard du palais : « la forme emporte le fond, » et qu'il ne perde pas de vue que le but de la procédure est la réalisation du droit. Si par l'effet des formes omises ou négligées dans un cas, un droit est refusé à qui la loi civile l'attribue, dans un autre cas un droit accordé à l'individu auquel cette même loi le refuse, si la forme l'emporte ainsi sur le fond ; je le demande, la loi de procédure a-t-elle rempli sa destination ? Evidemment non. La conséquence forcée en est que c'est une loi mauvaise, parce qu'elle va à l'encontre de son but. Ainsi en regardant toujours la droiture dans les décisions, comme le but dominant, on doit considérer la célérité, l'économie, la simplicité comme des qualités secondaires qu'il ne faut jamais perdre de vue. Elles sont subordonnées au but principal c'est-à-dire qu'il ne faut pas, pour éviter des frais et des délais, compromettre la justesse de la décision.

« Pour la rectitude du jugement, c'est au maxi-
» mum qu'on aspire ; pour les inconvénients de la
» procédure on se borne à en rechercher le mini-
» mum (1). »

Ce n'est que dans les cas rares où la loi doit faire céder le fond à la forme, lorsque le danger de l'inobservation des formalités le mal de l'incertitude, les inconvénients d'une lutte prolongée, surpassent évidemment le bien résultant de la réalisation du droit. Comme la loi civile, toutes les fois qu'elle n'a pu obtenir la certitude, a dû se borner à des probabilités, des présomptions résultant soit des circonstances, soit du laps de temps, on a été obligée, pour la sécurité des familles, de mettre fin à l'exercice de certains droits, en introduisant la prescription ; la loi de pro-

(1) BENTHAM, *Organisat. jud.*, p. 3, traduct. de Dumont.

cédure a dû attacher telle ou telle présomption à l'accomplissement de telle ou telle forme, à l'expiration de tel ou tel délai, telle ou telle déchéance.

En général, il ne faudrait pas par un trop grand désir d'aller vite en procédure, par des délais trop courts, par une difficulté immense à en obtenir d'autres, violer les droits des parties. Si la loi ne permet pas aux juges de prendre en considération certaines circonstances de la cause, pour faire fléchir sa rigueur trop absolue, elle aura pour conséquence inévitable, en liant et garottant les magistrats de les mettre dans la cruelle position de prononcer souvent contre leur conscience et leur conviction intime. Résultat funeste, scandale judiciaire, symptôme non équivoque d'une loi vicieuse. Mais que le juge ne puisse jamais tempérer la règle que là où sa stricte observation sera plus funeste que l'arbitraire même !

Un troisième point principal à considérer dans une bonne loi de procédure, c'est que la justice soit peu coûteuse. Il est évident que plus les formes seront simples, plus la marche sera rapide, moins les frais seront considérables. Ces trois caractères se lient donc étroitement, et exercent les uns sur les autres une influence réciproque.

Avant d'exposer les principes fondamentaux, quelques observations préliminaires me paraissent nécessaires pour établir les vraies notions qui devraient guider le législateur.

L'institution du pouvoir judiciaire a sa raison d'être dans la nécessité reconnue par les hommes dans toute société civilisée que personne ne doit se rendre justice soi-même. Elle n'a donc pas été créée seulement dans l'intérêt des plaideurs, elle est utile à tous les citoyens.

L'existence seule du pouvoir judiciaire suffit pour prévenir bien des injustices ; il est la loi vivante qui propage le sentiment du juste et de l'injuste, qui protège le faible et impose au fort. L'historiette si connue du meunier de Sans-Souci caractérise, on ne peut mieux, le sentiment de confiance et de sécurité que donne au citoyen l'existence des tribunaux.

L'administration de la justice est pour l'avantage général de la société, elle est la sauvegarde de tous. Celui qui jouit paisiblement de ses propriétés et de ses droits, lui est redevable à chaque instant de cette jouissance non interrompue. Au contraire, par rapport à celui qui est troublé dans sa possession, soit par un agresseur inique, soit à raison d'une loi obscure, la protection de la justice a été moins efficace ; elle pourra le sauver ; mais il n'en aura pas moins souffert. Sans compter les inquiétudes, les angoisses qui accompagnent les procès, combien n'y a-t-il pas de perte de temps, de dérangements dans les affaires, de frais indispensables même sous les systèmes de procédure les moins imparfaits ? Peut-on comparer ces deux états, l'un d'une possession pleine et tranquille, l'autre d'une possession disputée et précaire, et en tirer la conséquence que celui qui jouit le moins du bénéfice commun, doit supporter une charge de plus ?

« Bien loin, nous dit un économiste distingué (1),
» que ceux qui plaident retirent de l'institution des
» lois civiles plus de bénéfices que les autres citoyens;
» on peut au contraire les considérer comme ceux qui
» en profitent le moins. Tandis que tous les autres
» membres de la société reposent tranquillement à

---

(1) GERMAIN GARNIER, Notes sur Adam Smith ; t. I, p. 315.

» l'abri des lois et recueillent en silence les fruits de
» l'administration publique de la justice, ceux qui se
» voient arrachés à cette paix générale, et forcés de
» défendre leurs droits, se trouvent dans une fâcheuse
» exception et paient un tribut à la faiblesse humaine
» et aux vices toujours inhérents à nos frêles insti-
» tutions. »

J'irai même plus loin en ajoutant que la partie qui, pour défendre son droit légitime, soutient un procès, combat à ses risques et périls autant pour la sécurité de la société entière que dans son propre intérêt. N'arrive-t-il pas fréquemment que, parce qu'une seule personne a fait décider une question douteuse en sa faveur, beaucoup d'autres par la connaissance de ce jugement exécuteront volontairement leurs promesses, ou n'élèveront plus la même prétention ? Il est donc certain que l'action du pouvoir judiciaire ne profite pas seulement à ceux qui s'en ressentent immédiatement.

De là, cette conséquence nécessaire relativement aux frais de justice :

Que 1° L'administration de la justice étant une institution également utile à tous les citoyens, les dépenses qu'elle exige doivent être acquittées sur les fonds destinés aux intérêts généraux de la société.

2° Les plaideurs ne profitant pas de cette institution plus que les autres citoyens, on ne devrait logiquement leur faire supporter une plus forte part dans les dépenses qu'elle nécessite. Il est donc injuste de rejeter sur eux seuls tout le fardeau ; à plus forte raison doit-on réprouver tout impôt fiscal dont ils sont grevés, impôt applicable à divers services, autres que l'administration de la justice.

On a essayé de justifier la fiscalité dans la procédure comme un moyen efficace contre la chicane, comme une peine infligée aux plaideurs téméraires ou de mauvaise foi qui succombent. Il faut se garder de cette doctrine, démentie par l'expérience de tous les temps et de tous les lieux, que l'élévation des frais aurait pour effet d'éloigner du temple de la justice la chicane et la mauvaise foi.

Sans contredit l'énormité des frais empêchera plusieurs procès d'avoir lieu. Des gens timides ou pauvres aimeront mieux, comme on dit, un mauvais accommodement qu'un bon procès. Cette crainte sera exploitée par la mauvaise foi.

Que les défenseurs des droits du fisc sur les procès réfléchissent bien qu'ils rendent un mauvais service à la considération, à la dignité et à l'honneur de la justice, parce que cet impôt la rend inaccessible aux pauvres et fait reculer devant elle avec effroi tous ceux qui n'aiment pas à risquer beaucoup. Cet impôt affaiblit le sentiment du droit, le respect du juste, qui annonce dans l'homme cette force virile et ce goût pour tout ce qui est vrai, noble, élevé, au profit de la commodité seule de celui qui aime mieux faire des concessions volontaires aux gens de mauvaise foi, que de soutenir un procès juste, mais trop coûteux. Aller plaider devant les tribunaux, c'est pour lui courir à sa ruine. Le temple de la justice deviendra ainsi le refuge de la mauvaise foi et de la chicane. « Loin (1) » que les frais contiennent, rebutent l'esprit procès- » sif, nous avons vu le plaideur, semblable au joueur, » dont la fureur s'accroît en proportion de l'objet du

---

(1) BELLOT. — *Exposé des motifs.* — Dépense.

» jeu ou du pari, s'exciter, s'animer par l'énormité
» même des taxes judiciaires. Nous avons vu la pré-
» tention la plus insignifiante, la plus puérile, devenir
» un procès où les frais dépassaient dix, cent fois
» l'objet de la demande, et un chétif terrain être dis-
» puté avec une telle ardeur que l'argent dépensé par
» les parties eût pu en couvrir la surface.
» L'énormité des frais n'arrête que la bonne foi, et
» par cela même, favorise la mauvaise foi qu'elle en-
» courage, par l'impunité qu'elle lui assure. Au lieu
» de réprimer la chicane, elle lui sert indirectement
» de prime d'encouragement. »

C'est donc une grande erreur de croire que les taxes judiciaires soient propres à prévenir des procès, elles ont une tendance à multiplier les procès injustes, les seuls qu'il serait bon de prévenir. Entre les mains de plaideurs frauduleux, elles sont un instrument d'oppression et un moyen de succès.

Dans un bon système de procédure, l'Etat ne devrait donc percevoir aucun impôt sur les procès.

Il est une espèce de frais que les plaideurs devraient être obligés de payer, ce sont les salaires des officiers judiciaires. Avec une procédure simple, qui n'admet que les formalités nécessaires, et qui attribue à une seule personne capable, mais non privilégiée, l'instruction et la plaidoirie, les frais doivent beaucoup diminuer. — Faut-il laisser les parties et leurs défenseurs libres dans la fixation des salaires, pour les services que ces derniers rendent? Nous croyons qu'une règle certaine vaut infiniment mieux, parce qu'elle évitera les procès fâcheux entre le défenseur et son client, qui n'est pas à même d'apprécier la valeur des écritures ; et elle permettra aux juges de les taxer selon le tarif. Notre solution ne sera pas la même pour le paiement de la plaidoirie, objet le plus important pour la partie dans la procédure orale. C'est là que le le travail, le talent et le mérite personnel des défenseurs se montrent le plus. Aussi est-il difficile de prescrire une règle fixe pour le paiement de leurs honoraires. J'admettrais alors dans le tarif la fixation d'un minimum, selon les sommes en litige. Ce minimum pourra être augmenté par les juges, devant lesquels la cause a été plaidée, et qui peuvent mieux que tous autres apprécier la valeur du travail, lorsque l'avocat et le client seront en désaccord sur le prix des honoraires.

Dans cette matière, il faut se garder de toute exagération dans l'intérêt des parties ; les salaires ne doivent être ni trop élevés, ni trop bas.

Il est facile de concevoir que l'excès des salaires soit une charge et une injustice pour tous ceux qui ont besoin du service des agents judiciaires, et auxquels il faut le payer plus qu'il ne vaut. Il l'est surtout pour le pauvre auquel il ferme l'accès de la justice.

D'un autre côté, les salaires trop modiques présentent des inconvénients d'une nature différente.

Si les salaires sont fixés de manière à ne pouvoir plus procurer une existence honnête, les hommes capables emploieront leurs facultés à d'autres occupations ; la défense des parties n'appartiendra qu'à des sujets médiocres ; le service mal payé sera mal rendu. Privés des moyens honorables d'existence, ils pourront être entraînés à chercher des ressources dans des gains illicites. Leur probité en lutte avec le besoin pourrait succomber ; et ils ne craindront pas d'ajouter à leurs profits légitimes par des exactions. C'est pour éviter des désordres aussi déplorables pour la société que le législateur doit choisir un taux moyen, comme base du tarif judiciaire.

Le caractère le plus important d'un bon système de procédure, de tous ceux que nous avons signalés, c'est la sûreté. Ce n'est que dans les cas très-rares, là où il y aurait urgence, que la sûreté doit céder à la célérité, parce qu'un retard ne rendrait plus possible à la procédure d'assurer le droit et qu'elle manquerait ainsi le but de son institution.

§ 2.

C'est ici le lieu d'examiner quel système de procédure doit choisir le législateur, pour qu'elle réunisse toutes les qualités que nous venons d'exposer. Sera-ce la plaidoirie orale, sera-ce la plaidoirie écrite, ou tantôt l'une ou tantôt l'autre?

Nous n'avons qu'à signaler les grands avantages de la première pour prouver qu'elle doit former la règle, que la plaidoirie écrite ne peut être admise que comme exception.

La plaidoirie orale est une conséquence nécessaire de la publicité de la procédure. Aussi a-t-on toujours vu marcher de front, ici, la procédure publique et la plaidoirie orale; là, au contraire, la procédure secrète et la plaidoirie écrite. Qui pourra nier que la publicité ne diminue les maux et les abus qui naissent si facilement sous le manteau du mystère?

S'il est des hommes qu'il importe, dans l'exercice de leur ministère, d'environner le plus près possible de l'opinion publique, c'est-à-dire de la censure des gens de bien, ce sont les juges; plus leur pouvoir est grand, plus il faut qu'ils aperçoivent sans cesse à côté d'eux, la première et la plus redoutable de toutes les puissances, celle de l'opinion publique qu'on ne corrompt jamais. Les juges n'apercevraient pas cette puissance, si l'instruction des affaires était secrète. Dans un ordre de choses si vicieux, vous laissez nécessairement une grande latitude aux préventions du juge, à ses affections particulières, à ses préjugés, aux intrigues des hommes de mauvaise foi, à l'influence des protections, aux délations sourdes, à toutes les passions enfin qui ne se meuvent que dans l'ombre, et qui n'ont besoin que de paraître au jour pour cesser d'être dangereuses. Qui ne sait que la publicité arrête la méchanceté et la persécution de ceux qui ne craindraient pas d'agir en secret? « Donnez-moi, disait Mirabeau (1) » à la tribune nationale, en parlant au nom du peuple » de Marseille, donnez-moi le juge que vous voudrez » partial, corrompu, mon ennemi même si vous vou- » lez, peu m'importe, pourvu qu'il ne puisse rien » faire qu'à la face du public. »

La publicité de la procédure protège le faible contre le fort, donne la vie et le mouvement à l'administration de la justice, combat ce mécanisme routinier qui s'attache au secret non contrôlé, comme la rouille au fer, enfin augmente la confiance des parties dans leur juge.

Pour que cette publicité ne soit pas un mot vide de sens, mais un véritable bienfait, il faut qu'elle ait lieu dans les conditions nécessaires pour atteindre son but, et qu'elle ne dégénère pas en une pure

(1) *Courrier de Provence*, N° 76, page 19.

formalité. L'auditoire doit pouvoir apprécier par lui-même le bien ou le mal jugé, en écoutant l'exposé de l'affaire et assistant aux opérations importantes du procès ; il ne faut pas que le public soit seulement spectateur des choses indifférentes. C'est pour cela qu'il n'y a pas de vraie publicité sans procédure orale.

En effet, là où la procédure consiste dans un échange d'écritures entre les parties, la publicité n'est d'aucune importance, parce que ces actes sont tellement indifférents pour le public, que personne n'a envie d'y assister. Supposons même qu'on lise publiquement toutes ces écritures, cette opération sera tellement ennuyeuse, que les salles d'audience seront bientôt vides. Il n'y a donc pas de véritable publicité, si la cause a été exposée par écrit, si cette lutte de laquelle doit jaillir la vérité a lieu hors de l'audience ou à l'audience même, dans des mémoires remis aux juges. La sentence fût-elle prononcée publiquement, il n'y aurait pour les assistants aucun moyen de contrôle.

La publicité exige aussi que tous les actes de la procédure importants pour la décision, comme l'interrogatoire des parties sur faits et articles, les enquêtes des témoins se passent à l'audience.

La publicité produit le plus grand effet sur la véracité du témoin. Le mensonge peut être audacieux dans un interrogatoire secret ; il est difficile qu'il le soit en public, cela est même très-invraisemblable de la part de tout homme qui n'est pas entièrement dépravé. Tous ces regards dirigés sur un témoin le déconcertent, s'il a un plan d'imposture tracé d'avance, il sent qu'un mensonge peut trouver un contradicteur dans chacun de ceux qui l'écoutent. Une physionomie qui lui est connue, et mille autres qu'il ne connait pas, l'inquiètent également, et il s'imagine malgré lui que la vérité qu'il cherche à cacher, va sortir du sein de cette audience et l'exposer à tous les dangers du faux témoignage; il sait au moins qu'il est une peine à laquelle il ne peut échapper, — la honte en présence d'une foule de spectateurs.

Pour bien des personnes, la publicité de la procédure en matière criminelle est une suprême garantie de la société toute entière, des accusés, et un moyen plus sûr pour le juge de découvrir la vérité dans l'ensemble des faits qui se déroulent à l'audience. Mais elle ne leur présente pas les mêmes avantages dans les affaires civiles où l'intérêt privé seul est en question. Qu'un tel ou un tel soit propriétaire d'une maison, que A soit ou non le débiteur de B ne regarde nullement les autres, souvent même il est très-préjudiciable pour les parties de voir les tiers, mis au courant de leurs affaires, qui sont ainsi initiés dans les secrets de commerce.

Nous admettons que ces objections soient faites avec raison, mais quelles conséquences en tirer? C'est qu'il y a des cas où la loi peut substituer dans l'intérêt des parties ou des mœurs le secret à la publicité. Mais ces motifs seraient-ils assez puissant pour faire disparaître complètement en matière civile le principe tutélaire de la publicité? Evidemment non, si l'on prend tous les avantages qu'elle offre, et pour le tribunal qui décide, et pour la partie qui plaide, et pour le public qui écoute.

C'est par la publicité que le tribunal acquiert la certitude que les conclusions et les moyens sont bien ceux des parties ou de leurs défenseurs. Les rapports du juge à la chambre du conseil ne présentent jamais la garantie sûre, que tout ce que les parties ou leurs mandataires exposaient dans un certain ordre, arrive à la connaissance du tribunal de la même manière. Avec la meilleure volonté du monde, le rapporteur ne racontera les faits que comme il les a compris, et en omettra, quand ils lui paraîtront sans importance, ou en changera la suite. Mais s'il a des idées préconçues et qu'il soit animé de passion dans un sens ou dans l'autre, il est fort à craindre que l'affaire ne soit dénaturée. Une vraie appréciation des témoignages n'est possible que quand les témoins ont déposé devant le tribunal réuni. En général, si tous les actes importants de la procédure se passent en la présence de tous les juges de l'affaire, ces derniers peuvent à chaque moment s'éclairer par des questions adressées aux parties ou aux témoins, sur des points obscurs ou présentés d'une manière incomplète.

Pour les parties, la publicité leur offre une garantie que le tribunal entier a été parfaitement instruit de la cause, que les points capitaux de l'affaire ont reçu les développements qu'elles désiraient leur donner, tandis qu'avec une procédure secrète elles sont éloignées de leurs juges et exclues de toute influence sur les actes du tribunal.

Par rapport au public, c'est-à-dire la société entière, la publicité est sans doute moins nécessaire dans les procès civils que dans les causes criminelles. Il arrivera même souvent que dans les affaires de peu d'importance, la place réservée à l'auditoire sera tout-à-fait vide. Mais ne suffit-il pas qu'à tout moment quelqu'un ait le droit de venir assister aux débats de l'audience, pour que cette publicité possible produise ses effets sur les magistrats ?

Elle sera pour les juges un stimulant dans une carrière remplie de devoirs pénibles, où l'on a besoin de toutes les facultés de l'intelligence et de toute l'activité de l'esprit, où chaque jour de relâchement est un triomphe pour l'injustice, et une prolongation de souffrance pour l'innocent. Les magistrats se formeront sous les yeux du public à une dignité sans hauteur, et à cette égalité d'humeur qui ne flatte ni ne traite avec dureté aucune partie. Elle contribuera à donner aux audiences un caractère plus solennel et plus convenable, les juges n'oseront pas se livrer aussi facilement pendant les séances à leurs goûts pour la lecture des livres ou des journaux, par crainte de s'exposer au blâme des assistants.

La présence de l'auditoire stimulera les avocats à présenter leur cause d'une manière intéressante, afin de gagner la confiance générale. Le public apprendra ainsi à connaître les hommes de talent dont il pourrait avoir besoin, et aura occasion lui-même de se familiariser avec la marche des affaires et l'application des lois.

La publicité des affaires servira bien souvent aussi à prévenir des contestations, parce qu'un tel qui n'aurait pas hésité avec des formes secrètes de chicaner son adversaire et de nier même ses engagements, n'oserait braver l'opinion publique, et il aimera mieux payer ce qu'il doit que de passer devant tout le monde pour un homme qui manque à ses promesses.

La parole vive et pénétrante que le geste, la physionomie et l'expression de l'orateur rendent si saisissante et si intelligible, anime les débats judiciaires, intéresse davantage les auditeurs, captive l'attention des juges, fait comprendre plus facilement l'exposé des parties ou de leurs défenseurs.

La procédure écrite, au contraire, exige un rapporteur pour porter les affaires à la connaissance du tribunal entier, un homme de loi pour rédiger les écritures. La pensée de la partie passe ainsi par deux intermédiaires, avant d'arriver aux juges qui décident. On comprend alors facilement que les procès durent bien plus longtemps avec un pareil système. La sûreté y existe aussi, bien moins que dans la procédure orale. Les mémoires des parties doivent être nécessairement faits par des hommes de loi, afin de les rendre compréhensibles pour le juge qui ne peut s'éclairer par des demandes adressées aux plaideurs. Mais souvent les défenseurs qui composent ces écrits omettent avec intention des points essentiels pour la connaissance de l'affaire, tâchent d'en obscurcir d'autres, lorsque la lumière paraît contraire à leurs intérêts, et imaginent même des faits qui n'ont jamais existé. Les parties ne sont pas mises en présence l'une de l'autre pour se contredire immédiatement, le juge ne peut faire jaillir la vérité par des questions qu'il leur pose. La conséquence nécessaire de tout cela est que les décisions n'auront pas le même caractère de sûreté, de certitude que dans la procédure orale.

L'histoire des procédures secrètes est d'accord avec ces principes. Plus les tribunaux ont été secrets, plus ils ont été odieux, la cour vehmique, l'Inquisition, le conseil des Dix ont flétri les gouvernements qui les avaient adoptés. On leur a imputé cent fois plus de crimes, peut-être, qu'ils n'en ont commis ; mais les partisans du secret sont les seuls qui n'aient pas droit de se plaindre de la calomnie. Observez leurs propres maximes : ont-ils devant eux un accusé qui cherche à cacher ses démarches, un plaideur qui veut soustraire quelque titre, un témoin qui ne veut pas répondre, ils ne manquent jamais d'en tirer contre lui les conséquences les plus fortes. L'innocence et le mystère ne vont guère ensemble, et qui se cache est plus qu'à demi convaincu. Voilà le principe d'après lequel ils agissent. Pourquoi ne s'en servira-t-on pas contre eux-mêmes ?

Tous ces développements prouvent jusqu'à l'évidence que la procédure orale et publique doit former la règle dans une bonne législation des formes judiciaires, et la procédure écrite et secrète l'exception. Ainsi si la cause, comme dans les redditions de compte, se compose d'un si grand nombre de chefs, que l'attention surchargée ne puisse les saisir à l'audience, la plaidoirie écrite pourrait avec avantage être substituée à la procédure orale.

DEUXIÈME PARTIE.

CHAPITRE V.

A. — *Sources historiques du code de procédure.*

§ 1.

Pour bien juger le mérite du code de procédure, il faut remonter dans l'histoire, aux sources dans lesquelles ses rédacteurs ont puisé. Un grand nombre de formalités que nous y rencontrons, ne peut s'expliquer que comme des traditions du temps antérieur.

C'est une grande erreur de croire que le code de procédure se fonde principalement sur les idées nouvelles auxquelles la révolution de 1789 avait donné naissance. « Le législateur français (1) ne sut point
» sortir de l'ornière profonde qu'avait creusée une
» pratique de plusieurs siècles et s'élever à cette hau-
» teur de vues à laquelle étaient dus plusieurs lois
» civiles et les changements opérés par l'assemblée
» constituante dans la législation criminelle. Il ne
» sut point dégager l'administration de la justice de
» ces formalités multipliées sans objet ou purement
» fiscales qui en encombraient l'accès, et que sous
» prétexte d'écarter la chicane, la chicane elle-même
» avait introduites. »

(1) BELLOT, *Exposé des motifs.* — *Code de Genève.*

Les meilleurs auteurs qui ont écrit sur le code de procédure adoptent l'opinion, que cette œuvre législative n'est pas un produit des idées modernes, qu'il faut au contraire l'étudier dans l'histoire du passé pour le comprendre. « Il est aisé de se convaincre, » dit Delaporte, que loin de s'écarter de l'ancienne » forme de procédure, le code rétablit, au contraire, » les règles dont on s'était écarté dans les derniers » temps. » (1) Il est constant que la procédure française a fait des emprunts considérables au droit romain et aux canons de l'Eglise dont l'étude est absolument nécessaire pour l'intelligence de plusieurs dispositions. La cour de cassation et des auteurs (2) très-recommandables citent des passages de droit romain et des canons, comme fort importants, pour la solution de certaines questions de procédure.

Pour bien approfondir cette matière il faudrait aussi remonter jusqu'aux monuments les plus anciens du droit coutumier. De ce nombre sont : le conseil de Pierre Desfontaines (3), Beaumanoir (4), le vieux livre

---

(1) *Dictionnaire de droit au nouveau* Ferrière, *Introd.* p. 10. — CARRÉ, dans son *traité* et *ses questions de procédure civile*, s'exprime ainsi : « Les rédacteurs du nouveau code, en adoptant » celles des règles anciennes dont le temps avait démontré la » sagesse, ont profité de tout ce que la jurisprudence des » arrêts, les ouvrages des auteurs et les lois intermédiaires leur » offraient d'utile. (Introd. p. 5, n° 21.), et aussi RAUTER, *Cours de proc. etc.*, p. 11. »

(2) V. TOULLIER, *Droit civil*, t. VII, p. 350.

(3) Conseil que Pierre donna à son ami. —V. du Cange, *Hist. de Saint-Louis*, t. V; il date de 1253.

(4) BEAUMANOIR. — *Coutumes et usages de Beauvoisis* avec les notes de Thaumassière ; recueil date de 1283.

de justice et de plet (1), les établissements de Saint-Louis (2) et Boutillier (3).

Henrion de Pansey (4) dans son ouvrage *De la compétence des juges de paix* a démontré clairement, combien la connaissance de ces sources de notre ancien droit était importante pour la jurisprudence actuelle. L'origine de la Cour de cassation sortie du Conseil privé ou Conseil du roi (5), et celle de l'institution du ministère public (6) prouvent encore qu'on ne peut bien comprendre la nouvelle organisation judiciaire, sans étudier l'ancienne. — Ce fut en 1446 par les ordonnances de Charles VII, le même qui, en 1453, avait prescrit la collection de toutes les coutumes de France, que la procédure reçut une base fixe sur laquelle s'éleva successivement tout l'édifice des formes judiciaires (7).

En suivant l'histoire de la législation relative à la procédure nous rencontrons comme documents très-importants les ordonnances de 1539 par lesquelles François Ier consacra l'introduction de la procédure

---

(1) V. KLEIMRATH. *Mém. sur les monuments de l'hist. du droit français au moyen-âge.* Paris, 1835.

(2) LAURIÈRE, *Ordonnances*, t. I., p. 107. V. aussi MM. MIGNET et BEUGNOT.

(3) Somme rurale ou le grand coutumier général, (*Recueil du XIVe siècle*).

(4) Chap. 34. On trouvera, dit-il, dans Beaumanoir, des principes qui peuvent guider dans l'examen de beaucoup de difficultés et plusieurs décisions qu'on suit encore dans les tribunaux.

(5) V. BORNIER, *Conf.*, vol. II, p. 82½. — MEYER, *Esprit, origine des int. judic.*, vol. III, p. 218. — HENRION DE PANSEY, *De l'aut. jud.*, p. 414.

(6) MEYER, *Esprit*, etc., p. 268. — HENRION DE PANSEY, *De l'aut. jud.*, p. 179.

(7) BERNARDI, *De l'origine et des progrès de la législ. franc.*, p. 434.

secrète dans les affaires civiles. Déjà auparavant une constitution du pape Innocent IV l'avait ordonnée en matière d'hérésie. Lors des croisades contre les Albigeois il arrivait souvent que les dénonciateurs des personnes suspectes d'hérésie s'exposaient aux vengeances de leur victimes. Pour les encourager à faire des dépositions, les papes avaient introduit l'usage de la procédure mystérieuse pour mettre les témoins à l'abri de tout danger de la part des accusés. Mais Innocent IV, se fondant sur ce motif ou ce prétexte, déclara plus tard que la présomption du danger existait de droit, et transforma en loi générale l'usage de la procédure secrète en matière d'hérésie. C'est vers la même époque que nous rencontrons en France des tribunaux permanents, les parlements venaient d'être institués. Les nouveaux magistrats s'empressèrent d'emprunter aux juges ecclésiastiques leur procédure compliquée et tortueuse qui les garantissait de tout rétablissement de l'ancien état de choses (1), et était très-favorable à la puissance de l'autorité judiciaire que le secret rendait bien plus terrible.

Sous Charles IX l'ordonnance de Roussillon et surtout l'édit de Moulins ont exercé sur la législation de

---

(1) BORNIER : *Conférences*, p. 17, dit : « Qu'on apprend des
» anciennes pratiques de France, c'est-à-dire de celles qui sont
» plus anciennes que la *Somme rurale*, que les juges écoutaient
» toutes les causes tant de fait que de droit en audience, sans
» les appointer en droit à mettre ou à produire, et il n'y a pas
» cinq siècles que cette pratique d'écrire et de produire a été
» reçue en France, elle prit sa source dans le droit canonique,
» elle a été trouvée commode et nécessaire dans plusieurs cau-
» ses, mais elle est devenue trop fréquente et une affaire
» d'intérêt. »

la procédure une influence remarquable. Cet édit défendit de recevoir la preuve par témoins de conventions excédant 100 livres. C'est ainsi que se développèrent peu à peu les notions, et se préparèrent les dispositions qui servirent de base à l'ordonnance de 1667, source principale de la procédure actuelle (1). Nous ne devons pas oublier ici les auteurs (2) qui amalgamant le droit romain et canonique avec les institutions et coutumes françaises ont formé dans le cours du temps la pratique judiciaire ; mais l'ordonnance de 1667 reste toujours l'œuvre législative la plus importante pour l'intelligence du code de procédure.

Nous avons seulement à regretter que, lors de sa rédaction, le projet élaboré par le célèbre Lamoignon n'ait pas atteint toute la perfection dont il était susceptible, par la jalousie de Colbert et la vanité de Pussort (3). Pour la bien comprendre il faut consulter les *Conférences* de Bornier et les procès-verbaux de la commission. Les arrêts des parlements (4) ainsi que les commentateurs distingués de l'ordonnance comme Jousse, Pothier, etc., facilitent encore bien souvent l'intelligence de notre code de procédure.

Expliquée et complétée dans ses lacunes par une jurisprudence respectable, cette ordonnance a su braver les premiers orages de la révolution. Les lois nouvelles surtout celles du 16 et 24 août 1790 ne concernaient que l'organisation judiciaire et

---

(1) RAUTER, *Cours de proc.*, p. 16.
(2) De ce nombre sont surtout MASSUERI, PRACTICA, FORENSIS. Paris, 1577 et IMBERT, *Prat. judic.* Paris, 1602.
(3) V. BERNARDI, *de l'Origine*, p. 111 à 115.
(4) *Diction. des jurisprud. et des arrêts des parlements*, par BRILLION, 6 vol., *les Olim* : KLIMRATH, mém., Paris, 1835.

contenaient seulement quelques dispositions générales, ayant trait à la procédure et des règles pour quelques tribunaux récemment créés, par exemple pour les justices de paix (1).

L'assemblée constituante chargée de réorganiser les grands pouvoirs de l'Etat, ne s'occupa dans ses réformes de la justice que de ce qu'il y avait de plus pressant, ce furent l'abus des degrés de juridiction, la vénalité des offices de judicature. Déjà Louis XVI avait tenté de supprimer les bailliages et les sénéchaussées pour les fondre dans les présidiaux. L'édit de 1788 qui introduisit ces améliorations contenait le passage suivant dans son préambule :
« Nous avons reconnu que s'il était de notre justice
» d'accorder à nos sujets, la faculté d'avoir dans
» la discussion de leurs droits, deux degrés de ju-
» ridiction, il était aussi de notre bonté de ne pas
» les forcer d'en reconnaître un plus grand nombre.
» Nous avons reconnu qu'en matière civile des contes-
» tations peu importantes avaient eu quelquefois cinq
» à six jugements à subir, qu'il résultait de ces
» appels multipliés des frais immenses, des dépla-
» cements ruineux, et enfin une continuelle affluence
» de plaideurs du fond de leurs provinces dans les
» villes où résident nos cours, pour y solliciter un
» jugement définitif. »

Un second édit supprima la plus grande partie des tribunaux d'exception. « Pour simplifier l'administra-
» tion de la justice, disait-il, le roi veut que l'unité

---

(1) Toutes les lois de ce temps d'une application pratique de nos jours se trouvent réunies dans les *Lois de la procédure civile, tant devant les tribunaux ordinaires qu'en cassation*, par M. Dupin; — Paris, 1821.

» des tribunaux réponde désormais à l'unité des
» lois. »

Ces édits blessaient une foule d'intérêts, l'opposition fut si vive, si hostile, qu'ils furent révoqués. Ce que n'avait pu faire le pouvoir royal en 1788, la révolution de 1789 l'acheva.

§ 2.

L'assemblée constituante, avant de refaire les lois de procédure, dut créer un nouvel ordre judiciaire qui n'eût aucun intérêt à maintenir les anciens abus, et donnât pour l'avenir des garanties d'une bonne administration de la justice. Elle en posa les bases essentielles qui subsistent encore aujourd'hui. Toutes les variations dans les formes et dans les instruments par lesquelles l'autorité judiciaire s'est exercée depuis, se sont opérées sur ces bases. Il suffit ici de les énumérer.

1° La vénalité et l'hérédité des offices de judicature abolies (1);

2° La justice rendue au nom du roi (2);

3° Les priviléges en matière de juridiction (3) anéantis, mêmes formes, mêmes juges pour tous dans les mêmes cas (4);

4° La justice rendue gratuitement, les juges salariés par l'Etat (5);

---

(1) Loi du 14 août 1790, tit. II, art. 2.
(2)   Id.   art. 1, Charte const. art. 48.
(3)   Id.   art. 16.
(4)   Id.   art. 2. La justice est une dette sacrée des souverains, ceux qu'ils délégueront en leurs noms, ne doivent rien recevoir que de l'Etat.
(5) Loi du 24 août, tit. V. art. 15.

5° Les jugements motivés (1);

6° La publicité des audiences, des rapports et des jugements (2);

7° La séparation absolue du pouvoir judiciaire et du pouvoir administratif (3);

8° La défense faite aux juges de prendre aucune part au pouvoir législatif, et de faire des arrêts de règlement (4).

Ces principes posés, les législateurs d'alors examinèrent une foule de questions que l'impatience des réformes avait mises à l'ordre du jour. Une des plus importantes fut celle de savoir si l'on établirait des jurés, aussi bien en matière civile qu'en matière criminelle.

Les circonstances étaient favorablement préparées pour l'admission du jury en matière criminelle. Le cruel isolement de l'accusé, la privation d'un conseil, le secret de la procédure, l'arbitraire révoltaient les esprits contre l'ordonnance de 1670. La question préparatoire avait déjà été abolie par Louis XVI. On se tournait du côté de la législation anglaise dont les idées étaient alors en vogue. On y puisa le jury criminel qui fut ainsi implanté en France.

Des réformateurs plus ardents allèrent jusqu'à le proposer en matière civile. Ce fut une des discussions les plus remarquables de l'assemblée constituante, et pour l'éloquence et la profonde érudition de Tronchet l'occasion d'un beau triomphe. Après avoir parlé du

---

(1) Loi du 24 août, tit. V. art. 14.
(2)   Id.   tit. II. art. 13.
(3) Il était fort sage de séparer ces deux pouvoirs, mais on n'a pas tracé la ligne de démarcation entre eux.
(4) Loi du 24 août, tit. II, art. 10. — Code Napoléon, art. 15.

jury anglais en matière civile, il continue : « Maintenant
» voyez au contraire quel est parmi nous l'effet de
» ce principe sage qui n'admet que les titres pour
» preuve des conventions au dessus de cent livres.
» Il en résulte qu'à l'exception des actions possessoires
» et de quelques autres qui exigent la vérification
» d'un fait matériel, tout ce que nous appelons des
» questions de fait ne forment véritablement que
» des questions mixtes qui appartiennent plus au
» droit qu'au fait.

» S'agit-il d'une convention ? La question n'est
» pas de savoir si elle est prouvée en fait, car il
» faut qu'il en existe un acte dès lors que la con-
» vention excède cent livres. La question sera, si
» les parties étaient capables de contracter, si la
» convention doit être entendue en tel sens ou en
» tel autre.

» S'agit-il d'une donation, d'un testament ? Le
» fait n'est pas douteux qu'il existe une donation,
» un testament, mais on demandera si le donateur
» avait la capacité de donner, si le donataire avait
» celle de recevoir ; si les biens étaient disponibles ;
» quelle est la chose que le donateur a voulu donner ;
» si la condition sous laquelle il a donné est accom-
» plie ; toutes questions qui dépendent de l'application
» des lois et de quelques principes de droit.

» S'agit-il d'une succession ? La question de savoir
» si j'y puis prétendre, dépendra quelquefois du
» point de savoir si je puis prouver ma parenté
» et mon degré ; mais ce sont des actes qui doivent
» prouver ce point de fait, et les difficultés que
» feront naître ces actes, dépendront presque toujours
» des principes de droit. »

Ces exemples qu'on pourrait citer à l'infini suffisent à faire comprendre comment, dans la plupart des affaires, le point de fait est matériellement inséparable du point de droit, et partant tout ce que l'introduction du jury civil rencontrerait d'insurmontables difficultés dans la pratique.

Toute législation qui restreint la preuve testimoniale à des cas rares et à de minces intérêts, qui prescrit des formes pour la régularité ou pour la substance de certains actes, qui définit le lien des obligations et les modes de libération, qui interprète les conventions par des règles de droit, est incompatible avec l'emploi du jury civil. C'est dire qu'en règle générale, il ne pouvait convenir à la France.

Néanmoins je ne puis passer sous silence l'argument le plus fort qui ait été produit en faveur de l'application du jury aux matières civiles, argument présenté par Adrien Duport à l'Assemblée constituante. « Je pars de la supposition, dit-il, que les jugements
» doivent être toujours rendus à la pluralité des
» suffrages, et je dis, que lorsqu'on va aux voix,
» sans que le fait soit constaté, il est très-commun
» que celui qui a la majorité en sa faveur perde
» son procès: en effet chaque juge en donnant son
» avis peut être déterminé, soit par la vérité des
» allégations, c'est-à-dire par le fait, soit par la
» force des principes, c'est-à-dire la loi. Un certain
» nombre de juges peut être mû par la première
» des considérations; les autres par la seconde; et
» cependant lors de la collecte des voix, ils sont
» obligés de se réunir à l'un des deux avis, sans
» quoi la majorité relative ou la minorité déciderait
» la question ; alors le juge qui croit le fait sûr et

» la loi douteuse, et celui qui croit la loi claire et
» le fait douteux sont comptés ensemble pour la
» même opinion, quoiqu'ils diffèrent d'avis du blanc
» au noir, et le plaideur qui a eu en sa faveur la
» majorité sur le droit et la majorité sur le fait,
» perd son procès.

» Prenons un exemple, Pierre veut se soustraire
» au paiement des créances dûes par son grand-père,
» ses moyens sont pour cela de dire :

» 1° Que son père a renoncé à la succession de
» son grand-père ;

» 2° Que les créances demandées ne sont pas
» légitimes.

» Paul au contraire prétend, et qu'il n'y a pas
» eu de renonciation, et que les créances sont lé-
» gitimes. Voilà deux questions, l'une de fait, l'autre
» de droit. Maintenant il faut savoir qu'excepté sur
» les nullités et fins de non-recevoir, il est défendu
» aux juges d'opiner par moyens et qu'ils doivent
» donner leur avis sur les conclusions des parties,
» lesquelles sont toujours tendantes en général à
» adjuger la demande ou à la rejeter.

» Il y a douze juges, sept sont d'avis qu'il n'y
» a pas eu de renonciation, mais de ces sept, quatre
» pensent que les créances ne sont pas légitimes ;
» les cinq autres pensent que les créances sont lé-
» gitimes, mais qu'il y a eu renonciation. Paul
» avait donc en sa faveur sur la question du fait
» sept juges contre cinq, sur la question du droit
» huit juges contre quatre. On prend les voix, les
» quatre juges qui pensent que les créances ne sont
» pas légitimes, mais qu'il n'y a pas renonciation,
» et les cinq qui pensent que les créances sont

» légitimes, mais qu'il y a renonciation, sont comptés
» ensemble. Paul perd son procès avec une majorité
» de neuf contre trois. »

Cette objection était extrêmement sérieuse. Ses adversaires mêmes n'en ont pas méconnu la gravité. Selon bien des jurisconsultes distingués (1) on arriverait au résultat demandé par Duport, si les juges étaient astreints à poser séparément les questions que présente une cause, tant en fait qu'en droit, et comme le jugement n'est autre chose que l'application de la loi à un fait, il faut, disent-ils, préalablement voter les points de fait avant de prononcer sur le droit. Ce fut aussi l'avis de Thouret dans sa réponse au principal argument de Duport :

« Si l'institution des jurés présente la théorie de
» la séparation du fait et du droit réduite en pratique,
» elle n'établit pas cependant l'impossibilité de par-
» venir au même résultat sans les jurés. On voit
» bien que, par eux le fait est jugé séparément du
» droit ; il reste à examiner si, sans eux on ne
» peut obtenir la même rectitude dans la forme
» des jugements.

(1) BELLOT : *Exposé des motifs du code de Genève*, et ROYER-COLLARD, *Introd.* — M. Tronchet, quoique contraire à l'introduction du jury civil, croit à la possibilité de séparer la question de fait d'avec la question de droit. « Je n'ai jamais prétendu, dit-il,
» qu'en jugeant on ne pût séparer la question de fait de la ques-
» tion de droit, dans une affaire qui présente à la fois deux
» questions de cette nature à résoudre, et par conséquent que
» l'on ne pût pas trouver un expédient pour remédier à l'usage
» qui assujettit les juges à confondre leurs opinions sur les deux
» questions, en n'opinant que sur la *demande* au soutien de
» de laquelle on emploie un moyen de fait et un moyen de
» droit. » — Nous proposerons notre solution de la difficulté sous le titre : *Du Jugement.*

» Il est trop sévère de prononcer que ces deux
» opérations ne peuvent être confiées utilement aux
» mêmes personnes. Je crois qu'en matière cri-
» minelle il serait en effet bien pénible pour le juge
» qui, en opinant sur le fait n'aurait pas trouvé
» l'accusé coupable, de le condamner à mort, dans
» le second tour d'opinion pour l'application de la
» loi ; mais cette difficulté qui ne devient pressante
» que par le respect dû au sentiment de la nature
» et de l'humanité, ne reçoit ici aucune application,
» puisque encore une fois, nous sommes d'accord sur
» l'établissement du jury au criminel. Ainsi le juge
» qui a pensé qu'une enquête était nulle, opine
» sans scrupule sur le fond de la demande, lorsqu'il
» a été jugé contre son avis, que l'enquête était
» valable. La même chose aura lieu, lorsqu'il sera
» enjoint aux juges de prononcer préalablement sur
» la question de fait, et surtout si la loi porte que
» ceux, contre l'avis desquels le fait aura été jugé,
» ne pourront par cette raison, s'abstenir de délibé-
» rer sur l'application de la loi. »

Si le juge doit s'appliquer à séparer autant que possible, la question de fait d'avec celle de droit, il y a un grand nombre de procès qui échapperont toujours par sa nature à cette distinction, fondement du jury ; tandis que dans une certaine classe d'affaires on conçoit la divisibilité du fait et du droit. Les questions de possession, de prescription, les questions de dommages et intérêts, les questions d'état qui mettent en jeu des intérêts si importants, les questions de nullité des conventions par suite du dol, de la fraude, de la violence, toutes les questions enfin où la preuve testimoniale est admissible, présentent évidemment des points de fait à juger, qui sont établis précisément par les dépositions orales.

Ne serait-il pas possible de réserver cette classe de procès à la connaissance du jury et ouvrir ainsi le domaine de l'avenir à cette institution, quand une loi, fondée sur la philosophie du droit et l'expérience, aura distingué la différente nature des causes judiciaires? Selon nous, même cette admission restreinte du jury au civil offrirait des difficultés presque invincibles dans la pratique. En effet le jury déclarera le fait. Mais le fait peut être considéré sous plusieurs rapports, il peut présenter des conséquences différentes; les juges civils, jetés nécessairement dans le domaine de l'appréciation des faits, seront jurés sous ce rapport; ils confondront les deux fonctions, ils absorberont la mission du jury, leur opinion pourra complètement anéantir sa décision, conséquence monstrueuse.

Pour éviter ce vice destructif du jury, il faudrait un code civil qui embrassât dans ses détails tous les cas possibles de contestation entre les citoyens. Or il y a impossibilité absolue de prévoir tous les cas, de ramener à des catégories précises les milliers d'espèces et de questions qui se présentent devant les tribunaux, et cependant, comme le disait autrefois le prince (1) des juriconsultes français : « Une » légère circonstance de fait a, souvent, dans le droit, » une grave conséquence. »

Il est donc à craindre que des hommes arrachés à leurs affaires pour venir s'occuper de celles des autres, et renvoyés avec leur besogne qui ne sert

---

(1) Dumoulin: *Modica circumstantia facti inducit magnam juris diversitatem* (t. 1, p. 555, n° 164).

à rien, ne prennent ni ne donnent une haute idée de l'institution. Leur inutilité jugée, leur importance blessée, leur temps perdu et leur zèle éteint, voilà les résultats auxquels pourrait bien conduire l'admission du jury (1) au civil, plus belle en théorie que facile dans l'exécution.

Une autre question posée vers la même époque à l'Assemblée constituante et qui se rattache en quelque sorte à celle du jury était la question de l'appel. Y aura-t-il deux degrés de juridiction ? La solution aurait dû être négative, si l'on eut adopté le jury en matière civile, parce que nul autre témoignage ne peut infirmer la réponse que donne la conscience des jurés sur la vérité d'un fait.

L'Assemblée constituante décréta qu'il y aurait deux degrés de juridiction ; mais par respect pour l'égalité on les mit de niveau. Il faut ajouter ce motif que les législateurs d'alors avaient peur de cette grande ombre des parlements qui leur apparaissait encore armée de son redoutable esprit de corps, de sa force politique et de son immense pouvoir judiciaire. On répondit aux idées nouvelles en établissant un grand nombre de petits tribunaux égaux entre eux, mais appelés à se censurer et se réformer les uns les autres.

Un tableau des sept tribunaux les plus voisins dont un, au moins hors du département, dut être formé dans chaque district. L'appelant eut la faculté d'exclure

---

(1) Les lois du 27 juillet 1833 et 3 mai 1841, sur l'expropriation publique qui ont fait parmi nous la première expérience d'une sorte de jury civil ont considéré les jurés comme Tronchet lui-même. Ce ne sont que des vérificateurs et estimateurs, des experts dont la déclaration doit lier le juge du droit.

trois de ces tribunaux par son acte d'appel. Il fut permis à l'autre partie d'user du même droit en faisant sa déclaration au greffe. Restait un tribunal non exclu, et l'appel lui était dévolu.

Les plaideurs pouvaient aussi d'un commun accord choisir un tribunal d'appel parmi tous les tribunaux du royaume (1). On reconnut dans la suite tout le vice d'un pareil système qui faisait circuler les appels entre des tribunaux placés sur la même ligne, dont l'un réformait un jour celui qui devait l'infirmer le lendemain à son tour. Les ménagements réciproques que gardaient ces tribunaux entre eux, rendaient souvent les appels inutiles. Il arrivait aussi fréquemment qu'un tel plaideur qui avait tous les suffrages des cinq juges de première instance, sur l'appel en trouvait trois contre lui. Réunissez les opinions de ces juges, égaux en nombre sur leurs sièges, égaux en autorité et probablement en lumières, et vous verrez que le malheureux perdait son procès avec une majorité favorable de sept voix sur dix.

§ III.

L'organisation judiciaire de l'an VIII remédia à cet état de choses. De véritables tribunaux d'appel furent institués. Cette organisation existe encore aujourd'hui, à part un petit nombre de modifications. Nous avons des justices de paix, des tribunaux de première instance, des cours d'appel et une cour de cassation. Des tribunaux spéciaux sont, en outre, chargés de juger les affaires commerciales.

(1) Loi du 24 août 1790, tit. V.

Les justices de paix sont à la fois des tribunaux ordinaires et des tribunaux d'exception. Elles connaissent de toutes les causes purement personnelles et mobilières sans appel jusqu'à la valeur *de cent francs*, et à la charge d'appel jusqu'à *deux cents francs*. En outre, elles ont une compétence spéciale, on porte devant elles les questions possessoires (1), etc.

Les tribunaux de première instance sont en même temps des juges de premier et de dernier ressort. Ils sont juges d'appel quant aux sentences des juges de paix; ils sont juges de premier degré dans les autres causes et prononcent sans appel jusqu'à *quinze cents francs*.

Les tribunaux de commerce sont également souverains jusqu'à concurrence de *quinze cents francs*; au delà de cette somme, ils ne font droit qu'en premier ressort.

Les cours d'appel jugent les appels de toutes les causes décidées par les tribunaux de première instance ou de commerce qui excèdent *quinze cents francs* ou sont de valeur indéterminée.

La cour de cassation prononce sur toute espèce de causes, mais elle ne connait pas des faits. Instituée pour maintenir l'uniformité de la jurisprudence, elle veille à la saine interprétation des lois. Si un juge les a violées ou faussement appliquées, sa décision est cassée. La cour de cassation juge souverainement toutes les sentences rendues en dernier ressort.

Cette organisation est-elle bonne, est-elle de nature

---

(1) La Loi de 1838 et celle de 1865 (24 avril) ont étendu leur compétence pour diminuer les frais de justice. Selon nous, il aurait mieux valu diminuer ces frais par la simplification de la procédure.

à satisfaire les justiciables, ou ne renferme-t-elle pas quelques-uns de ces vices essentiels contre lesquels la société doit être continuellement mise en garde ? Ce n'est pas ici le lieu d'apprécier notre organisation judiciaire, et d'indiquer les améliorations qu'elle pourrait recevoir ; nous y reviendrons dans le cours de notre travail, lorsque nous traiterons des formes spéciales de procédure, tracées pour chacun des tribunaux.

§ 4.

Pendant qu'on opérait tous ces changements dans l'organisation judiciaire, quelles réformes introduisit-on pour les règles de procédure ? Nous avons déjà dit que l'Assemblée constituante par une loi du 27 mars avait décrété, que l'instruction des affaires continuerait à être faite suivant les prescriptions de l'ordonnance de 1667, en attendant la réformation de la procédure civile. Ces innovations devaient venir trop tôt et disparaître avec l'orage qui les avait amenées. La Convention supprima par une loi du 3 brumaire an II, dans un délire de perfection, les avoués et toute la procédure. Un article de la constitution qui ne fut pas mise en pratique, (parce qu'elle n'avait point encore, comme on disait alors, assez de sève, on craignit de l'immoler par elle-même) prescrivait que les contestations des particuliers fussent décidées sur défense verbale ou sur simple mémoire, sans procédure et sans frais. Pour mettre à exécution ce vœu de la constitution, la Convention improvisa dans une de ses séances, la loi de brumaire dont nous venons de parler. Elle s'imaginait avoir tracé en dix-sept articles qui composaient toute la loi, toutes les formes nécessaires à l'instruction des affaires devant les tribunaux civils. Dans sa haine contre la vieille ordonnance royale de 1667, elle ne songea pas qu'il n'y avait pas de travaux préparatoires pour la remplacer par de nouvelles dispositions meilleures; les avoués furent supprimés, les parties durent se défendre elles-mêmes ou se faire représenter devant le tribunal par un fondé de pouvoir quelconque. Les débats étaient oraux, néanmoins on pouvait aussi se défendre par simples mémoires dont un des juges donnait lecture à l'audience avant de prononcer. Les délibérations pouvaient être secrètes, mais les juges étaient tenus d'opiner à haute voix.

Lorsqu'on supprima ainsi la procédure, quand on abandonna aux parties le soin d'instruire et de défendre elles-mêmes leurs causes, comme au temps de l'enfance des sociétés, la législation devint de jour en jour plus compliquée et plus obscure. Les membres honorables du barreau avaient quitté les affaires en ces jours de terreur, et les premiers venus, libres de tout frein, vendant à prix démesuré leur officieuse assistance et les services de leur ignorante présomption, avaient pris leur place. Les juges eux-mêmes étaient généralement des hommes ignorants et méprisables. Chaque tribunal se créa une espèce de procédure à part, la confusion et l'arbitraire le plus complet régnaient à la place de la loi. Bienheureux encore les justiciables, quand des tribunaux adoptaient le sage parti de faire survivre à leur abolition ces lois antérieures, sur tous les points que la nouvelle loi n'avait pas formellement prévus. Quelqu'imparfaites, quelque vicieuses que fussent ces lois, elles étaient bien préférables à l'absence de toute règle. Les plaintes devenaient

générales contre cette marche de la justice, contre les abus des solliciteurs qu'elle favorisait, lorsque la révolution du 18 brumaire mit le gouvernement entre les mains d'un chef vigoureux. On songea alors à reconstruire et à remplir les vides de la destruction. On revint avec bonheur à l'ancien système. On chercha dans le régime antérieur un remède aux inconvénients ou plutôt aux imperfections du nouveau. Une forte réaction se montra alors en faveur du passé qu'on préférait avec raison aux chimères si dangereuses de ces modernes législateurs. Les avoués furent rétablis par la loi du 27 ventôse an VIII. « On n'a fait en cela », disait l'orateur chargé d'exposer les motifs (1), « que
» céder aux vœux de tous les hommes qui sont in-
» struits de la marche de la procédure. — En effet,
» comment se livrer encore à des exagérations,
» après l'expérience dont nous venons de parler. »
Une autre loi du 18 fructidor an VIII remit en vigueur l'ordonnance de 1667 et les règlements postérieurs.

« Jusqu'à ce qu'il ait été statué sur la simplification
» de la procédure, les avoués suivront exactement
» celle établie par l'ordonnance de 1667 et les règle-
» ments postérieurs. » Une loi du 4 pluviôse an XI le répéta expressément en matière d'enquête. On était retourné en pleine pratique du passé pour les formalités judiciaires. Deux lois l'avaient même prescrit formellement, lorsqu'on entreprit la confection du code de procédure qui devait réaliser la promesse de la simplification des formes, faite par la loi du 27 mars 1791, et renouvelée par celle du 18 fructidor an VIII.

L'époque n'était plus favorable aux innovations.

---

(1) EMERY, conseiller d'Etat.

On avait horreur de toutes ces théories si belles dans les hauteurs de la spéculation, si vaines et si creuses, comme on disait alors, dans la pratique des affaires. L'expérience trop récente des dangers que faisaient courir des changements si brusques, rendait les rédacteurs du code de procédure timides dans leur œuvre de réforme. Ils étaient presque tous des hommes vieillis dans l'ancienne pratique judiciaire à laquelle ils ne touchaient qu'avec précaution et forcés par la nécessité. C'est dans ces circonstances que le code de procédure fut décrété dans le courant de 1806, mais il ne devint obligatoire que le 1er janvier 1807. A compter de ce jour toutes les lois, coutumes, usages et règlements anciens relatifs à la procédure civile perdirent leur empire.

Dans toutes les parties du code de procédure les rédacteurs avaient sous les yeux les dispositions de l'ordonnance de 1667, et suivaient souvent les opinions des commentateurs de cette dernière, surtout de Jousse et de Pothier. Néanmoins l'introduction de la publicité des débats, les changements dans l'organisation judiciaire nécessitèrent des prescriptions nouvelles. Il faut dire aussi que les rédacteurs du code de procédure tâchaient de simplifier les formes et de supprimer les abus qui s'étaient glissés dans la pratique antérieure et qu'ils tranchaient d'anciennes controverses qui avaient donné matière à une foule de procès.

S'il est incontestable que le nouveau code de procédure civile soit infiniment supérieur, aux lois dont il contient l'abrogation et surtout à l'ordonnance de 1667 qui valût des éloges si magnifiques à Louis XIV, il faut pourtant trop souvent regretter que ses auteurs n'aient pas su se détacher assez énergiquement de vieux préjugés et abus (1), consacrés par la routine judiciaire.

B. — *Origine et causes de l'institution des offices des procureurs ou avoués.*

Une recherche historique fort importante pour les réformes de la procédure est celle qui concerne les offices ministériels. Dans toutes les tentatives pour améliorer les formalités judiciaires, les législateurs les ont rencontrés comme un écueil auquel se sont brisées leurs volontés les plus fermes et les plus éclairées.

De tous les offices, celui des avoués ou autrefois des procureurs est le plus étroitement lié à la marche de la procédure. Aussi avons-nous fait une étude spéciale de son institution dans le passé.

Le privilége en faveur des avoués n'est pas une création nouvelle. Son origine remonte bien haut dans l'histoire. Pour bien apprécier les bons ou les mauvais effets de cette institution, il faut rechercher dans les temps antérieurs les causes qui l'ont amenée.

Dans les premières mœurs judiciaires nous rencontrons chez presque tous les peuples ce trait remarquable, que les parties devaient se présenter en personne devant les juges, sans le ministère d'avocats ou d'avoués. La loi d'Athènes s'accordait sur ce point avec celle des *douze tables* (2) : *Apud*

___

(1) Dans le cours de ce travail nous aurons plus d'une fois l'occasion de justifier ces reproches que nous faisons aux rédacteurs du code de procédure.

(2) Si in jus vocato morbus ætatis sui vitium erit, qui in jus vocasset, jumentu dato, si volit, arceram ne sternito. V. l. 1, § 2, *D. De procurat.*

Athenienses alieno nomine causam dicere non licebat, dit Quintilien, en ajoutant que les rhéteurs prêtaient des plaidoyers à ceux qui étaient appelés en justice, en fraude de la loi. Plus tard l'usage des procureurs s'introduisit à Rome, il n'était point imposé comme une obligation ; il fut seulement accordé comme une faveur dont les parties pouvaient se passer, si elles voulaient agir en personne.

En France, sous le règne de Charlemagne, les plaideurs ne se faisaient pas représenter en justice, ils devaient comparaître eux-mêmes. Si l'un d'eux était malade, ou incapable d'exposer son affaire, le président du plaid ou un des juges en rendait compte, ou bien dans le cas d'une véritable nécessité il donnait un défenseur aux absents, aux infirmes, aux idiots, aux veuves et aux orphelins ; encore ne le pouvait-il faire qu'avec l'agrément des autres juges (1).

Saint Louis voulant étouffer les procès dès leur naissance écoutait les différends des parties en personne, sans l'assistance d'avocats ou de procureurs. « Le roy mesmes, souventes fois, dit de Joinville, » donnait audience aux partyes, et en ceste façon, » que ce bon prince, après avoir ouy messe, s'allait » ordinairement esbattre au bois de Vincennes, se » seoir au pied d'ung chesne, faisant asseoir près

---

(1) Ut nemo in placito pro alio rationare usum habeat... sed unus quisque pro sua causa, vel censu, vel debito rationem reddat, nisi aliquis sit infirmus, aut ratione nescius, pro quibus missi vel priores qui in ipso placito sunt, vel judex qui causam hujus rationis sciat, rationetur cum placito.

Vel si necessitas sit talem personam largiatur... quod tamen omnino fiat secundum convenientiam procerum vel missorum qui præsentes adsunt. *Cap. Caroli Magni* 802, Baluze, t. I, p. 365.

» de luy quelques seigneurs de son parlement, puis
» demanda à haulte voix s'il y avait quelqu'ung
» qui demandast justice et qui eust partye. » Pourtant
un homme malade, vieil ou infirme « ayant essoine
» de son corps » pouvait établir procureur, lorsqu'il
était assigné en justice. Mais il ne devait se faire
représenter que par son fils aîné, et s'il n'avait pas
d'enfants, c'était l'héritier présomptif de sa terre
qui le remplaçait devant le juge (1).

Peu à peu cette prohibition rigoureuse de se faire
représenter en justice s'adoucit. D'abord le roi, les prélats, les chapitres, les abbayes, les villes et les femmes plaidaient par procureurs ; enfin toute autre personne fut admise à se faire représenter par un fondé de pouvoir, après avoir obtenu des lettres de grâce à plaidoyer par procureur, lesquelles se vendaient six sols parisis. Il ne faut pas confondre ces procureurs momentanés avec les officiers ministériels qui, deux siècles après, furent institués sous le même nom dans les tribunaux. Les lettres de grâce étaient expédiées en chancellerie et devaient être préalablement présentées aux juges et à la partie adverse. Elles ne pouvaient servir que pour une affaire, et n'avaient d'effet que pendant la durée d'un parlement, sauf à les renouveler pour le parlement suivant. Mais comme le grand nombre de ces lettres de grâce délivrées formait un revenu assez conséquent de la chancellerie, l'usage s'introduisit de les accorder à tous ceux qui en demandaient, et elles dégénérèrent ainsi en une formule fiscale. « Il fallait, dit le chan-
» celier de l'Hospital, obtenir des lettres du prince

---

(1) *Établ. de saint Louis*, l. I, c. 102.

» que l'on appelait lettres de grâce, pour plaider
» par procurateur comme nous l'enseignent l'*Ancien*
» *style du Parlement*, et Boutillier, en la *Somme*
» *rurale*, où il dict précisément que alcung n'est
» reçu à plaider par procurateur sans lettres de
» grâce du roy, nostre sire, dont il doibt apparoir
» par lettres patentes, lesquelles lettres ne duraient
» qu'ung an, de manière que la charge de procureur
» ainsy constituée, expirant toujours avec le parle-
» ment, et sa n'estait vuide, il fallait renouveller
» telles procurations par le bénéfice du scel de la
» chancellerie, dont les secrétaires combinaient ung
» grand gaing qui estait ung intérest et charge pour
» les partyes, pour raison duquel elles se plai-
» gnaient (1). »

Ce fut vers la même époque que Philippe-le-Bel rendit sédentaire à Paris le Parlement jusqu'alors ambulant. Dans sa lutte contre le pape, entouré d'un conseil permanent d'hommes habiles et rusés qui l'éclairaient dans ses incertitudes, préparaient ses plans et surveillaient les moyens d'exécution, le roi chercha à rétablir l'égalité des armes, en fixant auprès de sa personne une cour en permanence qui pût dans tous les cas urgents, balancer les combinaisons de la cour de Rome. Il résulta de cette institution un autre avantage, la prompte expédition des causes qui s'étaient considérablement augmentées. *Propter commodum subjectorum nostrorum et expeditionem causarum proponimus ordinare duo Parlementa Parisiis*, disait la disposition qui institua cette célèbre cour.

---

(1) *Traité de la réformat. de la justice*, t. 1, p. 255.

Cette centralisation eut pour conséquence de réunir près du Parlement une foule de jurisconsultes et de praticiens qui s'occupaient des affaires litigieuses. C'étaient ordinairement ces écrivains du palais qui se chargeaient de fournir les formules pour obtenir les lettres de grâce à plaidoyer et qui ne manquaient pas de les remplir de leurs propres noms, de sorte qu'ils s'intitulaient écrivains-procureurs, et le public s'habituait à s'adresser à eux sous cette qualité.

Vers la même époque eut lieu la translation du Saint-Siége, à Avignon, sous le pape Clément V. Cet événement exerça une grande influence sur le régime judiciaire en France. A la suite de Clément V tous les tribunaux, les jurisconsultes, les praticiens attachés à la cour de Rome passèrent les Alpes pour venir s'établir sur les bords du Rhône. La sagacité de l'esprit italien avait formé la procédure la plus subtile, avec laquelle aucune autre ne put rivaliser. L'habileté de ces praticiens s'étant répandue à Paris, inspira à ceux de la capitale le désir de se mettre au fait de la pratique d'Avignon, et d'en enrichir le barreau de Paris. « Pendant le séjour
» du siége de Rome, les Français, dit le chancelier
» l'Hospital (1), étaient assignez par devant les judges
» d'esglise, mesme au Saint-Siége, apprirent les
» delays, les fuytes, les incidents, les formalitez,
» les subtilitez et toutes chicanneries de court d'es-
» glise, et se furent par le laps de temps aussy
» scavans que les plus grands maistres du mestier. »

Les praticiens d'Avignon trouvèrent leurs confrères de Paris disposés à profiter de leurs leçons. Le

---

(1) *Traité de la réformat. de la justice*, t. 1, p. 321.

germe de la chicane ultramontaine fructifia merveilleusement sur le sol français, et, quelques années après, l'art de la procédure s'était si bien naturalisé au Parlement, qu'un avocat distingué, Du Breuil, pensa qu'il serait utile de le consigner dans un traité, sous le nom de *Style du Parlement*.

La circonstance du Parlement devenu sédentaire à Paris, et l'introduction de la procédure romaine dans la pratique donnèrent aux fondés de pouvoir par lettres de grâce une grande importance. L'établissement d'une cour aussi éminente à laquelle les affaires affluaient de toutes les parties du royaume, la science nouvelle des formes judiciaires exigeaient une corporation intermédiaire qui servit de moyen de communication entre les juges et les parties.

Il était impossible dans l'état des choses que chaque plaideur vînt en personne conduire des procédures hérissées de difficultés et attendre le jugement de sa cause. Les porteurs de pouvoir devaient nécessairement augmenter, s'il fallait pour chaque affaire un nouveau mandataire.

Aussi le nombre des procureurs fut d'abord excessif. Le commerce, les arts et l'industrie étaient encore dans l'état d'enfance. Dans les masses régnait une profonde ignorance. La procédure par écrit, introduite de Rome, restait un livre clos pour des populations qui ne savaient ni lire ni écrire. De là, tous ceux qui avaient quelque instruction, faute de mieux, s'adonnèrent au métier de poursuivre les causes devant les tribunaux. Ce fut alors qu'une foule de clercs, de scribes, de procureurs inonda les portiques du Palais, et donna lieu aux abus

les plus criants ! « Ceste (1) sorte de gens, la plu-
» part desquels n'ont d'autre but que de faire
» multiplier, provigner et immortaliser les procès,
» ne trouve jamais maulvaise cause, excepté quand
» ils ont une pauvre partye qui n'a pas moyen de
» fournir aux frais ou qu'ils ont épuisé leurs clients
» jusques aux moëlles. »

Cette multitude effrénée de fondés de pouvoir fut limitée d'abord par les procureurs eux-mêmes, ensuite réglée par l'intervention de l'autorité.

Nous avons déjà dit, comment les écrivains du Palais s'étaient constitués procureurs dans les lettres de grâce qu'ils faisaient obtenir. L'avantage qu'ils avaient d'être sédentaires au Palais, d'en connaître les usages, d'approcher des juges et des avocats et d'être familiarisés avec les termes de la chicane, leur fit bientôt donner la préférence ; insensiblement ils accaparèrent les procurations et d 'nrent ainsi les procureurs banaux des plaideurs.

Pour concentrer davantage sur eux l'exercice de cette profession, ces écrivains se réunirent ensemble en confrérie sous le patronage de Saint-Nicolas et de Sainte-Catherine et obtinrent en 1342 des lettres-patentes qui approuvèrent leurs statuts. Ils prirent le nom de compaignons, clercs et écrivains fréquentant le Palais (2).

Le parlement devait nécessairement favoriser cette concentration dans un corps permanent d'hommes familiarisés déjà avec les affaires et les localités, façonnés aux procédures et soumis à une discipline et à

---

(1) L'Hospital, p. 256, *Traité de la réformation de la justice.*
(2) *Ordonnance du Louvre,* t. II, p. 177.

une surveillance qui pouvaient servir de garantie de leur intelligence et de leur moralité. Aussi les admit-il sur le tableau du Palais, immédiatement après les noms des avocats, et rédigea en 1345 un règlement spécial concernant les procureurs. On les appela alors procureurs-généraux ou *procuratores generales in parlemento*, par opposition à tous ceux qui ne se chargeaient que de procurations particulières.

Ce règlement leur imposa le serment (1) et leur inscription sur le rôle des procureurs-généraux pour exercer leur fonction. Ce serment renfermait les obligations qui leur étaient imposées et auxquelles ils se soumettaient, sous peine de destitution. Ainsi ils s'engageaient à ne jamais recevoir plus de 10 livres pour une affaire ; à eux permis d'exiger moins pour les causes moins importantes, et si les parties n'étaient pas riches. *Quod pro salario, (decem libras) quantumcunque sit magna causa, ultra decem libras parisienses pro uno parlamento non recipient. Minus tamen recipicat, secundum qualitatem causæ et conditiones personarum.*

Le parlement n'exigea plus rigoureusement les lettres de grâce des procureurs-généraux. Mais en 1400 Charles VI remit en vigueur ce droit fiscal qui enrichissait le trésor, en portant défense de plaider par procureurs-généraux avant d'avoir obtenu en chancellerie des lettres de grâce.

La corporation des procureurs, rangée sous la bannière d'une confrérie, avait reçu un caractère officiel ; depuis qu'elle était sous la dépendance du Parlement, elle n'était plus ouverte au premier venu. Toutefois le

---

(1) *Ordonnance du Louvre*, t. II, p. 226-228.

nombre en était illimité, et il arrivait fréquemment que de mauvais sujets s'introduisaient dans la compagnie, qui faisaient rejaillir sur le corps entier la honte de leurs malversations personnelles.

Les rois de France s'efforçaient de réprimer ces excès, et faisaient expulser les indignes de la corporation. Une ordonnance de 1403 enjoignit au Parlement de former dans son sein une commission pour l'épuration des procureurs, « par le retranchement et la suppres-
» sion de ces jeunes écrivains et paperassiers, per
» resecationem aut reductionem dictorum juvenum
» procuratorum et scriptantium ad numerum paucio-
» rem (1). »

Cette ordonnance dépeint les abus de confiance, les brigues, les exactions, l'art captieux de distiller la justice goutte à goutte, en usage chez un grand nombre de praticiens. Aussi en réduisit-on le nombre, et cette réduction produisit un bon effet pour les justiciables.

La plaie dévorante de l'époque fut la multitude effrénée des procureurs, des clercs et des solliciteurs. C'est qu'alors, comme nous l'avons déjà dit, le commerce, l'art et l'industrie étaient à peine connus ; la masse du peuple n'avait aucune instruction et la classe plus intelligente exploitait cette ignorance devant les tribunaux. « Ista sunt, » dit un auteur (2) cité par l'Hospital, « alimenta litium, id est eorum hominum
» pabulum qui rationes suas in spolia civilia conje-
» cerint quæ *tertia nunc* prope pars est hominum
» qui *in aliquo nomine* esse censentur. » Le Chan-

---

(1) *Ordonnance du Louvre*, t. VIII, p. 619.

(2) Le savant BUDCÉ. — *Traité de la réforme de la justice*, p. 258.

celier en tira cette conséquence « qu'il est donc bien
» aisé de judger que de ceste semence sont levez et
» multipliez à l'infiny les procez partout le royaulme,
» parce qu'il n'y a canton n'y quartier d'iceluy qui ne
» soit peuplé de ceste graine à foison. Je sçais, certes
» qu'il y a des gens de biens parmy les procureurs....,
» mais ilz sont bien clair semez. »

Le but constant des sages législateurs fut de diminuer le grand nombre des procureurs. Plusieurs ordonnances (1) des rois de France, rendues au xvᵉ siècle, contiennent des dispositions à cet égard, d'autres font défense expresse de créer de nouveaux offices de procureurs.

A cette époque les charges de procureurs n'étaient pas encore vénales, mais elles donnaient à ceux qui les possédaient un certain caractère officiel. Elles pouvaient être supprimées à la volonté du roi, et mettaient ainsi les procureurs à la merci du gouvernement.

Il arriva que le gouvernement se trouvât alors obéré par les guerres continuelles en Italie et qu'il lui fallût de nouvelles ressources pour la continuer. Pour se procurer des subsides, Louis XII adopta le moyen de mettre les offices en vente. Nous avons déjà déduit les causes de l'engouement dominant alors pour ces offices qui furent recherchés par les hommes de la classe moyenne et même aisée. En outre les procureurs étaient bien intéressés à donner, moyennant finance, plus de stabilité à leurs charges, et les acquéreurs ne manquaient pas, désireux d'en obtenir à une époque où ces fonctions étaient en

---

(1) V. l'ord. de 1403 et celle de Charles VIII de 1497.

vogue. Le roi de son côté s'était ainsi créé une nouvelle branche de revenus, et il croyait que cet impôt aurait l'avantage de ne frapper que les personnes fortunées et déchargerait d'autant les autres sujets du royaume. « Ce bon prince, dit le chancelier
» l'Hospital (1), sans y mal penser, et craignant, à
» cause des grandes guerres et affaires qu'il avait
» sur les bras, de fouler et trop charger ses subjects,
» se laissa facilement persuader de prendre l'argent
» des offices, hormis toutefois de ceux de judicature,
» croyant qu'il n'y aurait que les plus aisez qui
» les achepteraient, et qu'il tirerait ce secours vo-
» lontairement de gré à gré, sans intéresser ceulx
» qui n'auraient pas moyen de le secourir. »

En fermant ainsi l'accès aux offices à ceux qui n'avaient pas de fortune, on espérait donner plus de considération à ces fonctions et par cette espèce de garantie restreindre le nombre excessif des procureurs qui avaient fomenté la chicane et l'injustice dans la procédure. Mais l'expérience qu'on fit alors démontra que ces avantages étaient chimériques, que l'acquisition moyennant finance ne suffisait pas pour rendre les offices moins préjudiciables à la bonne administration de la justice. « C'est que le Roy (2) ne se donna
» garde que quiconque achepte ne songe qu'à rem-
» bourser, et que par le droit de toutes les nations, il
» est permis de vendre en destail ce que l'on a achepté
» en gros à beaulx deniers comptans et comme au
» plus offrant.... et l'événement démontre que ce

---

(1) *Traité de la réformat. de la justice.* Tome I, p. 265.
(2) *Traité de la réformat. de la justice*, tome I, p. 265. Quod emeris, vendere juris gentum est, dit Sénèque.

» *commencement* et *introduction* de vente d'offices a
» tiré après soy ung trafic des choses les plus sacrées et
» de tout temps estimées hors le commerce des
» hommes. »

Une fois qu'on était entré dans cette voie de la création d'offices, moyennant finance, pour combler les vides du trésor, les besoins constants des rois devaient faire recourir souvent à ce mode de se procurer des revenus. Il en résulta que l'effet salutaire qu'on avait espéré de cette nouvelle institution de réduire cette multitude exagérée des procureurs fût complètement manqué par l'appat du gouvernement de faire entrer facilement de l'argent dans les caisses de l'Etat. « On
» a (1) tant et tant de fois pratiqué la recepte de la
» création de nouveaulx offices, que le nombre des
» officiers, lequel avant cest misérable vénalité, es-
» tait tolérable est énorme et insupportable. » — Ceux qui avaient été obligés d'acheter leur charge à beaux deniers comptants se croyaient autorisés à employer tous les moyens pour se rembourser, estimant qu'il ne fallait pas pour cela montrer plus de conscience qu'on n'en avait eu pour prendre leur argent comme prix de l'office. Ajoutez à cela que la pratique judiciaire ne demande pas comme la profession de l'avocat un talent supérieur ; c'étaient donc les esprits médiocres et peu élevés qui s'y adonnaient. N'ayant pas de ces satisfactions que donne une carrière brillante, tous leurs efforts tendaient à amasser le plus d'argent qu'ils pouvaient. « Ainsi (2) ceulx qui n'ont que peu ou
» point de lettres, de jurisprudence encore moins,

---

(1) *Traité de la Réf.*, t. I, page 268.
(2) *id.* Réf. de la justice, p. 314, t. I.

» ne peulvent monter à l'honorable degré d'avocat.
» Ainsi sont contraints de s'arrester et croupir toute
» leur vie en la simple fonction de procureur qui est
» une grande charge pour les partyes, à cause de
» tant de personnes par les mains desquelles il fault
» passer et toujours avec l'argent à la main. »

Tout le mal de la justice venait de la vénalité des charges. Le gouvernement ne pouvait plus exercer une surveillance aussi rigoureuse sur les procureurs, depuis qu'ils avaient payé leurs offices qu'ils exploitaient comme leur propriété particulière, pour en tirer le plus de profit possible. Tous les gens de bien étaient d'accord que cette création de la vénalité des charges était la source qui produisait la multitude et la prolongation des procès, fomentait la chicane et entretenait l'injustice. Aussi le chancelier l'Hospital, ce génie savant et vertueux du XVIe siècle, reconnaissant toute l'énormité du danger, employa son énergie pour détruire cette plaie de la société. Il obtint par l'*Ordonnance d'Orléans* la suppression de la vente des offices et la réunion de la postulation de la plaidoirie dans la personne de l'avocat, la meilleure institution de défense judiciaire. « Car il (1) est bien certain que
» les advocats qui ont esté instituez ez bonnes lettres
» et en jurisprudence conduiront les causes avec plus
» de sincérité et d'honneur, et s'efforceront de sou-
» laiger les parties des frais et longueur des procédures.

» Par ce moyen, les différends des partyes, qui
» n'auront à faire qu'à une seule personne seront plus
» tost expédiez et judgez, et cesseront les chicane-
» ries, la pluspart desquelles viennent de la forge

---

(1) *Traité de la Réf. de la justice*, t. II, p. 260.

» des procureurs, qui veulent aux dépens d'aultruy,
» entretenir la practique : et au lieu de terminer les
» procez, font tout ce qu'ilz peulvent pour les allonger,
» parce que de la multitude et longue durée d'iceux
» viennent leurs grands profits et la ruyne du pauvre
» peuple. »

Cette ordonnance éprouva une résistance de la part des titulaires qui avaient droit au remboursement de leurs charges. L'Hospital y proposa des tempéraments en leur laissant la jouissance la vie durant. Mais il voulait qu'on n'en créât plus de nouvelles après leur extinction par la mort des possesseurs. Selon lui, on devrait admettre les avocats les plus anciens, au fur et à mesure que les offices de procureurs viendraient à vaquer. Ainsi le nombre des avocats-procureurs serait égal à celui des procureurs existants, et les deux charges réunies dans la même personne remédieraient au mal que leur division cause aux justiciables.

Cette belle conception du grand jurisconsulte ne fut malheureusement pas réalisée. Les besoins financiers qui avaient donné naissance à la vénalité des offices devaient la continuer et, pour ainsi dire, la consolider. Des luttes intestines déchiraient la France sous le triste règne de Henri III. Le trésor public était épuisé ; on eut recours de nouveau aux officiers ministériels pour obtenir de l'argent. Moyennant cette ressource financière, les procureurs furent établis en titre d'office héréditaire par l'édit de Henri III, du mois d'octobre 1585.

Les offices de justice devinrent ainsi, de propriétés viagères qu'ils étaient, des biens de famille transmissibles aux héritiers. Ils conservèrent ce caractère jusqu'à leur suppression en 1793. Ils furent reconstitués en 1806, au prix d'un cautionnement fourni à l'Etat, et la loi de 1816 les rendit cessibles, moyennant un supplément versé au trésor, de telle sorte que le titulaire ou ses héritiers peuvent présenter un successeur à l'agrément du gouvernement.

TROISIÈME PARTIE.

Exposé des Réformes à opérer dans notre Code de procédure.

Avant d'entrer dans les détails mêmes que nécessite cette partie de notre travail, nous allons retracer au lecteur la route que nous lui avons fait parcourir. Nous lui avons montré dans l'exposé des principes généraux, le but auquel doit tendre tout bon système de procédure, ensuite raconté les traits principaux de l'histoire de la procédure et surtout insisté sur l'époque qui précède immédiatement la rédaction de notre code des formes judiciaires, afin qu'il sache bien sous l'empire de quelles circonstances cette œuvre législative a pris naissance, circonstances qui expliquent l'esprit de ses dispositions, les vues qui ont présidé à leur rédaction.

D'un côté nous voyons le but à atteindre, de l'autre nous jetons un regard sur le passé, pour qu'il nous fasse comprendre ce qui existe. Toute la difficulté consistera maintenant à prendre une bonne route pour parvenir au but auquel nous tendons. En fait d'améliorations de la procédure, comme de toute chose, il faut agir avec précaution. C'est pourquoi en examinant les divers titres de notre code de procédure, et recherchant les améliorations dont il est susceptible, il faut peser les obstacles qui s'y opposent, afin que le remède ne soit pas pire que le mal.

CHAPITRE VI.

Lacunes du code de procédure et ordre rationnel des matières qu'il contient.

On commettrait une grande erreur, si l'on s'imaginait que l'étude du code de procédure suffirait pour connaître l'ensemble de la procédure.

Le code contient les formes suivant lesquelles on doit intenter les demandes, y défendre, les instruire, juger, se pourvoir contre les jugements et les faire exécuter. C'est l'idée générale que Pothier a donnée de la procédure civile. On y trouve aussi des règles particulières pour certaines affaires dont le fond n'est pas contentieux, et dans lesquelles le juge n'intervient que pour apposer le sceau d'une consécration.

Mais on y chercherait vainement ce qui concerne l'organisation judiciaire, les attributions et la compétence des tribunaux, l'établissement des officiers ministériels (1) et la nature des différentes actions qu'on

---

(1) Loi sur les huissiers du 14 juin 1818.

peut intenter. Il eut mieux valu réunir ces fragments du droit public et du droit civil, disséminés dans une foule de lois dont il ne subsiste plus que des articles isolés, pour en composer un livre préliminaire du code.

C'était le vœu de quelques cours et principalement de la cour de cassation qui avait même à cet effet préparé un projet (1).

Ce livre préliminaire sur l'administration de la justice, serait une belle introduction à la procédure et compléterait le système ; l'ordre y serait plus naturel et les premières dispositions n'auraient pas l'inconvénient de supposer la connaissance de celles qui suivent.

Il faut encore remarquer que plusieurs matières, placées par toutes les autres législations dans la procédure, se trouvent aux codes civil et de commerce, notamment la théorie des preuves, celle de la force de la chose jugée (2) ainsi que les règles à suivre en cas de faillite (3).

Le code de procédure ne s'adresse qu'à des initiés qui savent déjà la langue et les principes de la procédure.

L'ordre qu'on y a suivi est-il toujours rationnel et méthodique ? Nous ne le pensons pas. En effet, le code de procédure commence par tracer les formes à suivre devant un tribunal exceptionnel, avant d'avoir fait connaître la marche devant les tribunaux ordinaires. L'inverse eut certes été plus conforme à la logique ; on expose d'abord la règle avant d'en venir aux exceptions. C'est ce qui nous détermine à reporter le titre

---

(1) Ce projet se trouve imprimé dans Sirey, *Recueil général des lois et des arrêts*, 1re partie, 1809, page 1re à 20.

(2) Art. 1315 à 1319 du Code civil.

(3) L'expression qu'emploient les lois allemandes est *Koncours*.

de la justice de paix immédiatement après celui de la procédure devant le tribunal de commerce. Nous traiterons ensuite de la procédure devant arbitres. Nous ne rangeons pas l'arbitrage surtout avec le système du code *dans les moyens de prévenir les procès*, comme l'a fait Pigeau. Les arbitres sont de véritables juges qui rendent des sentences facilement exécutoires.

L'ordre que nous adoptons sera donc celui-ci :
1° De la conciliation,
2° De la demande,
3° De l'instruction,
4° Du jugement,
5° De la procédure devant le tribunal de commerce,
6° De la procédure devant la justice de paix,
7° De la procédure devant arbitre,
8° Du recours contre les jugements,
9° De l'exécution des jugements.

CHAPITRE VII.

De la Conciliation.

Les premiers vestiges de la conciliation remontent à la *Loi des douzes tables* qui prescrivait aux magistrats de consacrer l'accord que les plaideurs auraient fait en se rendant au tribunal. Endo via rem, uti païcunt orato (*Ita jus esto*). Nous trouvons même une autre disposition chez les Romains qui contient le germe du préliminaire forcé de la conciliation. Il fallait que le demandeur obtînt la permission du préteur pour traduire certaines personnes, par exemple des parents, en justice (*in jus vocare* (1)). Nous rencontrons de même chez d'autres nations (2) des lois qui commandent aux juges de concilier les parties, mais avec la restriction bien sage de ne pas favoriser la mauvaise foi évidente d'un plaideur, par le retard du jugement.

Mais l'idée d'une magistrature spéciale destinée à prévenir les procès et à les terminer à l'amiable, attribuée généralement à Guillaume Penn, fut adoptée avec enthousiasme par l'Assemblé constituante. La loi du 24 août 1790, titre X, art. 10, dit: « dans
» toutes les matières qui excéderont la compétence
» du juge de paix, ce juge et ses assesseurs forme-
» ront un bureau de paix et de conciliation. »

L'art. 2 soumet toutes les demandes principales à cette épreuve de conciliation, sous peine d'exclusion des tribunaux. Il n'y eut d'exception qu'en faveur des affaires concernant la nation, les communes, l'ordre public et le commerce. Dans son ardeur extrême pour cette nouvelle institution, l'Assemblée constituante oublia d'excepter de la prescription de l'article 2, les actions des personnes incapables de transiger. Ainsi le tuteur devait se rendre à la justice de paix pour déclarer que la loi lui défendait de se concilier.

La loi du 27 mars, art. 16, défendait expressément aux avoués, greffiers, huissiers, et ci-devant hommes de loi ou procureurs, de représenter les parties au bureau de paix. Tout autre mandataire devait avoir un pouvoir spécial pour transiger.

---

(1) L. 4, § 1er, *D. in jus voc.*
(2) Loi de l'emp. germ., § 110. (*Güngster Reichsabschied.*)

Cette loi rappelle ce passage d'une lettre écrite en 1745 par un homme dont les œuvres ont eu une si grande influence sur la révolution de 1789. « En » Hollande (1) quand deux hommes veulent plaider » l'un contre l'autre, ils sont obligés d'aller d'abord » au tribunal des juges conciliateurs appelés faiseurs » de paix. Si les parties arrivent avec un avocat » et un procureur, on fait d'abord retirer ces derniers, » comme on ôte le bois d'un feu qu'on veut éteindre. » Les faiseurs de paix disent aux parties : vous êtes » de grands fous de vouloir manger votre argent à » vous rendre mutuellement malheureux, nous allons » vous accommoder sans qu'il vous en coûte rien. » Si la rage de la chicane est trop forte dans les » plaideurs, on les remet à un autre jour, afin » que le temps adoucisse les symptômes de leur ma- » ladie, ensuite les juges les envoient chercher une » seconde, une troisième fois; si leur folie est in- » curable on leur permet de plaider, comme on » abandonne à l'amputation des chirurgiens des » membres gangrenés ; alors la justice fait sa main. »

Ce langage léger et caustique contre la justice que l'auteur fait tenir aux faiseurs de paix, entraînait les esprits d'alors et fut transformé en article de loi. Mais bientôt on s'aperçut avec l'expérience, que l'institution des bureaux de paix était une de ces brillantes conceptions difficiles à organiser, et qui se ternissait un peu par la mise en œuvre (2).

L'influence des hommes de loi sur les parties n'était pas moins forte, et leur absence faisait que

---

(1) V. *Lettres de Voltaire.*
(2) V. BONCENNE, *Théorie de la proc. civile* p. 294.

les clients arrivaient devant les juges de paix avec le parti de ne pas céder, tandis que la présence d'un conseil aurait pu l'amener à un arrangement amiable. L'obligation de confier à tout autre mandataire un pouvoir pour transiger, était trop rigoureuse et exposait les parties à de graves dangers. Aussi aimaient-elles mieux ne pas comparaître du tout et se faire condamner à l'amende, que d'y envoyer un fondé de pouvoir, sauf au demandeur à citer le défendeur de nouveau, devant le bureau de conciliation.

Lors de la rédaction du code de procédure en 1806, les bureaux de conciliation ont été vivement attaqués par la plupart des cours d'appel, dans les observations sur le projet de loi. Cette institution fut néanmoins conservée par le motif que le principe des bureaux de paix se trouvait dans toutes les constitutions, depuis celle de 1791 jusqu'à celle (1) de l'an VIII.

Aujourd'hui une pareille raison, tirée du respect profond de la constitution, n'aurait pas la même importance pour nos législateurs, puisque le préliminaire de conciliation ne se trouvant plus inscrit dans la constitution n'est qu'une pure formalité de procédure sujette à l'abrogation, comme toutes les lois. Déjà les rédacteurs du code ont limité le principe du préliminaire de conciliation posé dans l'article 48, par un si grand nombre d'exceptions dans l'art. 49, que la loi elle-même semble indiquer le défaut de confiance dans son efficacité. « N'est-ce

---

(1) Discussion du Conseil d'État, séance du 5 floréal, an XIII, procès-verbal de la section de législation du tribunat.

» pas extraordinaire, disait-on au tribunal, de voir,
» par exemple, excepté de la règle le cas où il y
» a plus de deux parties, encore qu'elles aient le
» même intérêt, lorsque le besoin de les concilier
» doit naturellement s'accroître en proportion du
» nombre de ceux qui se disposent à plaider. »

Le préjugé qui régnait à l'Assemblée constituante en faveur du système de la conciliation, trouve sa cause dans la complication des formes de procédure. Tout le monde était frappé des inconvénients attachés au malheur de plaider ; frais, longueurs, incertitudes, nullités multipliées, animosités formaient le triste cortége. Il fallait à tout prix éviter le recours en justice. De là, une faveur naturelle est accordée à tout ce qui peut prévenir les procès. Dans un mauvais système de procédure, avec une marche lente, des frais énormes et une justice douteuse, il est évident qu'un accommodement mauvais en lui-même, peut être relativement bon : mieux vaut sauver une partie de son droit, que de l'exposer tout entier, ou de ne le recouvrer qu'après avoir consumé une partie de sa vie dans les tribulations et les angoisses qui assaillent le malheureux plaideur à chaque pas dans sa carrière. Mais pour remédier à ce mal, le devoir du législateur est d'améliorer la procédure et non de chercher des expédients pour s'en passer. Le devoir du législateur n'est pas de faire obtenir une demi-justice, mais la justice dans sa plénitude.

Ainsi les essais de conciliation n'auront plus cette importance avec une procédure simplifiée, et l'on verrait alors qu'ils reposent sur une idée fausse des procès et du bon droit. On envisage tous les procès comme des maux qu'il faut bannir de la société, et l'on oublie que là où la crainte, la timidité et la commodité rendent les parties plus accessibles aux arrangements à l'amiable, la mauvaise foi, l'injustice peuvent facilement s'abriter; et avec la disparition de ce sentiment énergique pour ce qui est juste, s'éteignent aussi les forces morales les plus précieuses d'une nation.

La décision impartiale de la loi ne donne pas plus d'avantages à une partie qu'à une autre, elle met l'homme simple de niveau avec l'homme astucieux, le plaideur facile et généreux sur le même pied que le plaideur intraitable et dur. Dans le système de conciliation on détruit cette égalité, et un défendeur qui se sent dans son tort, saura bien en tirer parti. Il s'arme d'effronterie, joue la persuasion, parle avec confiance de ses droits; mais en même temps par amour de la paix, il est disposé à faire quelques sacrifices, à céder une partie, quoiqu'il pût disputer le tout. C'est ainsi que, sous le masque de la libéralité, il extorque de son adversaire, d'un homme qui a la justice de son côté, l'abandon d'une partie de son droit, par la crainte qu'il a de passer pour minutieux ou processif. — Si l'on ajoute à cela que les essais de conciliation retardent la décision des procès, causent des frais aux plaideurs, on arrivera à cette conviction qu'il faut rabattre beaucoup de ces heureux résultats que l'Assemblée nationale attendait de cette institution.

On ne peut pourtant nier que, d'après les statistiques, le nombre des conciliations opérées soit encore assez considérable, mais on remarque qu'il varie beaucoup selon les pays (1). Si l'on compare les tables, on se convaincra que dans les contrées moins civilisées et dans les campagnes éloignées des grandes villes, dans les districts montagneux où la population est disséminée, les conciliations sont le plus fréquentes. Mais dans la plupart des cas cet essai forcé de conciliation dégénère en une pure formalité coûteuse pour les parties. Tout l'avantage est là pour le chicaneur qui retarde la décision et qui trouve dans chaque délai quelque chance favorable.

Si l'on considère, en outre, les nombreuses controverses sur la nécessité de soumettre telle ou telle demande à l'épreuve de la conciliation, si l'aveu fait devant le juge de paix a le caractère d'un aveu judiciaire, si le procès-verbal dressé sur les conventions des parties a force authentique ou non, on est tenté d'imiter l'exemple qui nous a été donné par une petite république voisine. Les législateurs de Genève ont supprimé l'obligation du préliminaire de conciliation, ils en ont fait une simple faculté. Les auditeurs dans leurs arrondissements, et les maires dans leurs communes sont chargés de concilier les parties qui se présentent volontairement devant eux sans citation et sans frais. Il n'y a rien d'écrit, si la conciliation n'est pas opérée. La cause introduite au tribunal de première instance et même au tribunal d'appel, tout espoir de conciliation n'est pas perdu. Si l'affaire paraît de nature à être conciliée,

(1) Ainsi dans le ressort de Paris, de 11,201 affaires sujettes à conciliation 3,884 furent arrangées; dans celui de Colmar 665 seulement sur 2,509; dans celui de Rouen 886 sur 3,394; au contraire dans celui d'Agen 2,763 sur 4,185, et dans celui de Rennes 1,858 sur 4,492.

le tribunal commet un de ses membres dans ce but, soit avant, soit après les plaidoiries. « Tantôt, » dit le rapporteur Bellot, la qualité des parties, » les liens qui les unissent, les circonstances de » la cause exigent que la conciliation soit tentée » avant toute discussion publique. La publicité seule » rendrait un arrangement impossible. Tantôt au » contraire la tentative d'une conciliation échouerait » avant les débats. Une exaspération réciproque » écarte jusqu'à l'idée d'un accommodement, il faut » que tout le feu des parties soit jeté dans une » plaidoirie contradictoire, pour les rendre accessibles » à des paroles de conciliation. »

Le législateur de Genève jugeant les diverses positions des plaideurs n'a pas fixé une seule époque pour la tentative de conciliation, il laisse à la prudence du tribunal le choix du moment opportun. Il a tenu compte de ce fait constaté par l'expérience des hommes, que les parties sont souvent plus disposées à la conciliation, quand elles ont entendu les deux avocats, et il invite le tribunal à les concilier pour ces cas après les plaidoiries.

Il n'a introduit qu'une seule exception prise dans la loi romaine précitée, au principe de préliminaire de conciliation *facultatif*; lorsqu'il s'agit d'une demande entre époux ou entre ascendants et descendants, elle ne pourra être formée sans l'autorisation du président qui ne l'accordera qu'après avoir cherché à concilier les parties. Cette disposition a pour but d'éviter, autant qu'il est possible, le scandale des haines de familles nuisible aux mœurs, et de rétablir la paix entre elles dans leur propre intérêt.

Toutes ces dispositions présentent de grands avantages sur notre système de conciliation, et des jurisconsultes pensaient qu'on ne pouvait mieux faire que de les adopter, seulement on devrait confier aux juges de paix la mission que la loi de Genève attribue aux officiers municipaux. En effet on ne peut douter un instant que nos juges de paix ne soient plus aptes et par leur position et par leurs lumières à opérer des conciliations que nos maires, surtout dans les campagnes. Ces derniers seraient en général aussi incapables de rédiger les transactions faites entre les parties que de vider une difficulté juridique, et leur conciliation engendrerait de nouveaux procès.

Les juges de paix devraient inviter leurs justiciables par simple lettre sur la demande d'une des parties,

MODIFICATION DE L'ARTICLE 17 DE LA LOI DE 1838.

La loi du 2 mai 1855 a transformé en obligation légale l'usage général des juges de paix d'appeler les parties devant eux par un avertissement sans frais, avant de permettre aux huissiers de les citer. Il n'est pas douteux que ce soit une réforme salutaire, en présence des nombreuses conciliations que les juges de paix opèrent journellement de cette façon. L'influence personnelle du magistrat rapproche souvent les parties de bonne foi, en les éclairant sur leurs prétentions respectives, sans les exposer à des frais. Pourtant nous devons remarquer que, dans l'application, cette loi présentera quelquefois un résultat fâcheux pour le cas où les parties, comparaissant devant le juge de paix après l'avertissement, ne se concilient pas. Il faudrait alors leur donner immédiatement une citation par huissier pour constater qu'elles ne se sont pas conciliées. C'est évidemment une lacune dans la loi. Ce vice qui entraîne des frais et des délais disparaîtrait, si l'on permettait aux juges de paix, en cas de comparution des parties, de constater aussi bien la non-conciliation que les conditions d'arrangement par un procès-verbal ayant la même force qu'après citation.

à se présenter à leurs bureaux ainsi que cela se pratique généralement; mais il n'y aura plus de comparution sur assignation pour le préliminaire forcé de la conciliation. Cette institution ainsi modifiée serait surtout un bienfait pour les habitants de la campagne sur lesquels pèsent davantage les frais de justice, à cause des transports d'huissier qui sont payés à raison de la distance et doublent le coût de la procédure, si l'on arrive à l'exécution.

Le procès engagé, la loi de Genève exige, si l'affaire parait de nature à pouvoir être conciliée, que le tribunal commette dans ce but un de ses membres, avant ou après les plaidoiries. Qu'on nous permette de faire une seule objection contre cette disposition d'ailleurs extrêmement sage, concernant les expressions : *« qu'on commettra un de ses membres. »* Ce sera donc un juge, qui pourra connaître de la cause, que l'on choisira comme conciliateur. N'y a-t-il pas à craindre des inconvénients très-grands dans ce système? Le magistrat dont l'opinion est faite, qui a prononcé la sentence intérieurement, doit oublier qu'en sa qualité de juge, il a déjà reconnu et fixé les droits des parties, pour les faire fléchir dans l'intérêt d'un rapprochement entre les plaideurs. A leurs yeux le juge conciliateur ne passera plus pour un magistrat impartial. Quelque réserve qu'il mette dans l'accomplissement de sa mission délicate, il faut souvent, pour qu'elle produise de l'effet, faire entrevoir aux parties l'issue probable de leur procès. Il sera même très-difficile pour lui de présenter aux plaideurs des raisons pour les inviter à se concilier. Indiquer d'avance la décision probable, c'est ôter la confiance dans son impartialité de juge ;

manifester des doutes sur l'infaillibilité de la justice, comparer les procès à des loteries, parler de l'énormité des frais, tout cela serait évidemment contraire à la dignité du magistrat et de la loi.

Aussi pensons-nous qu'il faudrait modifier la loi de Genève en ce sens, que le juge ne pourrait jamais connaître de l'affaire même. Comme dans tous les tribunaux il y a plus de trois juges (1), il sera facile de commettre un des magistrats, si la cause se prête à la conciliation avant la plaidoirie. Il n'y aura difficulté que pour le cas où c'est après les plaidoiries que la conciliation paraît pouvoir s'opérer plus facilement, et quand il ne siégeait à l'audience que trois juges. Nous voudrions voir confier alors cette mission de paix que la loi a créée, autant dans l'intérêt des parties que dans celui de l'ordre social, au ministère public, qui, par sa position honorable, avant de donner ses conclusions, est très-apte à amener des rapprochements. Qu'on ne s'étonne point de la nouveauté de cette proposition, elle nous paraît conforme au but de l'institution du ministère public. Cette tâche est à la hauteur de ses fonctions ; au lieu d'accuser dans l'intérêt de la société, il rétablira la paix.

Si nous examinons à présent la question de savoir dans quel cas le tribunal devrait ordonner l'essai de conciliation, il faudrait voir surtout, si le procès est le résultat d'une effervescence momentanée entre parents ou membres d'une même commune, ou s'il s'agit d'une cause où les difficultés ne peuvent être tranchées que par l'arbitraire du juge.

Nous approuvons complètement, et par les mêmes

(1) En comptant les juges suppléants.

motifs, la disposition de la loi génevoise qui maintient le préliminaire forcé de la conciliation devant le président du tribunal, lorsqu'il s'agit de demandes entre époux, entre ascendants et descendants.

CHAPITRE VIII.

Titre II.

DES AJOURNEMENTS.

L'ajournement est fondé sur ce principe éternel de justice que nul ne doit être condamné, s'il n'a pu se défendre. Cette maxime se trouve partout établie, comme base fondamentale du droit, chez tous les peuples, quelque soit leur degré de civilisation. Seulement elle a été organisée différemment selon les mœurs, les lumières et les progrès des nations. C'est ainsi que dans l'origine de l'institution des tribunaux, on vit le demandeur lui-même sommer son adversaire de venir devant le juge, et, en cas de refus, après avoir pris à témoin les assistants, le traîner de force « obtorto collo » devant le préteur, « manum endo jacito » disait la loi des douze tables. »

Le temps a poli ces formes trop rudes, qui devaient être l'occasion journalière de querelles et de voies de fait. L'adoucissement des mœurs, les progrès de la civilisation, les lumières de l'expérience ont substitué à ce mode barbare de traduire en justice, l'ajournement par le ministère d'un officier ayant un caractère public ou huissier.

Le code de procédure dans son article 61 a tracé les formalités auxquelles, pour la sécurité des parties et dans l'intérêt de la justice, cet acte devait nécessairement être assujetti. Ces formalités sont ou générales et communes à tous les actes d'huissier, ou spéciales et particulières aux exploits d'ajournement.

Le code de procédure de Genève a établi plus nettement et non introduit cette distinction (1) qui existait déjà dans la loi française. Cette division des formalités clairement formulée dans notre loi, outre son mérite doctrinal, rendrait les dispositions concernant la rédaction des actes d'huissiers plus lucides et diminuerait ainsi les nullités commises dans ces actes.

Nous emprunterions aussi à ce code l'obligation d'indiquer le jour et l'heure de la comparution, ce qui est sans contredit préférable à notre forme énigmatique de citation à huitaine ou dans le délai de la loi ; ce qui veut dire dix jours dans le langage ordinaire, de sorte que les parties, sans consulter un homme de loi, ignorent souvent le jour précis où leur cause viendra devant les juges, et sont mises ainsi dès le début du procès, entre les mains des avoués.

L'énonciation de l'objet de la demande ne suffit pas pour mettre le juge à même d'apprécier, si elle est réellement fondée. Le code de procédure ne prescrit dans ce but que l'exposé sommaire des moyens.

---

(1) Bellot se trompe dans l'*Exposé des motifs*, en disant que cette distinction n'existe pas dans le Code de procédure française; l'art. 675 dit: le procès-verbal de saisie contiendra, outre les formalités communes à tous les exploits, l'énonciation du jugement, etc.

Nous pensons que le demandeur qui avait le temps de préparer son exploit doit y faire connaître les pièces à l'appui, pour que le défendeur puisse y répondre, sans être pris à l'improviste ou y adhérer avant tout débat judiciaire. L'expérience de la vie commune nous apprend que souvent une demande est formée par exemple pour des fournitures, sans donner copie préalable au défendeur du billet qu'il a souscrit à cette occasion, un procès s'engage que la simple copie du billet, prouvant au défendeur l'existence de la créance, aurait prévenu. Si les pièces sont trop longues ou trop nombreuses, un extrait ou même un simple bordereau avec offre de les communiquer suffira de la part du demandeur. L'ajournement remplira ainsi mieux son but et contribuera à établir l'égalité entre les parties dans la lutte judiciaire qui va s'ouvrir, en mettant le défendeur plus exactement au courant de la demande.

A. — *Constitution d'avoué (1) pour le demandeur.*

Le code exige dans tout exploit d'ajournement devant les tribunaux civils, la nécessité de la constitution d'un avoué.

Cette prescription de la loi qui établit un privilége en faveur de ces officiers ministériels a été l'objet de critiques très-sérieuses. Pourquoi faut-il, s'est-on dit, un intermédiaire entre la justice et ceux qui l'implorent? Pourquoi ne veut-elle ni les accueillir ni les entendre, s'ils n'ont mis la poursuite de leurs

---

(1) V. précédemment: *Origine de leur institution.*

droits entre les mains d'un avoué? N'est-ce pas évidemment une atteinte portée à la liberté naturelle, que chacun doit avoir de réclamer et de défendre sa propriété et tous les avantages qui lui sont garantis par les lois? En effet s'il est un principe fondamental de toute société civilisée qu'on ne doit se rendre justice à soi-même, et qu'il faut pour l'obtenir s'adresser aux tribunaux, on devrait permettre aux citoyens de la réclamer, à moins qu'ils n'en fussent incapables à raison d'une circonstance particulière. C'est donc mettre dans une espèce de minorité tout un peuple, que de lui imposer l'obligation légale de prendre un guide dispendieux pour former une demande en justice.

On conçoit facilement qu'il y ait des officiers ministériels pour citer les parties, afin de prouver qu'elles ont été averties d'avoir à comparaître devant le tribunal. Mais pour ce qui concerne l'exposé de l'objet de la demande et des moyens, ne faut-il pas les laisser agir comme elles voudront, au risque même de se nuire? N'est-ce pas gêner la liberté de disposer et d'administrer leur propriété comme elles l'entendent, que de forcer les parties, maîtresses de leurs droits, d'avoir recours à l'avoué pour mieux intenter une demande.

Soumettre les parties au ministère des gens de loi; rendre ce ministère absolument nécessaire pour le commencement, la suite et la conclusion d'une instance; c'est porter atteinte à la propriété sous prétexte de la maintenir; c'est détruire la liberté dans son usage capital; c'est susciter deux ennemis à celui qui était déjà assez malheureux d'en avoir un seul.

L'Etat ne devrait-il pas se borner à instituer des hommes qui méritent la confiance des plaideurs pour les éclairer et les représenter en justice à l'exclusion de tous autres ? Mais c'était aller trop loin que de leur imposer une assistance dont ils croient pouvoir se passer. La loi positive enfin ne montre-t-elle pas que la présence de l'avoué ne lui a pas paru nécessaire dans bien des procès très-importants. Ainsi il n'y en a pas pour actionner devant les tribunaux de commerce où s'agitent les intérêts les plus graves et souvent les questions les plus difficiles. Il n'en faut pas davantage devant les juges de paix, tandis que leur constitution devient nécessaire pour les mêmes demandes, lorsqu'elles sont portées en appel devant le tribunal de première instance. N'est-ce pas là une contradiction inexplicable, si ce n'est par la faveur accordée au privilège; faveur qui viole les principes et les droits les plus sacrés ?

Quand je suis malade, il dépend de moi d'appeler un médecin. C'est à ma raison, si l'on veut même à mon caprice que la nature a remis le soin de mon existence; elle n'en a point chargé la raison et le caprice d'autrui. Jusqu'à présent les hommes n'ont pas imaginé de faire plus que la nature et de m'assujettir contre mon gré à la médecine. Pourquoi en est-il autrement dans l'ordre judiciaire ? Je ne dois pas être moins libre pour conserver mes biens que pour conserver mon corps. Je suis pauvre, isolé, sans appui, ignorant ce qu'on appelle le monde et ses usages, les avocats, les avoués et leurs ruses, ne connaissant que la vérité, la justice et son temple. — Mon adversaire est riche, puissant et craint, les gens de loi s'empressent autour de lui, il est versé dans la science de l'intrigue, des détours, de l'artifice ; il sait temporiser, exciter, séduire, profiter des occasions, saisir les moments ; il est présent partout ; dans les greffes, chez les juges ; les portes s'ouvrent à son aspect ; il pénètre dans l'intérieur du cabinet, il a audience, il affirme, il nie, il dissimule, il narre avec intérêt, il flatte, il menace. — Et il ne me sera pas permis de paraître devant lui au grand jour, en présence du public, dans le sanctuaire de la justice ; de l'y interpeller, de l'y contredire, de le rappeler peut-être à des sentiments d'équité et d'humanité ; et par l'évidence de mes moyens, par la simplicité de ma défense, par l'impression de la vérité toujours plus forte dans ma bouche que dans une bouche empruntée (1), de convaincre l'esprit de mon juge, de toucher son cœur et d'obtenir justice à l'instant. Quoi ! c'est pour moi une nécessité de me dessaisir de mes titres que je gardais si précieusement, et de les livrer avec ma cause à des hommes qui sont, ou sans talents, ou surchargés parce qu'ils en ont beaucoup, ou paresseux et laissant faire leur ouvrage par des clercs ou brouillons, ou avides, ou faibles et même favorables à la partie adverse. Ajoutez les inconvénients qui résultent du peu d'accord que l'on voit souvent entre l'avoué et l'avocat, l'un veut une marche, l'autre en conseille une différente ; l'avocat, en cette qualité, prétend avoir la prépondérance, l'avoué la lui dispute parce qu'il s'agit de la forme. — J'ai dirigé et plaidé mon procès moi-même, je l'ai perdu. Je puis me croire mal jugé ; mais il me reste une consolation que la

(1) Court-on sus aux méchants et aux ennemis, dit Montaigne, aussi vigoureusement si on n'est courroucé. Et veulent que l'avocat inspire le courroux aux juges pour en tirer justice.

procédure civile ne me laisserait pas ; il ne m'en a rien coûté, ni en avocat, ni en avoué.

Le législateur paraît plutôt avoir consulté l'intérêt des avoués que celui des parties; puisque là où les avoués n'exercent pas leur ministère, la procédure est plus simple, les parties peuvent elles-mêmes formuler leur demande sans le secours d'un défenseur que la loi leur impose; tandis que devant les tribunaux ordinaires, les formes sont plus nombreuses, l'avoué est nécessaire, sans distinction de toutes les causes.

Dans l'intérêt des avoués on répond ainsi : rendre la justice aussi bien que possible est le premier devoir de l'Etat, et pour remplir ce but il a le droit d'organiser des tribunaux, de créer une procédure. — L'institution des avoués repose sur le même principe. Dans la plupart des cas les parties n'ont pas assez de connaissance pour faire valoir leurs droits, ou l'une a une grande supériorité d'intelligence sur l'autre.

Or, pour préserver les plaideurs des déchéances, des fins de non-recevoir, des nullités auxquelles le défaut de savoir, le manque d'ordre et d'exactitude les auraient exposés à tout moment ; pour établir l'égalité entre leurs forces, le législateur les a obligés de choisir parmi ces officiers désignés à leur confiance dans chaque siége, un mandataire responsable qui les assiste et les guide. L'avoué devient surtout nécessaire dans l'intérêt d'une bonne justice pour créer entre les parties une communication prompte et facile; lorsque des maladies, d'autres intérêts, d'autres devoirs les retiennent loin du lieu où l'affaire se plaide. Le législateur reconnaissant la nécessité de l'assistance d'un avoué dans la plupart des causes, en a fait une prescription générale.

Cette réponse n'est pas sans réplique. Quant à la dernière considération que la constitution d'avoué facilite les rapports entre les plaideurs éloignés, elle perd sa gravité, si l'on oblige les parties à faire élection de domicile au lieu où siège le tribunal. Pour les autres motifs qui militent en faveur de l'assistance forcée de ces officiers ministériels, leur puissance s'affaiblit devant les objections non moins fortes qu'on peut faire. Si la procédure, dit-on, est trop compliquée, elle peut souvent sans danger pour la justice être simplifiée dans sa marche, et alors l'assistance forcée de l'avoué ne sera pas plus nécessaire devant les tribunaux ordinaires que devant ceux de commerce et les justices de paix. La loi ne pourrait plus être accusée d'inconséquence et serait la même, sous ce rapport, pour toutes les juridictions. On ajoute encore que le code de procédure a certainement simplifié les formes de l'ordonnance de 1667, et pourtant cette ordonnance (1) elle-même permettait aux parties de plaider sans assistance d'avoués, ou à cette époque, de procureurs en toute matière sommaire, si ce n'était aux cours souveraines et aux sièges présidiaux. Quand on pense que les causes sommaires étaient toutes celles dont le principal n'excédait pas mille livres, ce qui représente bien trois mille francs aujourd'hui, que par conséquent les trois quarts des procès se jugeaient en première instance sans intervention d'avoué, on s'étonne de voir que leur présence ait été exigée dans toutes les affaires devant les tribunaux ordinaires, par les législateurs modernes qui voulaient simplifier

---

(1) V. l'*Ordonnance* de 1667, tit. XVII, art. 6.

l'ordonnance de 1667. — Comment se fait-il que le code de procédure ait été plus favorable aux avoués, que l'ordonnance de 1667 aux procureurs? La solution de cette question se trouve dans l'histoire du temps qui précède sa rédaction et non pas dans les raisons philosophiques. — La raison réprouve le droit exclusif des avoués; ce droit a été inconnu aux anciens peuples les plus sages, aux premiers temps de la monarchie. En France, dans les pays de droit écrit, on n'était pas forcé d'employer le ministère des procureurs; dans ceux des coutumes en général, il y avait obligation de se défendre soi-même : « Entre leurs
» honorables coutumes, dit Pasquier (1), nos anciens
» eurent une chose de grande recommandation; car
» désirant couper toute broche aux procès, ce néan-
» moins connaissant qu'il y eût certains hommes qui
» n'eussent autre vocation qu'à procurer les affaires
» d'autrui, serait, au lieu d'amortir les affaires, les
» immortaliser à jamais, d'autant qu'il est bien mal-
» aisé qu'un homme aime la fin d'une chose d'où
» dépend le gain de sa vie; pour cette cause étant un
» chacun forcé de venir aux assignations en personne. »
Ce n'était que dans des cas particuliers que l'on pouvait recourir à autrui, et on ne le pouvait qu'avec l'autorisation de la justice. Plaider pour autrui était un privilège, plaider pour soi était de droit commun.

Dans la partie historique nous avons raconté comment la Convention avait supprimé tout d'un coup la procédure et les avoués. Les membres du barreau l'avaient déserté et il fut envahi par des praticiens sans instruction et sans pudeur, exploitant la crédu-

(1) PASQUIER, *Recherches sur la France*, liv. II, chap. 4.

lité, calculant sur le malheur. Il ne s'offrit jamais au même degré que dans ces années de triste mémoire, un spectacle plus déplorable, de plus criants excès de cupidité et de fraude. Il en résulta une réaction en faveur des avoués, que l'on préféra avec raison aux solliciteurs qui en avaient pris la place ainsi que celle des avocats. Les avoués furent rétablis par la loi du 27 ventôse an VIII, et notre code de procédure civile fit infiniment plus pour eux que les lois antérieures. Le droit exclusif de postuler et de prendre des conclusions fut accordé aux avoués sous la seule garantie fiscale du cautionnement, et le trésor profita de ce rétablissement. C'était indirectement recréer la vénalité des offices. Le privilège de la postulation est le corrélatif de la vénalité des charges ; en effet, pour qu'une charge trouve des acquéreurs, il faut nécessairement y attacher des privilèges dont l'exploitation soit facile et le produit assuré. On comprit bien vite que l'état d'avocat ne trouverait pas facilement d'acheteurs, on le laissa ouvert à la concurrence des talents et de la science. Mais la fiscalité se trouva sur un terrain plus accessible, en se bornant aux actes matériels de procédure et de présence à l'audience, elle en fit le monopole de charges vénales dont le produit bientôt calculé, trouva à l'envi des acquéreurs dans les praticiens.

Le privilège de la postulation et la vénalité des offices sont si intimement liés, qu'ils furent toujours établis ou supprimés à la fois. Ainsi lorsque le Chancelier de l'Hospital (1) eut obtenu dans l'Ordonnance d'Orléans de 1560 l'abolition de la vente des offices de

---

(1) *Traité de la réformation de la justice*, t. II, p. 266.

procureurs comme des charges de magistrature, l'édit de 1581 (1) abrogea leur monopole, la postulation et la plaidoirie furent réunies et confiées aux avocats. Quand au contraire les besoins du trésor firent recourir à la déplorable ressource de créer la vénalité des offices de procureurs ou d'avoués, comme jadis en 1585 et récemment en 1800 et 1816, on rétablissait aussi en leur faveur le monopole de la postulation.

Les paroles de M. Treilhard dans son *Exposé des motifs relatifs à l'institution des avoués* dépeignent suffisamment l'esprit de l'époque. « Comment peut-on,
» disait-il, se livrer encore à ces exagérations après
» l'épreuve récente que nous avons faite ? N'avait-on
» pas supprimé tous les avoués et toute la procédure
» dans un délire de perfection ? Qu'en est-il résulté ?
» On n'a pas eu moins recours aux avoués, parce que
» l'ignorant et le paresseux seront toujours tributaires
» de l'homme laborieux et instruit ; les avoués ne
» perdirent que leur titre, ils continuèrent de travail-
» ler comme fondés de pouvoir, mais toute procédure
» étant supprimée et l'avoué n'ayant plus d'action en
» justice pour des salaires légitimes, il se faisait payer
» arbitrairement même avant d'avoir examiné l'affaire,
» beaucoup plus qu'il n'aurait obtenu par une taxe
» raisonnable de la procédure nécessaire qu'on avait
» supprimée, et jamais la justice ne fut plus chère.
» C'est le plaideur qui en souffrit, j'observe *en
» passant*, ajouta-t-il, que la portion des droits qui
» aura été acquise au trésor public sur les actes de
» la procédure, tourna entièrement au profit de
» l'avoué. »

(1) Edit sur le cumul de la postulation et de la plaidoirie. V. *Ordonnance*, t. XIV, p. 112.

La triste épreuve récente de l'exercice illimité sans aucune garantie de la part des solliciteurs, avait tourné en faveur des avoués dont le rétablissement profitait en même temps au trésor; ainsi que le remarque l'orateur du gouvernement *en passant*. Mais aujourd'hui que ces temps sont loin de nous, que les plaies d'alors qui nécessitaient un remède efficace ont disparu, que là même où les défenseurs ne doivent présenter aucune garantie légale comme aux tribunaux de commerce, les causes sont confiées par le choix libre des clients en général à des hommes honorables, faut-il encore conserver dans notre code de procédure cette autre exagération introduite pour réprimer les abus créés par la Convention et qui faisait exiger la présence de l'avoué dans toutes les affaires, sans distinction aucune, devant les tribunaux ordinaires? Nous avons dit notre pensée sur l'institution des avoués dans la partie théorique de notre travail. Sans doute nous devrions les repousser de tout notre pouvoir, s'ils n'existaient pas dans notre législation, mais autre chose est de ne pas créer, autre chose est de détruire. Depuis que la loi de finance de 1816 a concédé aux avoués le droit de présenter leurs successeurs à l'agrément du gouvernement, pour prix d'un supplément de cautionnement, on les considère comme propriétaires de leurs charges.

Si nous ne trouvons pas dans cette loi qui n'a pas statué définitivement ni sur la transmissibilité des offices ni sur leur vénalité (1), ni surtout sur

---

(1) M. Troplong, dans son *Traité du Contrat de vente*, tome I, n° 220 et suiv., n'assimile nullement le prix des démissions des officiers ministériels à l'ancienne vénalité des offices;

l'interdiction de la faculté qu'a le gouvernement d'augmenter leur nombre, un titre incontestable en faveur des possesseurs d'offices, nous nous plaisons à le voir dans la longue et paisible possession, dans les nombreuses transmissions toujours incontestées de ces offices, dans la bonne foi de ceux qui les ont achetés et payés. Par tous ces motifs nous n'hésitons pas à penser qu'en équité on ne saurait enlever les charges aux titulaires, sans commettre une véritable confiscation de leurs propriétés, à moins d'une indemnité juste et préalable comme en cas d'expropriation pour cause d'utilité publique.

Il y a selon nous utilité publique de supprimer les offices moyennant indemnité des titulaires, le danger public nous paraît encore plus grand d'entreprendre cette expropriation dans le moment actuel, surtout en présence des dettes immenses dont elle grèverait le trésor.

Néanmoins sans toucher à l'institution des avoués, le législateur peut et doit introduire des améliorations et des simplifications dans la procédure, et arriver graduellement au but désirable. Si les officiers ministériels ne trouvent plus une mine aussi riche dans l'exploitation de leurs charges, leur valeur vénale baissera peu à peu et le rachat pourra alors s'effectuer plus facilement. Nous avons montré sous l'empire de quelles circonstances les rédacteurs du code ont été amenés à être plus favorables aux avoués que l'ordonnance de 1667 ne l'a été aux procureurs. Ce n'est donc pas une innovation intempestive de

---

Il dit, au contraire, que ces marchés sont conditionnels ; *ils sont subordonnés à l'agrément du roi, qui, dépositaire de la souveraineté, n'est pas lié par la présentation qui lui est faite.*

demander le retour à l'ordonnance de 1667 et de dispenser les parties de la constitution d'avoué forcée dans toutes les causes qui seront jugées sommairement (1) par les tribunaux.

Il en résultera évidemment une diminution d'affaires pour les avoués; mais le préjudice ne sera pas très-grand, si l'on considère que les parties useront rarement du droit de se passer d'avoué. La faculté de plaider leur est bien accordée, et pourtant il n'arrive pas fréquemment que les plaideurs exposent eux-mêmes leurs procès devant le tribunal; d'un autre côté ce sera un bienfait pour les personnes (2) qui, n'ayant pas les moyens de payer un avoué, ne trouveront plus l'accès de la justice fermé.

Il nous reste encore à combattre une objection que des hommes pratiques pourraient nous faire. « Avec votre système, diraient-ils, vous favorisez » les cabinets d'affaires dans les grands centres de » population. Ces cabinets d'affaires seront des offi- » cines de procédure dans toutes les causes que » vous appelez sommaires. Les agents d'affaires et » même des avocats feront signer par les parties » les actes qu'ils auront rédigés en leur nom; vous » renouvelez ainsi indirectement les désordres de » solliciteurs de 1793. » — La réponse me paraît

---

(1) On verra dans le chapitre suivant ce que nous entendons par affaires sommaires, et à quel moment il faudrait, selon nous, pour les autres causes constituer avoué.

(2) Les lois sur l'assistance judiciaire ne produisent pas le même effet, elles sont faites plutôt pour les indigents que pour les pauvres. Bien des gens ne voudraient pas recourir à cette aumône de l'État et se soumettre aux formalités qu'elles prescrivent, comme trop humiliantes.

facile. D'abord il n'y aura pas en général de pièces de procédure dans ces sortes d'affaires, si ce n'est l'exploit d'ajournement ; ensuite les avoués étant là, les parties présentes ou absentes pourront toujours recourir à leur ministère pour les représenter en justice. Au contraire, sans leur intermédiaire le plaideur doit se trouver sur les lieux, ou envoyer pour chaque acte de procédure une signature légalisée. Il faudrait donc un avantage évident pour les parties, si elles se passaient d'avoué par cette voie détournée, et dans ces cas la loi trouverait par ce motif seul une justification complète.

B. — *Constitution d'avoué du défendeur.*

Le défendeur est assigné par exploit d'ajournement, il connaît l'objet de la demande, les moyens principaux et les pièces sur lesquelles elle est fondée. La première obligation que lui impose le code, c'est la constitution d'un avoué. Nous avons déjà dit dans le paragraphe précédent, combien il était utile de consulter un jurisconsulte (avoué ou avocat) pour la rédaction des conclusions de la demande, que souvent un procès était perdu, parce que l'action était mal intentée. Néanmoins nous avons pensé qu'il était trop rigoureux de forcer les plaideurs dans tous ces cas de se servir du ministère d'un mandataire légal toujours dispendieux. Les motifs que nous avons donnés pour supprimer la constitution d'avoué forcée pour le demandeur, existent à plus forte raison pour le défendeur. Il serait inique de le contraindre à faire des frais, si l'on considère qu'il est appelé en justice, souvent pour une contestation qui n'est pas même sérieuse, car il n'y a dans notre loi aucun contrôle préalable du juge pour apprécier le mérite de l'action qu'on veut intenter.

Le défendeur doit-il rester tranquille jusqu'au jour de l'audience, doit-il réserver les armes qu'il oppose à son adversaire jusqu'au moment de la lutte devant la justice ? Ou ne vaudrait-il pas infiniment mieux pour que le combat des plaideurs fût plus loyal faire connaître d'avance les armes principales ? La nécessité de la constitution d'avoué avait certainement cet avantage en vue ; les avoués devaient préparer l'affaire pour les débats de l'audience, en fixant d'avance entre eux les bases de la contestation. La pratique n'a pas répondu à cette intention du législateur, c'est une ruse connue des procéduriers, de ne faire connaître les vrais moyens et conclusions qu'au moment de la plaidoirie. — Si par une loi on voulait forcer les avoués à préciser nettement entre eux les points du litige avant l'audience, en obligeant le défendeur de donner une réponse catégorique sur tous les chefs de la demande et à l'inverse, afin d'établir l'état de la cause, on ferait une grande brèche au principe de la publicité des débats, où le juge doit seul puiser sa conviction. Il faut donc laisser, en général, sous ce rapport toute liberté aux parties. Ce n'est, par exception, qu'il faut admettre un pareil système, ainsi que nous le verrons dans la suite. Par l'abus que l'on en ferait, on introduirait une procédure préparatoire écrite qui pourrait se prolonger beaucoup, et le remède serait pire que le mal.

Nous pensons toutefois, comme nous l'avons déjà

proposé pour le demandeur, que le défendeur doit être tenu de faire offre de communiquer au demandeur, à son domicile élu dans l'exploit d'ajournement, les pièces dont il entend se servir pour repousser l'action dirigée contre lui. Cette mesure évitera les surprises et arrêtera souvent les procès dès le début. Il déposera les pièces à cet effet au greffe, trois jours avant l'audience, sous peine de les voir rejeter du débat.

CHAPITRE IX.

De l'Instruction.

Titre III.

COMMENT LES AFFAIRES SONT PORTÉES DEVANT LE TRIBUNAL ?

Le code de procédure prescrit après la constitution de l'avoué pour les affaires ordinaires une instruction préliminaire entre les officiers ministériels. L'avoué du défendeur a quinzaine pour répondre par une requête à l'exploit d'ajournement. L'avoué du demandeur à son tour peut répliquer par une autre écriture dans la huitaine. C'est ensuite au plus diligent de poursuivre l'audience, en signifiant à son adversaire un acte qu'on appelle *avenir*. Le but de cette procédure est d'élaborer d'avance les questions de fait et de droit et de rendre la tâche de l'audience plus facile. La pratique a montré que ce but était tout-à-fait manqué.

Le tribunal reste complètement étranger à ce travail des avoués, il ne rend son jugement que sur les débats publics. Ces requêtes ne servent donc à rien pour l'intelligence de la cause. Les juges ne les lisent jamais, et les avoués eux-mêmes les font faire par des clercs sans les examiner. Ces écritures, conservées dans notre loi comme un vestige de la procédure écrite, sont contraires au principe du système oral. Les rédacteurs du code l'ont si bien senti, qu'ils ne les ont admises que comme facultatives pour les parties. Les requêtes ne sont aujourd'hui que des actes purement frustratoires, elles n'éclairent ni les parties ni les juges ; car les avoués sont maîtres de passer sous silence les faits qu'ils veulent taire et de ne répondre catégoriquement sur aucun point. Aussi le législateur semble-t-il les avoir tolérées, sans grande confiance dans leur résultat pratique. Il en fait une faculté pour les parties et ne dit nulle part si, et à quel moment, le juge doit en prendre connaissance. La loi a adopté un système intermédiaire entre la procédure orale et écrite, sans présenter les avantages d'aucune. Elle augmente ainsi les frais et les délais, sans donner plus de sûreté au jugement. L'absence de toute intervention du tribunal dans cette procédure préparatoire dont les avoués restent seuls les maîtres, entraîne ce grand inconvénient, qu'une demande sans aucun fondement peut donner lieu à des écritures très-coûteuses et à des retards préjudiciables aux parties, avant que l'affaire vienne à l'audience. Les juges sont complètement étrangers à cette instruction préliminaire. Si l'on ajoute à cela que les délais uniformes de quinzaine et de huitaine sont ou trop longs ou trop courts selon la diversité des cas, on verra que ce n'était point une fixation moyenne qu'il fallait, mais une fixation qui se prêtât à la variété des circonstances. Aussi arrive-t-il souvent que cette instruction préalable, faite en dehors de tout contrôle du tribunal, ne s'achève pas dans les délais donnés par la loi. On voit ainsi contre le gré et au grand préjudice des parties des procès rester ensevelis dans les études des avoués pendant des mois, des années entières, sans qu'aucune écriture ait été signifiée de part et d'autre. Un même besoin d'indulgence amène un mutuel pardon.

Ce n'est, comme exception, que nous trouvons dans le code la procédure purement orale. Dans certaines affaires, appelées sommaires, que la loi indique, on ne fait point de requêtes. L'instruction est, selon les expressions de M. Boncenne, *toute parlée*. Les rédacteurs du code ont suivi en cela l'ancienne méthode. On a reconnu déjà au moyen-âge la nécessité de simplifier dans certaines causes la procédure compliquée qu'avait créée le droit canonique. Il fallait procéder « simpliciter de plano atque sine strepitu judicis, » comme disent les *Statuts de Casalis* (1). Un autre passage y parle de « causis pauperum miserabilium personarum summarie atque sine strepitu (2). » Une fois la route tracée pour arracher les causes à la procédure longue et ruineuse que l'on appelait ordinaire, le besoin se fit sentir davantage, de jour en jour, d'augmenter la catégorie des affaires sommaires. Les relations multiples et variées que faisait naître une civilisation toujours progressive,

---

(1) *Statuts de Casalis Taurent*, 1838.
(2)   *Ibid.*

donnèrent lieu à des contestations nombreuses qui exigeaient une solution prompte et peu coûteuse. C'est ainsi qu'aujourd'hui l'exception est devenue la règle, et pourtant les législateurs n'ont pu se détacher de la pratique antérieure, en conservant comme ordinaire la procédure plus compliquée. La nouvelle loi de procédure civile pour le canton de Genève a la première admis (1) comme règle notre instruction sommaire, c'est-à-dire la plaidoirie immédiate à l'audience qui suit l'expiration du délai de l'ajournement. L'instruction préalable et plus compliquée forme l'exception que les juges autorisent, suivant les exigences de chaque cas particulier.

En examinant les causes portées devant les tribunaux, on trouve qu'elles sont de diverses espèces.

Les unes demandent une prompte décision ou sont tellement simples qu'elles n'ont pas besoin d'explication préliminaire, la plaidoirie seule suffit.

Les autres, au contraire, se composent de faits très-compliqués, présentent des questions de droit très-difficiles et n'exigent point une solution aussi prompte. Elles seraient mal jugées, mal plaidées, si elles n'étaient élucidées par une discussion préalable. De là, nécessité pour la loi de tracer deux marches différentes, l'une plus simple et plus rapide, l'autre plus lente mais plus sûre.

(1) Déjà M. Treilhard dans l'exposé des motifs du code de procédure indique ce système par ces paroles : « Dans les procé-
» dures ordinaires la *grande partie* des causes, je veux dire
» toutes *les affaires sommaires* se porteront à l'audience sans
» instruction préalablement écrite ; » et il ajoute : « dans *toutes*
» *les autres* causes on ne passe en taxe que la demande et la
» défense. » N'est-ce pas là faire la règle de la procédure sommaire et l'exception de la procédure ordinaire ?

Le code y a pourvu, en faisant la règle générale de l'instruction ordinaire avec sa procédure préparatoire suivie de la plaidoirie, et l'a placée au milieu de deux exceptions. Ce sont 1° L'instruction par écrit que le tribunal peut ordonner pour certaines affaires. On l'appelle par écrit parce qu'on y remplace la procédure orale par des discussions écrites. Le choix de ce mode d'instruction est laissé à la sagesse des tribunaux; il est tellement compliqué, qu'on n'y a presque jamais recours en pratique.

2° L'instruction sommaire dans les cas prévus par la loi. Ce système du code suppose une division légale des causes : en ordinaires où l'instruction préalable sera toujours requise, et en sommaires où elle sera toujours interdite.

Les vices de cette classification ont été parfaitement démontrés par des arguments irrésistibles dans le travail remarquable de M. Bellot sur la *Loi de Genève*. Nous ne pouvons mieux faire que de les reproduire.

La première erreur consiste dans la prétention de la loi de ranger toutes les causes, malgré leur variété infinie, en deux classes : l'une comprenant les causes ordinaires, l'autre les causes sommaires d'après certains caractères tirés tantôt de leur nature, tantôt de leur valeur pécuniaire, tantôt enfin de la circonstance d'être jugées en premier ou en dernier ressort.

La généralisation d'après ces caractères ne saurait conduire qu'à une classification imparfaite ou inutile. En effet, à moins de se borner aux cas dans lesquels la simplicité ou l'urgence serait tellement incontestée, qu'il devenait inutile d'en déclarer l'évidence par la loi et de restreindre ainsi singulièrement le nombre des affaires sommaires, la distinction tirée de la nature de la cause donne lieu à des définitions tellement vagues qu'elles peuvent s'appliquer indifféremment aux affaires les plus simples comme aux plus compliquées, embrasser tout comme ne renfermer rien.

Quant à la distinction tirée de la valeur pécuniaire, rien n'est plus facile, rien aussi n'est plus arbitraire ni moins fondé en raison. La complication d'une cause ne dépend pas de l'importance de la somme réclamée. Une affaire de 100,000 francs ne présente souvent aucune difficulté sérieuse, tandis qu'au contraire les faits les plus embrouillés, les questions de droit les plus abstraites peuvent se rencontrer dans un procès de 200 francs. Qu'on se garde bien de croire que l'importance d'une cause pour le juge est en raison de la valeur nominale qui en fait l'objet; c'est plutôt sur l'intérêt des parties que cette importance doit se régler.

Quand il s'agit d'un pauvre, 1,000 francs qui forment tout son avoir offrent un plus grand intérêt et sont une contestation plus importante pour la décision d'un tribunal, que la cause dans laquelle il s'agira de 100,000 francs qui ne constituent qu'une partie du revenu d'un riche.

Enfin la distinction des affaires, tirée de la circonstance d'être jugées en premier ou en dernier ressort, se confond avec la précédente, puisque cette circonstance elle-même est réglée sur la valeur pécuniaire. Il faut ici remarquer encore cette inconséquence, qu'on supprime l'instruction plus étendue là où le recours est fermé, et augmente ainsi les chances d'un mauvais jugement.

La seconde erreur du code consiste à présenter comme règle, l'instruction moins simple des affaires ordinaires; et comme exception, la marche plus simple établie par les matières sommaires. Après avoir tracé dans les XXIII titres du second livre la marche compliquée qu'il faut suivre dans les affaires ordinaires, il indique dans les titres XXIV et XXV les exceptions qui simplifient la procédure pour les affaires sommaires et de commerce.

Il eut été plus naturel de remonter du simple au complexe que de descendre du complexe au simple. On aurait donc mieux fait d'intervertir l'ordre adopté par le code, parce que la procédure lente et coûteuse doit être essentiellement extraordinaire, et que les matières sommaires, telles qu'elles sont désignées par le code de procédure civile, sont infiniment plus nombreuses que les autres. Et qu'on ne dise pas que c'est là un simple défaut de méthode. Car il est hors de doute qu'en présentant la marche plus compliquée comme règle, on n'en rende l'emploi beaucoup plus fréquent que dans le système opposé, où la marche simple serait devenue la règle, et la règle l'exception. Il résulte donc de ce défaut de méthode des inconvénients bien graves pour les parties, à raison de l'augmentation des frais et des retards qu'il leur cause.

Dans le système que nous proposons il faut admettre comme mode ordinaire l'instruction simple (1), c'est-à-dire la plaidoirie immédiate ou à l'une des audiences prochaines, sans aucune formalité ultérieure.

---

(1) Nous préférons cette expression pour éviter la confusion avec le sens que la loi attache au terme d'instruction sommaire.

C'est partir du cas le plus fréquent et le moins compliqué.

Pour les causes où la plaidoirie immédiate aurait des inconvénients, les tribunaux décideront s'il y a lieu à une instruction préalable. Il faut laisser aux juges l'examen de ce qu'exigeront les circonstances dans chaque cas particulier. Le but principal de la procédure est évidemment de mettre les magistrats à même de rendre des sentences conformes au vrai droit des parties. On doit donc leur donner le choix entre la procédure simple ou plus étendue, selon que l'une ou l'autre leur paraisse plus propre à bien éclaircir la cause. Eux seuls peuvent saisir la variété et les nuances dont l'appréciation échappera toujours à la fixité des règles.

Pour prévenir l'abus des instructions préalables que les tribunaux pourraient trop facilement prescrire sur les demandes intéressées des avoués, le législateur ferait bien de défendre aux juges d'en ordonner l'emploi, si l'urgence de la demande s'y oppose, ou si la nécessité n'en est pas reconnue à raison du grand nombre des chefs, de la nature des points de fait ou de droit de la cause. Le tribunal doit se pénétrer qu'il s'agit là d'une mesure d'exception. Il faut qu'il ait la conviction que l'affaire n'est pas suffisamment préparée pour être plaidée immédiatement. Il devrait donc généralement entendre les explications des parties après la lecture de leurs conclusions, avant d'ordonner l'instruction préalable à la plaidoirie.

Nous croyons toutefois qu'il est nécessaire dans l'intérêt d'une bonne justice d'obliger les parties à poser sur le bureau des conclusions succinctement motivées dans toutes les affaires, à moins que le tribunal ne les en dispense à raison de la simplicité de la cause. Cette dispense ne pourrait être accordée qu'aux parties qui se présentent en personne, car souvent des plaideurs illettrés expliquent de vive voix très-bien une affaire simple et ne pourraient rédiger des conclusions écrites. Le recours à un homme de loi dans ce but serait pour eux un sujet de dépense que les tribunaux peuvent quelquefois leur éviter. Ce texte des conclusions motivées doit être présenté au tribunal au moins au nombre de deux exemplaires, s'il n'y a que trois juges, et en autant d'exemplaires qu'il y a de fois deux juges, s'il est composé d'un plus grand nombre. Nous fondons cette exigence sur l'expérience journalière des magistrats. On n'a qu'à les consulter pour savoir combien les conclusions succintement motivées leur servent de guide pour suivre avec attention une plaidoirie, et de la ramener à l'affaire, si par une cause quelconque ils ont eu un moment de distraction. Dans l'usage actuel c'est le président du tribunal qui les tient et les passe aux juges qui les demandent pendant la plaidoirie. Il en résulte que ceux qui les reçoivent trop tard n'ont pas toujours pu bien saisir dans les affaires compliquées l'exposé oral des parties ou de leur défenseur; il vaudrait infiniment mieux, par conséquent, qu'il y eût un nombre d'exemplaires suffisant, pour que tous les juges pussent avoir facilement les conclusions sous les yeux.

Titre IV.

COMMENT SE FERA CETTE INSTRUCTION PRÉALABLE A LA PLAIDOIRIE ?

Nous venons de voir qu'une instruction préalable à la plaidoirie est souvent nécessaire, d'après la nature de certaines causes. Nous avons aussi indiqué les motifs qui rendent l'intervention du tribunal presque indispensable pour décider si elle doit avoir lieu. Il s'agit maintenant d'en tracer la marche. Pour diriger les parties dans cette voie de la procédure plus difficile, il leur faut dans leur propre intérêt comme dans celui de la justice des guides qui connaissent la loi et les affaires. Aussi la constitution d'avoué doit-elle devenir alors obligatoire. — Le tribunal devra-t-il laisser les officiers ministériels maîtres de faire cette instruction sans leur fixer un délai, ou, au contraire leur accorder le temps nécessaire pour les diverses productions qu'exige l'affaire ? Nous avons signalé, en parlant des requêtes, les graves inconvénients de cette absence de surveillance exercée par les juges. Les délais uniformes de la loi sont insuffisants pour certaines affaires et bien d'autres s'écoulent aujourd'hui sans qu'aucune écriture soit signifiée de part ni d'autre, les procès restent ensevelis longtemps dans les études d'avoués au grand préjudice des parties. Lorsque, cédant aux plaintes du client ou las lui-même de ces retards éternels, un avoué poursuit l'audience, l'autre n'est pas prêt pour plaider l'affaire. Le tribunal, pour ne pas rendre les parties victimes de la négligence de leurs avoués, est souvent obligé d'accorder les remises qu'ils demandent pour compléter l'instruction qui doit l'éclairer lui-même.

L'intervention des magistrats nous paraît donc nécessaire aussi bien pour fixer les délais des diverses productions à faire, que pour décider s'il y a lieu.

Le tribunal règlera-t-il successivement ou simultanément ces deux points? Le règlement successif réunit deux avantages s'il est fait par le tribunal : l'un de juger par lui-même à chaque écriture mise sous ses yeux, si l'affaire a besoin encore d'autres éclaircissements et d'éviter ainsi les actes frustatoires que les avoués pourraient se signifier ; l'autre de forcer ces officiers ministériels à faire les productions ordonnées dans les délais fixés par les juges.

Ces productions consistent dans une écriture additionnelle à l'exploit d'ajournement pour compléter la demande, dans la réponse du défendeur, dans une réplique du demandeur et une duplique de son adversaire, pourvu que le tribunal les juge nécessaires dans ses appréciations successives.

Ce mode, il est vrai, multiplie la comparution des avoués à l'audience pour chaque fixation nouvelle. Pour éviter ce faible inconvénient il faut, quand cela sera possible, admettre, mais seulement comme exception, la fixation simultanée, si la nature de la cause ne laisse aucune incertitude sur le besoin des diverses écritures que nécessite l'instruction préalable, et si un délai uniforme peut être fixé à chacune d'elles.

Ces productions pourront se faire d'avoué à avoué sans intervention d'huissiers, la remise sera constatée par un récépissé au bas des originaux. Cette communication entre les avoués sera plus rapide, et plus économique pour les parties.

La communication de pièces nouvelles à laquelle l'instruction préalable peut donner lieu devrait se faire par la voie du greffe, comme nous l'avons déjà indiqué pour les parties elles-mêmes, ou d'avoué à avoué sur récépissé. Il faudrait aussi exiger dans les écritures dont se compose l'instruction préalable deux parties distinctes, l'une pour l'exposé du point de fait, l'autre pour celui du point de droit. Eviter ainsi la confusion du droit et du fait c'est tarir une des principales sources qui compliquent et multiplient les procès, qui en rendent souvent la solution si difficile et si incertaine. On devrait, en outre, imposer à chaque partie l'obligation d'articuler avec précision les faits qu'elle avance en sa faveur, et à l'adversaire contre qui elle les énonce celle de s'expliquer catégoriquement s'il les admet ou les dénie.

Ce serait couper court à ces subterfuges des praticiens d'embrouiller les faits, de se réserver la faculté de les reconnaître ou de les dénier, en les tournant contre la mauvaise foi qui les emploie. Le silence ou toute réponse évasive sur un fait pourra être pris pour un aveu.

La tâche du juge et de l'avocat à l'audience se simplifie ainsi beaucoup. Autant de faits reconnus entre les parties, autant de points élagués de la discussion. L'attention se consacre tout entière sur le véritable objet du litige, et la solution devient plus facile et plus prompte. Quoique la fixation des délais pour la production des écritures accélère beaucoup la marche de l'instruction, il est à craindre que le tribunal dont la religion sera surprise, n'accorde des prolongations qui pourraient dégénérer en abus. Il faudrait empêcher les avoués d'obtenir de nouveaux délais sur de faux motifs, par des dispositions légales qui les rendraient responsables du préjudice causé à la partie par ces retards de l'instruction et partant de l'issue du procès, et qui prononceraient, en outre, des amendes variant selon les circonstances.

Titre V.

DES AUDIENCES, — DE LA PUBLICITÉ ET DE LEUR POLICE.

Nous n'avons rien à ajouter aux dispositions qui établissent pour les parties le droit d'exposer leurs affaires elles-mêmes, à moins que le tribunal ne reconnaisse que la passion ou l'inexpérience ne les empêche de discuter leur cause avec la décence convenable ou la clarté nécessaire pour l'instruction des juges (*Art.* 85). Le bon sens de tous les siècles indique cette restriction, et les *Assises de Jérusalem* nous disent déjà : « Lon ne plaidera ja ci
» ben pour soi come pour autrui, car vehément ire
» desvoye sens d'home, plustot et plus souvent en
» sa propre querelle (1)...»

Le principe salutaire de la publicité des débats est respecté dans le code. « Le principal usage de la
» justice réelle, dit Bentham (2), est de produire la
» justice apparente : or, en supposant qu'une justice
» secrète soit bien administrée, il n'y aura que la
» réelle dont l'utilité est bornée, il n'y aura pas

---

(1) V. chap. IX, page 17.
(2) *Traité des Preuves judiciaires*, t. 1, p. 153.

» l'apparente dont l'utilité est universelle. La racine
» sera dans la terre et le fruit ne sortira pas. »

§ I.

Ce principe toutefois doit fléchir, dans l'intérêt des mœurs. Si la publicité des débats était une source de scandale, le tribunal pourrait ordonner le huis-clos.

Ne pourrait-on pas introduire une semi-publicité même dans la plaidoirie à huis-clos, en généralisant la déposition spéciale de l'article 253 du code Napoléon? Chaque partie serait autorisée à se faire assister de trois parents ou amis, outre son avoué et son avocat. Cette adjonction d'un petit auditoire ôterait le caractère mystérieux qu'on reproche à ces débats et n'offre aucun danger pour les mœurs.

Le président a la direction des débats, il peut faire cesser les plaidoiries, en vertu de l'art. 34 du décret du 30 Mars 1808, lorsque le tribunal trouve la cause suffisamment entendue.

§ II.

Une autre modification de la publicité peut résulter de la nature de l'affaire, si la cause, comme dans les redditions de compte, se compose d'un si grand nombre de chefs, que l'attention surchargée ne puisse les saisir à l'audience; force est bien alors d'instruire en écrivant, lorsqu'il n'est pas possible d'instruire en parlant, et la plaidoirie orale n'aurait plus de but, là où les juges et le public n'y sauraient rien comprendre. La substitution de la plaidoirie écrite à la défense orale ne doit être permise que dans ce cas ; son usage ainsi restreint ne serait pas dangereux pour le principe tutélaire de la publicité.

§ III.

Le code fixe, sous le titre des délibérés et de l'instruction par écrit une procédure empruntée à l'ordonnance de 1667. Il reproduit en grande partie les règles des procès appointés en droit qui donnaient lieu au plus grand nombre d'écritures, quoique le nom ne s'y trouve plus. Les appointements en droit étaient tombés en désuétude après la révolution de 1789, on ne connaissait que l'usage de la procédure plus simple de l'appointement à mettre. Depuis le code, l'instruction par écrit n'est guère ordonnée dans les tribunaux ; en effet elle a de grands inconvénients, si l'on considère que toute la procédure préparatoire qui a causé beaucoup de retards et de frais, ainsi que la plaidoirie, ne servent à rien pour la décision des contestations. De nouvelles requêtes doivent être faites, qui exigent de nouveaux délais et coûtent fort cher aux plaideurs. Ajoutez à cela qu'il faut un jugement qui ordonne l'instruction par écrit avec une signification (art. 96). Les productions et significations donnent lieu à trop de frais et de retards, elles pourraient être simplifiées.

Il suffirait de joindre aux écritures que l'instruction préalable aura nécessitées des mémoires en remplacement de la plaidoirie avec obligation pour les parties de se les communiquer mutuellement, chaque partie devant toujours connaître les moyens employés contre elle. La loi devrait aussi prendre soin que le juge commis au rapport le fît promptement. Il doit le faire à l'audience, mais les défenseurs n'ont pas, d'après le code, le droit de présenter des observations après le rapport; ils pourraient seulement remettre sur-le-champ au président de simples notes énonciatives des faits sur lesquels ils prétendraient que le rapport a été inexact ou incomplet. On s'est appuyé, lors de la confection du code, sur le motif que c'était troubler d'avance un magistrat, par la crainte d'une réfutation. Mais la plus simple réflexion aurait pu dissiper cette appréhension, car les rapporteurs ne doivent pas ouvrir d'avis, ils n'ont donc pas d'objection à réfuter. Le redressement d'une erreur de fait ou la réparation d'une omission par un avocat ne peut pas donner sujet à une discussion entre le magistrat et lui. Y a-t-il plus de respect dans l'envoi d'une note au président, griffonnée à la hâte, sans que l'autre partie en ait eu la moindre connaissance; ou dans les quelques observations présentées en public par le défenseur et que le tribunal pourrait toujours circonscrire dans des limites convenables. La nomination d'un rapporteur ne dispenserait pas les autres juges de prendre connaissance des productions qui leur seraient remises par la voie du greffe sur récépissé. Le but du rapport est seulement de présenter de nouveau publiquement au tribunal l'affaire dans son ensemble avant de délibérer sur le fond. Aussi ne faudrait-il nommer le rapporteur que quand les pièces auront été envoyées à tous les juges qui doivent connaître de l'affaire, et peu de jours avant la délibération sur ce jugement. Chacun des magistrats pouvant être commis comme rapporteur, ils auraient tous intérêt à lire les productions des parties.

L'instruction préalable à la plaidoirie et celle par écrit seront ordonnées par le tribunal, sans que le jugement puisse être levé ni signifié.

Nous ne pouvons admettre les deux modifications introduites dans notre code par la loi de Genève, qui écarte le rapport dans l'instruction par écrit, et permet cette procédure, dans tous les cas où elle est demandée par toutes les parties. Quant à nous, le rapport nous paraît utile pour présenter aux juges l'affaire dans son ensemble et pour ce qui concerne l'autre changement, il est à craindre que les avoués ne forment facilement ces demandes dans leur propre intérêt et quelquefois même sans consulter les clients, en s'entendant entre eux. Ajoutons à cela le motif d'intérêt général, qui exige qu'on limite autant que possible les atteintes portées à la publicité, surtout dans un grand État comme la France. Le code de Genève se ressent un peu dans ses dispositions des influences locales, en favorisant trop les semi-publicités, dans l'intérêt des particuliers. Cela peut être un avantage pour le repos d'une petite république, mais non pour un grand pays comme la France.

—

Titre VI.

DES EXCEPTIONS.

L'exception bien différente des défenses proprement dites ne tend point à nier, à combattre, à détruire la prétention du demandeur, mais seulement à en retarder l'examen, à en critiquer la forme, sans en discuter le fond. C'est là l'idée qu'on trouve dans les différents moyens que le code de procédure a qualifiés du nom d'exceptions ou du moins qu'il a rangés sous ce titre. Il est clair qu'elles sont toutes des entraves à la décision du fond et qu'il faut les réduire autant qu'une bonne justice le permet.

Le code (1) fixe l'ordre dans lequel il faut les faire valoir : l'exception de la caution à fournir de la part de l'étranger est placée en première ligne. La loi ne veut pas avec raison que le défendeur français soit obligé à faire des frais, même pour discuter les questions de compétence et de nullité d'exploit, sans avoir au préalable obtenu la caution qui doit le garantir.

Les exceptions de renvoi devant le juge compétent viennent occuper le second rang ; ensuite celles auxquelles donnent lieu les nullités d'un exploit sont couvertes, si elles ne sont pas proposées avant toutes autres exceptions ou défenses que les deux précédentes ; enfin les exceptions dilatoires doivent être annoncées cumulativement. Toutefois, ceux qui d'après la loi sont obligés de ne prendre qualité qu'après un certain délai, peuvent proposer leurs exceptions jusqu'à l'expiration de ces délais.

Les procès sont souvent traînés en longueur, parce que les parties présentent successivement les exceptions qu'elles veulent faire valoir. Il en naît autant de petits procès qu'il y a d'exceptions qu'elles soulèvent.

Les législateurs devraient obliger les plaideurs à les

---

(1) Art. 166 à 186.

proposer toutes ensemble (1) dans leurs conclusions, selon l'ordre fixé par la loi, de sorte que le procès relatif aux formes peut être vidé en une seule fois. L'exception de renvoi pour incompétence, à cause de sa nature particulière, devrait seule être l'objet d'une décision préalable, parce que le tribunal ne pourrait retenir une instance pour laquelle les parties ont demandé avec raison d'autres juges. Il est incontestable que le moyen que nous proposons, servira beaucoup à accélérer la marche des procès.

Les exceptions les plus fréquentes sont tirées des nullités d'exploits ou d'autres actes de procédure. Il faut qu'elles soient proposées avant de discuter le fond, qu'il s'agisse d'un acte introductif d'instance ou signifié pendant le cours de la procédure. Les derniers mots de l'article 173, en prescrivant de les faire valoir avant toutes exceptions, autres que celles d'incompétence, ne peuvent évidemment s'appliquer qu'aux nullités qui se trouvent dans l'exploit d'ajournement.

La question importante est celle de savoir quand il y aura nullité. Faut-il laisser l'arbitraire le plus large ou le plus limité à l'office du juge pour la prononcer? Dans sa généralité cette grave difficulté en législation avait déjà partagé deux grands hommes de l'antiquité.

L'un voulait que le principal soin du gouvernement fût de choisir des juges instruits et vertueux, et qu'a-

---

(1) La procédure allemande, ordinairement si longue, impose cette obligation aux parties. Les auteurs en ont fait un principe général qu'ils appellent la *Maxime des éventuels* (éventual-maxime), parce que, dès le début de la contestation portée en justice, il faut au moins *éventuellement* présenter tous les moyens de forme et de fond.

près les avoir choisis tels, il leur laissât une grande liberté dans les jugements, parce qu'étant comme des lois vivantes, les juges agiraient bien mieux pour la justice que les lois écrites qui sont inanimées.

L'autre soutenait, au contraire, qu'il fallait laisser le moins de liberté qu'il se pouvait aux juges, parce que la loi, étant un esprit sans passion, décidait avec plus d'impartialité et de raison que les hommes ne sauraient le faire.

C'est le dernier principe qui a prévalu dans le code de procédure : *Optima lex quæ minimum judicis arbitrio permittit.* Il n'est plus au pouvoir du juge de confirmer ou d'annuler un acte, de prononcer une amende ou d'en faire la remise, de déclarer une déchéance encourue ou d'en relever, suivant que des circonstances ou des considérations particulières pourraient l'y porter. Là, où la nullité est écrite dans la loi, le juge doit la transcrire dans son jugement.

On ne peut nier que ce système n'ait l'avantage de la simplicité et de la régularité. Le juge n'aura qu'à observer la consigne écrite dans la loi. Quelles que soient les circonstances dans lesquelles il doit faire une application littérale de la loi, la forme l'emporte sur le fond. « Il ne serait pas mal, » disait Voltaire à M. Chardon, maître des requêtes, « qu'on » trouvât un jour quelque biais pour que le fond » l'emportât sur la forme. » Cette réflexion de Voltaire pourrait s'appliquer aujourd'hui à notre système des nullités d'actes de procédure.

Autrefois on suivait la maxime « nullité sans » griefs n'opère rien ; » ce qui veut dire, quoiqu'une formalité ne soit pas ou soit mal remplie, elle ne doit faire anéantir la procédure qu'autant que l'omission ou l'irrégularité porte préjudice à celui qui s'en plaint. Ainsi on décidait généralement que les nullités de cette nature dans l'exploit d'ajournement étaient couvertes par la comparution volontaire des défendeurs. En effet, disait-on, l'indication du nom, la profession, le domicile du défendeur ont pour but unique la remise fidèle de l'acte; s'il se présente lui-même, il avoue par là que cette remise a eu lieu, comment lui permettrait-on d'invoquer la nullité? Pourrait-on justifier la rigueur du code par ce motif que, si l'on admettait que les nullités de l'exploit fussent couvertes, par exemple, par la comparution volontaire du défendeur, il ne se présenterait pas qu'on obtiendrait contre lui condamnation par défaut, et, quand on aurait fait des poursuites, des frais pour l'exécuter, il viendrait faire prononcer, par la nullité de l'original, qu'on suppose contenir les mêmes vices que la copie qu'il cache, la nullité de toutes les poursuites postérieures?

Évidemment non, car celui qui laisserait sciemment procéder sur un acte dont il prétend opposer plus tard la nullité, ne devrait pas être recevable dans son exception; la loi ne doit point favoriser la méchanceté et la mauvaise foi. Si les juges pouvaient examiner les circonstances et ne pas prononcer la nullité; lorsqu'ils auraient acquis la certitude que l'acte a parfaitement rempli son but d'après l'intention de la loi, on éviterait souvent le préjudice immense pour toutes les parties de recommencer de longues procédures fort coûteuses. Toutes ces nullités, soulevées par la chicane, disparaîtront, parce que d'abord la partie qui laisserait, comme nous venons de le dire, continuer sciemment la procédure pour la faire tomber ensuite, en se fondant sur la nullité d'un acte précédent, devrait perdre le droit de s'en prévaloir ; et que de plus ceux qui ayant la lettre de la loi en leur faveur n'auraient pas manqué d'invoquer la nullité de l'exploit, n'oseront plus, en présence de la faculté conférée aux magistrats de le déclarer valable selon les circonstances, la proposer que quand ils auront éprouvé un préjudice réel et seront soutenus par un motif sérieux. C'est ainsi que se briseront tous ces obstacles créés souvent par la mauvaise foi pour perpétuer ou pour faire anéantir et recommencer les procédures.

Nous croyons qu'en matière de procédure la meilleure loi est ordinairement celle qui laisse le plus de latitude aux juges pour l'appréciation des circonstances et à l'aphorisme de Bacon : « Optima lex » quæ minimum arbitrio judicis permittit. » Nous préférons dans beaucoup de cas ce mot de Napoléon : « qu'il faut prendre garde en cherchant à éviter le despotisme des juges, de tomber dans le despotisme de la loi. »

Titre VII.

DES CONCLUSIONS DU MINISTÈRE PUBLIC (1).

Nous avons parlé de la belle mission de pacificateur que nous confions aux magistrats du ministère

---

(1) Voyez de Vaulx dans la *Revue de la législation étrangère*, tome VI, n° 19. — Lacretelle, sur le *Ministère public dans les ouvrages judiciaires*. Paris, 1817. — Ortolan, le *Ministère public en France*. Paris, 1831. 2 volumes. Art. 83, 87, 112, 140, 371, 385, etc.

public dans le chapitre qui traite de la conciliation. Ici « son rôle est différent mais non moins hono-
» rable. Deux hommes viennent d'épuiser dans leurs
» débats toute la sagacité de l'intérêt et tout le
» pouvoir de la science. Un troisième orateur se
» lève : recueillez-vous pour l'entendre, écoutez-le
» sans défiance et avec respect. Il n'a d'autre but
» que la vérité; il retrace, il apprécie tout ce qu'on
» vient de dire, ensuite il motive le jugement de sa
» conscience. Quelquefois apercevant le bien public
» compromis dans cette contestation privée, il s'élève
» en sa faveur une voix prédominante, et la justice
» est sans cesse ramenée au principe qui consacre
» tous les droits particuliers, en les réglant d'après
» l'intérêt général (1). »

Ce tableau du ministère public qui conclut, représente ses fonctions dans toute leur vérité et toute leur dignité. Nous n'ajoutons plus rien dans la crainte de le décolorer. Nous n'avons sur l'exercice de ce droit de conclure qu'une seule observation à faire qui serait une amélioration dans la pratique actuelle. Le ministère public parlant comme partie jointe ne peut dans aucun cas être contredit par les défenseurs à l'audience. Le règlement du 30 Mars 1808 porte dans son article 87 : le ministère public une fois entendu, les parties ne peuvent obtenir la parole après lui, mais seulement remettre sur-le-champ au président de simples notes énonciatives des faits sur lesquels elles prétendent qu'il y a erreur ou inexactitude. Ces notes remises au président par une partie, sans aucun contrôle de la part de l'autre,

---

(1) V. Merlin au mot *Ministère public*.

peuvent être un moyen très-dangereux pour glisser au moment important de la délibération dans l'esprit des juges des impressions d'autant plus périlleuses pour la justice, qu'elles arrivent mystérieusement et presque inaperçues. Cette disposition est contraire à l'intérêt de la vérité. Les erreurs du ministère public sont d'autant plus dangereuses pour les juges que son autorité est plus imposante. Leur sauvegarde sera la faculté que doit avoir la partie d'après le seul droit de légitime défense, de repousser de nouveaux moyens employés contre elle, comme de rectifier des erreurs de fait commises à son préjudice, et cela à l'audience même, afin que la réponse ait la même publicité que l'attaque.

C'est pousser trop loin le respect de la dignité du ministère public que d'étouffer une juste plainte, et ce n'est jamais offenser un magistrat que de lui épargner un remords. La vraie dignité se déploie en apportant cette sévérité d'examen, cette rectitude d'opinion, cette franche impartialité dont une discussion contradictoire ne ferait que relever le mérite.

Pour corriger la mauvaise habitude des avoués de ne communiquer les pièces, dans les affaires souvent difficiles où le ministère est partie jointe, qu'au moment de l'audience, la loi devrait leur imposer l'obligation, sous peine d'amende, de les remettre au parquet trois jours au moins avant les débats publics, dans toutes les causes dans lesquelles l'instruction préalable aurait été ordonnée.

L'institution du ministère public doit-elle être étendue aux tribunaux de commerce? Nous traiterons cette question dans le titre relatif à la juridiction consulaire. Dès à présent nous pouvons dire que son intervention sera très-utile dans toutes les affaires de faillite dans l'intérêt de la vindicte publique.

CHAPITRE X.

Titre VIII.

Des jugements.

Les pièces, les écritures et les plaidoiries des parties mettront en général le tribunal à même de juger de suite le fond de la cause. Les juges ne doivent pas plus différer de terminer les contestations par des décisions définitives que les parties, leurs avocats ou avoués n'ont dû retarder l'instruction.

Le code fixe dans le titre VII les règles relatives à la formation, rédaction, expédition et signification des jugements. Ces règles présupposent un collége de juges qui décident à la pluralité des voix. Les votes sont secrets, la loi du 3 Brumaire qui obligea les magistrats d'opiner à haute voix, a été abrogée par l'art. 208 de la Constitution de l'an III. Le système actuel du code est en harmonie sur ces points avec notre théorie (1).

Les publicistes sont loin de s'accorder sur ces questions :

A. Les uns dont le chef est Bentham repoussent la pluralité des juges se fondant sur deux motifs principaux :

---

(1) V. partie 1re, chap. 3, sect. 1re.

1° L'influence que l'un des juges exerce ordinairement sur les autres, ce qui rend inutile le concours de ceux-ci ;

2° Le défaut de la responsabilité qui, laissant à la charge de tout le corps l'odieux de l'iniquité, ne pèse directement sur aucun des membres.

Les défenseurs de la pluralité répondent au premier motif de Bentham qu'il se détruit par lui-même. En effet, argumenter de l'influence de l'un des juges sur les autres, c'est appréhender que le jugement ne soit dicté que par une seule voix ; cette crainte indique le vice du système favorable à l'unité du juge.

Quant à l'autre motif, c'est-à-dire le défaut de responsabilité qui serait la conséquence de la pluralité des juges, il faut avouer que cette responsabilité est en effet, dans ce cas, moins grande que dans celui d'un juge unique.

Mais ne vaut-il pas mieux composer un tribunal de plusieurs membres qui donnent le moins de prise possible à la responsabilité, que d'avoir un seul magistrat responsable qui n'offre pas les mêmes garanties ? Il est évident qu'un juge unique peut plus facilement devenir un petit despote que lorsque son pouvoir est tempéré par celui de ses collègues, surtout s'il est inamovible. Et l'inamovibilité, nous l'avons démontré, est une nécessité pour la bonne organisation du pouvoir judiciaire. On pourrait l'accuser de prévarication ; mais qui ne sait pas, à moins d'une injustice palpable, combien il est difficile de prouver à un juge que la décision rendue par lui constitue une prévarication ?

Pour les erreurs judiciaires les magistrats ne doivent pas être inquiétés ; autrement, trop ordinairement dominés par la crainte, au lieu d'obéir à la loi, ce serait à ceux qui leur inspireraient des inquiétudes qu'ils pourraient avoir la faiblesse d'obéir.

Il est incontestable que plusieurs juges se prêteront plus difficilement à une prévarication qu'un seul. Les individus pourraient dans chaque affaire être portés à décider arbitrairement, mais comme il n'est pas facile que les opinions de tous, fondées sur le caprice, se rencontrent au même point, l'un empêchera l'autre de faire prévaloir la sienne. L'intérêt du collége entier réprimera les vues personnelles de chacun. Tous les membres seront d'accord pour élever le caractère de leurs fonctions par une justice impartiale et indépendante. La pluralité des juges diminue donc les cas de responsabilité et il vaut mieux empêcher le mal que de le réparer. Dans cette matière les lois préventives sont sans contredit préférables aux lois répressives.

B. Les autres dont les principaux chefs sont Muratori en Italie, Feuerbach en Allemagne et M. Bérenger en France, combattent victorieusement le système de l'unité en judicature. « C'est, dit M. Bérenger,
» une première règle que les tribunaux soient com-
» posés d'un grand nombre de juges. Ce concours
» augmente les lumières, il contribue à dissiper les
» préventions et il offre la meilleure garantie de la
» bonté des jugements. » Pour diminuer l'influence d'un seul juge sur les autres et augmenter la responsabilité de chacun, bien des publicistes d'aujourd'hui proposent le retour à la loi de brumaire an II qui prescrivait le vote public à haute voix. Après nouvelles réflexions nous persistons dans l'opinion que nous

avons émise précédemment (1). Reconnaissant la force des arguments d'un côté et de l'autre nous pensons qu'il ne faut pas perdre de vue les habitudes d'une nation et les usages établis. Pour changer une loi l'avantage de la réforme doit être évident.

§ I.

C'est un point capital de savoir si les juges doivent poser nettement les questions de fait et les questions de droit, voter séparément sur chacune d'elles, ne passer aux questions de droit qu'après avoir décidé celles de fait. Ou suffit-il de ne mettre aux voix qu'une seule question complexe sur l'objet de la demande? Nous avons déjà rapporté à cet égard dans notre partie historique l'argument le plus fort qu'Adrien Duport (2) faisait valoir à la tribune de l'Assemblée constituante pour en conclure à l'application nécessaire du jury aux procès civils. Nous avons même cité l'exemple dont il se servait pour prouver que, lorsqu'on allait aux voix sans que le point de fait fût préalablement décidé, il était très-commun que celui qui avait la majorité en sa faveur perdît son procès.

Cet argument a été reproduit sous une forme nouvelle par Bellot qui, tout en repoussant le jury en matière civile, veut que les juges votent séparément d'abord sur les points de fait, avant de passer aux questions de droit. Ce fut aussi le tempérament proposé par M. Thourret pour repousser les jurés en matière civile.

(1) V. chap. 3, p. 30.
(2) V. chap. 5, p. 84.

Pour bien faire sentir la force de son système, l'auteur Génevois l'éclaircit par un exemple habilement présenté. Nous allons le citer textuellement et ajouter les objections qu'on peut lui faire. « On demande,
» dit-il, la nullité d'un testament. Trois moyens sont
» employés à l'appui; le défaut de signature du testateur,
» — la qualité d'étranger de l'un des témoins; — l'in-
» capacité du testateur tirée de ce qu'il a été mis
» sous un conseil judiciaire. Où sont les points ac-
» cordés et les points contestés entre les parties ?
» Pour les deux premiers elles sont d'accord sur
» le droit. Elles reconnaissent que le défaut de si-
» gnature du testateur, s'il a pu signer, et la
» circonstance d'un témoin étranger comportent la
» nullité du testament.

» Elles diffèrent sur le fait. Le demandeur soutient
» que le testateur a pu signer ; le défendeur que le
» testateur n'a pu signer ; l'un que le témoin est
» étranger, l'autre que le témoin est républicole.

» Quant au troisième moyen, au contraire les
» parties sont d'accord sur le fait ; le testateur a un
» conseil judiciaire. Elles diffèrent sur le droit, sur
» la capacité de tester qu'accorde ou que refuse la
» loi à celui qui est pourvu d'un conseil judiciaire.

» Quelles sont donc les questions élémentaires dans
» lesquelles se résout le procès, celles que les juges
» ont à décider ?

» Les deux questions de fait. — Le testateur a-t-il
» pu signer ? Un tel témoin est-il étranger ? La ques-
» tion de droit. L'individu à qui l'on a nommé un
» conseil judiciaire est-il capable de tester ?

» Supposons la cause devant un tribunal de trois
» juges.

» Supposons encore que le premier juge admette
» l'affirmative dans la première question. — Le
» second de la seconde, le troisième de la dernière,
» en soutenant chacun d'eux la négative des deux
» autres.

» Posez la question complexe. — Le testament
» est-il nul ? soumettez-la au vote, comptez les
» suffrages, le tribunal à l'unanimité a prononcé la
» nullité, mais ce résultat est trompeur. Chaque
» juge a résolu une question différente. Chaque
» moyen n'a eu qu'un suffrage. Loin d'être d'accord
» le tribunal est partagé par les opinions les plus
» divergentes; loin d'être unanime, la minorité seule
» a triomphé.

» En voulez-vous la preuve ?

» Posez les questions auxquelles nous avons réduit
» ci-dessus le procès ; faites voter séparément sur
» chacune d'elles ; qu'obtenez-vous ? Chaque ques-
» tion est décidée négativement par deux voix contre
» une. Les trois moyens de nullité sont écartés, le
» testament est déclaré valide.

» Ce résultat diamétralement opposé au précédent,
» est le seul exact, le seul vrai, puisqu'il a réuni sur
» chaque question élémentaire de la cause une ma-
» jorité évidente et réelle sans possibilité de confu-
» sion ou de méprise. »

En allant au fond de ces déductions si logiques dans la forme, ne trouve-t-on pas que l'auteur a confondu les moyens de l'action avec les chefs de conclusions ?

Qu'est-ce qu'on demande, et à quoi tendent les conclusions ? Evidemment à la nullité.

Les trois juges sont d'accord pour déclarer le testament nul, il est vrai par des motifs différents, ce serait donc un résultat bien étrange que celui qui ferait sortir de cette unanimité une sentence portant que le testament est valable.

Les motifs sont au dispositif ce que les moyens sont aux conclusions. Ainsi, dans l'exemple cité par Bellot, on demande la nullité du testament, voilà les conclusions.

Comment prouve-t-on cette nullité?

On la démontre : 1° Parce que le testateur ne l'a pas signé, quoiqu'il eût pu le faire;

2° Parce que l'un des témoins était étranger;

3° Parce que le testateur était soumis à un conseil judiciaire. Voilà les moyens.

Que l'un ou l'autre de ces moyens ait servi de motif à l'opinion des juges, cela est tout-à-fait indifférent; puisque les juges auraient pu même se décider par un motif échappé comme moyen au demandeur, tel qu'eût été par exemple, le défaut de mention de la lecture en présence des témoins. Qu'on ne dise pas qu'ils auraient adjugé plus que l'objet de la demande; car il n'y avait qu'une demande, la nullité du testament. L'erreur du système de l'auteur Génevois vient de ce qu'il exige une sentence à part sur chaque fait isolé, comme s'il était seul à juger, tandis que le tribunal n'a qu'à déclarer les droits des parties par rapport à l'objet entier de la demande. Cette décomposition souvent très-difficile, exigée par Bellot, peut bien servir pour éclairer les débats, et les juges devraient la faire quand ils pourront; mais le vote définitif doit avoir lieu sur l'ensemble de la demande, sans ce vote préalable et séparé sur chacun des faits. Cette dernière opération n'aurait aucun résultat sur la décision finale, puisque les juges opinant sur la question complexe de l'objet de la demande suivront toujours leur avis. Si ces votes séparés étaient obligatoires pour le tribunal, ce serait évidemment le faire statuer sur une autre chose que les conclusions de l'action intentée, et dans le cas contraire, s'ils ne lient pas les magistrats, ils sont inutiles.

Pour nous, la difficulté dans l'exemple rapporté par Bellot ne consisterait que dans l'impossibilité de motiver les jugements, si chacun des membres du tribunal persistait à regarder son motif comme le seul bon, et rejetait l'adoption de tout autre considérant que le sien, pour la rédaction du jugement : l'obligation de motiver la sentence mettra le tribunal dans l'impossibilité de la prononcer. Nous proposons pour aplanir cette difficulté, l'application des règles du code relatives au partage des voix quant au dispositif. Quoique ces cas se présentent rarement, un texte législatif paraît nécessaire à cet égard. Il suffirait pour resoudre toutes les questions qui pourraient naître du mode actuel de voter, sans produire le résultat du système divisoire de Bellot pour la collecte des votes, c'est-à-dire de faire triompher celui que tous les juges s'accordent à condamner.

§ II.

Un objet de critique plus juste c'est le mode de rédaction des jugements qui se trouve dans le code. Il faut remonter à l'ordonnance de 1667 pour découvrir la source des dispositions vicieuses relatives au règlement des qualités. Cette ordonnance exigeait que trois jours après que le procès par écrit avait été jugé, le rapporteur mit au greffe le dictum de la sentence. Mais cette prescription donna lieu à des abus graves, blâmés dans plusieurs arrêts du parlement, parce que les procureurs rédigeaient ce que le rapporteur aurait dû faire lui-même. Ce qui n'était qu'un abus devint avec le temps un usage général que les rédacteurs du code eux-mêmes ont adopté, en accordant aux avoués la prérogative de rédiger les qualités des jugements. Elles ne donnent plus lieu, aujourd'hui que nous vivons sous le niveau de l'égalité devant la loi, à des allocations différentes selon la condition des parties.

Sous l'empire de l'ordonnance de 1667 au contraire, la qualité du plaideur était chose importante au procès. Malheur à celui qui osant plaider contre un grand personnage venait à perdre sa cause; il lui devait pour frais de voyage et de séjour une indemnité proportionnée à la taille nobiliaire ou sacerdotale de ce personnage. D'abord de règle commune à tous les parlements, le gentilhomme avait le double du roturier. Mais la différence des allocations était bien plus grande encore. Un règlement du parlement de Paris du 10 Avril 1601, avait divisé les citoyens en cinquante et une classes, depuis le cardinal qui avait 10 livres par jour, jusqu'au savetier qui ne recevait que 30 sols. On conçoit alors combien le règlement des qualités était important à cette époque, et il n'était pas rare qu'après avoir gagné un petit procès sur le fond, on en perdît un bien plus sérieux sur les qualités; si par exemple, un roturier s'était dit gentilhomme, ou si un gentilhomme s'était fait sans permission comte ou marquis, et qu'on finît après une ample instruction sur la généalogie, d'après les règles sévères de l'art héraldique, par lui faire rayer tout ou partie des qualités par lui imprudemment prises.

Les qualités contiennent, outre la désignation et les conclusions des parties, les points de fait et de droit du procès. Elles doivent être signifiées à l'avoué de l'adversaire qui a la faculté d'y former opposition dans les vingt-quatre heures. C'est le président seul qui vide la nouvelle contestation à laquelle cette opposition donne lieu.

Cette manière de *signifier*, de *discuter*, de *rectifier* les qualités ne laisse pas de présenter beaucoup d'inconvénients; il en résulte une grande perte de temps, puisqu'un mot peut donner lieu à une opposition qui occasionnera des frais aux parties. D'une part l'avoué rédacteur des qualités, naturellement ennemi du laconisme dans une pièce dont il doit notifier les copies, laisse très-volontiers courir sa plume longuement sur des détails superficiels; d'une autre part, dans la vue d'un appel s'il est en première instance, ou d'un recours en cassation, s'il est en cour d'appel, il cherche, dans sa rédaction des points de fait et de droit, à assurer autant qu'il est en lui, le succès de son client. De là les fréquentes oppositions sur lesquelles il faut que les présidents statuent, et tout cela sans qu'il soit possible de trouver à cette procédure après jugement la moindre utilité.

Ajoutez à cela que souvent une exposition infidèle des faits, des explications transformées en aveu, en offres, en reconnaissance insérées dans les qualités prennent le caractère d'un contrat judiciaire, par l'insouciance, par la préoccupation d'un avoué, ou par mille accidents qui peuvent l'empêcher de former opposition dans le délai de vingt-quatre heures. Aussi un grand nombre de cours d'appel signalèrent les vices de ce système, lorsqu'elles furent consultées sur le projet du code. L'expérience a confirmé leur opinion. Les dispositions de la loi sur ce point sont tantôt inutiles, tantôt dangereuses, souvent inexécutables et toujours onéreuses.

Le remède contre les vices que nous venons de signaler se trouve dans le retour vers la loi du 24 Août 1790, et vers l'intention du législateur dans l'ordonnance de 1667 que la pratique a sur ce point très-mal suivie. L'entière rédaction du jugement deviendrait alors l'ouvrage du juge qui trouverait dans l'exploit d'ajournement et les conclusions des parties leurs noms, professions et demeures, le nom des avoués et les conclusions respectivement prises. Comme c'est lui qui a connu de l'affaire, il établirait facilement les points de fait et de droit et terminerait le jugement par les motifs et le dispositif.

Des dépens.

§ III.

Le code a posé quelques règles sur les dépens sous le titre du jugement: toute partie qui succombe sera condamnée aux frais. Si les plaideurs succombent respectivement sur quelques chefs, le tribunal peut compenser les dépens en tout ou en partie, c'est-à-dire que chacun des plaideurs restera chargé des frais qu'il a faits, c'est la compensation simple; ou que le gagnant n'aura de répétition à exercer envers son adversaire que pour la moitié, le tiers, etc., de ses dépens, selon que les divers points de ses conclusions auront été trouvés plus ou moins justifiés, c'est la compensation proportionnelle. Une disposition analogue se trouve dans la *Loi V au code de Justinien : de fructibus et litium expensis.*

La loi trouve un autre motif de compensation dans la parenté et l'alliance des parties. Son but est d'étouffer les germes de haine qu'aurait pu laisser dans une famille le souvenir des pertes épouvées d'un côté, du triomphe complet de l'autre.

Les dépens se composent des émoluments ou salaires des officiers judiciaires que les parties sont obligées d'employer, des droits que le fisc perçoit sur les divers actes du procès et des frais de voyage. C'est le décret du 16 Février 1807 concernant la liquidation des dépens qui trace la marche particulière à ce sujet.

Nous y rencontrons plusieurs dispositions qui nous paraissent tout-à-fait vicieuses.

Ainsi d'après ce décret la partie condamnée peut, il est vrai, former opposition contre la taxe, mais le délai qu'on lui accorde est tellement court (1), que le droit devient presque illusoire. Elle a trois jours depuis la signification faite du jugement à son avoué. Or comme elle n'a presque jamais connaissance de cette signification, elle ne pourra qu'exceptionnellement user de la voie d'opposition. Quant à l'avoué de la partie on conçoit que c'est là un faible secours. Une condescendance réciproque et l'esprit de corps ont fait du silence une règle de procédé.

---

(1) V. art. vi du décret de 1807.

Ce qui rend le contrôle des parties encore plus difficile, c'est qu'elles ne reçoivent point de copie de l'acte des dépens. Il faut qu'elles se transportent au greffe, ce qui est toujours un dérangement, surtout pour le plaideur absent.

Enfin on a voulu soustraire à la critique si salutaire du public l'avoué, les greffiers, qui excèdent le tarif et le juge qui, par négligence ou par ignorance, ne les a pas réduits à une juste taxe ; le décret ordonne que l'opposition soit portée à la chambre du conseil.

Pour remédier aux inconvénients signalés du décret sur la taxe, il faudrait substituer à ces dispositions qui sont toutes en faveur des avoués contre l'intérêt des justiciables, des règles tout-à-fait contraires.

L'état de frais taxé et arrêté par un magistrat devrait être transcrit à la suite de l'expédition du jugement, et copie textuelle en serait donnée à la partie condamnée avec la signification de ce jugement. Alors les parties pourraient toujours, sans se transporter au greffe, vérifier l'état des dépens et fournir leurs moyens de diminution en cas d'opposition. Ce dernier droit ne serait que purement nominal, si l'on ne laissait pas à la partie le temps nécessaire pour la vérification de l'état des dépens, le délai de quinzaine me paraît à cet égard suffisant.

Pour prévenir les abus que les plaideurs seraient tentés de faire de ce droit d'opposition, le législateur devrait, en présence de la présomption de régularité attachée à une taxe faite par un juge, déclarer que l'opposition ne serait point suspensive.

Nous voudrions enfin que la publicité des débats

à l'audience dans toutes les contestations forçât les officiers ministériels et les juges taxateurs à faire leur devoir; elle serait le moyen le plus efficace pour détruire les abus des uns et la négligence des autres. C'est surtout en matière de taxe qu'il importe le plus de guérir le mal de la procédure, parce que toutes les plaintes contre la justice ne viennent principalement que de ce que les procès coûtent des frais énormes qui ruinent souvent les plaideurs. Rien n'entre plus dans le devoir des juges que de faire tout ce qui peut dépendre d'eux pour empêcher que les parties n'éprouvent ni concussions ni vexations, et qu'on ne leur fasse payer que ce que la loi permet d'exiger. Loin de nous cette pensée qu'ont certains magistrats qu'une taxe de frais est un travail de manœuvre qui ne convient pas à la dignité des tribunaux. C'est la paresse repoussant toute instruction qui prend ce prétexte pour éviter le travail. En matière d'ordre public, tout est intéressant, tout s'ennoblit.

Les règles qu'il faut suivre pour la fixation des dépens ne se trouvent pas dans le code; il entre néanmoins dans notre sujet de présenter ici quelques observations sur cet objet important.

Les dépens sont de deux sortes:

1° Les émoluments ou salaires des officiers de justice;

2° Les droits perçus par le fisc.

Les émoluments des officiers ministériels, des avoués et huissiers sont réglés par le tarif des frais du 16 Février 1807 qui a reçu quelques modifications, surtout par l'ordonnance de 1841. On n'y a pas suivi le vœu exprimé par l'arrêté de l'an VIII sur la simplification de la procédure. Le décret de l'an II avait supprimé entièrement l'usage des requêtes dans toutes les affaires et dans tous les tribunaux, même à la cour de cassation, et n'avait admis que de simples mémoires ; tandis que le tarif de 1807 contient deux paragraphes de huit articles qui se subdivisent encore à l'infini et ne sont relatifs qu'aux requêtes qui peuvent être grossoyées et à celles qui ne doivent pas l'être. Il est calqué sur le code de procédure, et il offre les mêmes défauts. Toutes les simplifications introduites dans les formes judiciaires nécessitent aussi une révision de ce tarif qui, tel qu'il est aujourd'hui, ne peut être compris que par des personnes habituées à s'en servir et reste un livre clos pour les autres. Il faudrait le refondre en certaines parties sur des bases moins larges et moins généreuses pour les officiers ministériels et le mettre en harmonie avec les intérêts des clients et la juste rétribution que l'on doit accorder au travail. Ce nouveau tarif simple dans sa forme, facile à consulter, devrait être en proportion, autant que possible, avec la valeur numérique des causes, et tel que les frais ne pussent jamais dépasser le principal.

Ce serait un véritable bienfait par rapport aux petites affaires, un moyen de compenser en partie les pertes que les officiers ministériels éprouveront de ce côté, par une augmentation de frais qui frapperait les grandes causes.

Qu'on se garde de suivre trop facilement dans cette œuvre les conseils des praticiens qui, par une seule disposition qu'ils savent glisser dans les réformes du tarif, anéantissent tous les bienfaits qui devraient en résulter. La preuve de ce que nous avançons pourra être facilement trouvée dans plusieurs dispositions du nouveau tarif sur les ventes judiciaires.

Il ne faut pas oublier qu'en diminuant les écritures dans les études on ne diminue pas seulement le produit, par exemple, mais aussi les dépenses qu'exige la rétribution des clercs, etc.

Il nous reste à parler des émoluments des greffiers. Ils ont un traitement fixe de l'Etat, une partie casuelle qui consiste principalement dans un droit de rôle pour les expéditions des jugements et actes judiciaires et dans les droits de greffe qui se répartissent suivant l'espèce des actes, à raison de un à trois dixièmes pour les greffiers et de sept à neuf dixièmes pour le trésor public.

Ceci nous mène à parler des droits perçus par le fisc. Nous avons développé dans la partie théorique ce principe que, les plaideurs ne profitant pas plus de l'institution de la justice que les autres citoyens, on ne saurait sans iniquité leur faire payer une plus forte part de la dépense qu'exige son administration, qu'elle doit au contraire être acquittée sur les fonds destinés à pourvoir aux besoins généraux de la société. Mais dans des vues purement fiscales on a considéré la justice comme une matière imposable, et l'on a frappé sur le plaideur les impôts de timbre et d'enregistrement. Les produits des taxes judiciaires fournissent suffisamment pour solder la dépense totale de l'administration de la justice civile et présentent un très-fort excédant employé à d'autres parties du service public.

Si l'on ajoute à cela ce fait qui arrive malheureusement trop souvent, que des officiers ministériels font servir plusieurs fois une partie du papier timbré, on reconnaîtra le danger de cet impôt. Ainsi, il y en a qui emploient les mêmes requêtes à toutes les affaires de même nature. On ne renouvelle que le papier timbré nécessaire pour y mettre les noms et qualités des différentes parties. Une grande perte pour le trésor résulte aussi de ce qu'on suppose employé le papier timbré qu'on n'emploie pas. Les juges taxent souvent l'original et les copies, sans voir ces dernières qui sont regardées comme signifiées et qui n'existent pas; car en général ces actes ne sont lus ni par les juges, ni par les avoués et ne servent qu'à augmenter les émoluments des officiers ministériels dont quelques-uns ne se font pas scrupule de frustrer le fisc à leur profit, et tout cela est payé par les parties.

Il y aurait, il est vrai, un moyen pour prévenir les abus dont il s'agit ici, ce serait de ne rien laisser signifier, et surtout les requêtes dans les cas où elles sont nécessaires, qu'après qu'un juge en aurait fait l'examen et mis son visa tant sur les copies que sur les originaux et même sa signature sur l'original, comme on faisait autrefois.

Avec ce contrôle du juge le trésor (1) ne perdrait pas autant malgré la diminution des écritures. On pourrait aussi sans danger établir une espèce de compensation, si elle était nécessaire, par une augmentation du prix du papier timbré, proportionnée autant que possible à la valeur numérique des causes.

Le code traite encore dans le titre des jugements de l'exécution provisoire. Il fait fléchir, dans certains

(1) Une circulaire récente du Ministre des finances prescrit aux receveurs d'enregistrement de viser les requêtes, avant leur signification, pour contrôler l'emploi du papier timbré dans l'intérêt du fisc.

cas, la règle que l'appel est suspensif; nous renvoyons, en suivant un ordre plus méthodique, cette partie au titre de l'appel.

—

Titre IX.

DES JUGEMENTS PAR DÉFAUT.

Le système suivi par le code, lorsqu'une des parties seulement comparaît devant le juge, est celui de l'ordonnance de 1667 simplifiée dans certains points.

Dans l'ancien droit germanique (1) le défendeur devait recevoir quatre sommations, à diverses reprises, de se présenter en justice; il encourait une amende pour chaque défaut, et s'il manquait d'obéir à la quatrième, le demandeur était envoyé en possession de ses biens. Ces punitions se basaient sur cette idée que le défaillant violait le pacte fondamental de la société germanique en voulant se soustraire à la justice, pacte que tous les membres de l'association se garantissaient mutuellement.

Sous le régime féodal cette désobéissance à la citation en justice fut regardée comme une atteinte portée à la suzeraineté. Les biens des défaillants furent confisqués au profit des seigneurs et du prince, et la demande reconnue comme fondée.

A l'époque où le parlement (2) fut rendu sédentaire, il fit un règlement sur les défauts et contumaces. On

---

(1) *Loi salique*, tit. XLII, ch. 10.
(2) BOUTILLIER, *Somme Rurale*, tit. V.

n'y retrouve plus ni l'amende, ni l'envoi en possession, ni la confiscation, mais il fallait toujours trois citations pour obtenir condamnation contre le défaillant.

L'ordonnance de Villers-Coterets vint réduire à deux les défauts et les nouvelles assignations qui devaient précéder le jugement par défaut, qui était obtenu dans ce cas sans égard à la justice de la demande (1). Selon l'ordonnance de 1667 un seul exploit d'ajournement suffisait pour prendre défaut à l'audience, et les conclusions étaient adjugées au demandeur, si la demande se trouvait juste et bien vérifiée. Le demandeur devait seulement lever un défaut préalable au greffe, après l'expiration du délai pendant lequel le procureur du défendeur pouvait se présenter au greffe et se constituer. Le code n'exige plus cette formalité oiseuse, mais il reproduit les expressions de l'ordonnance, « si » les conclusions se trouvent justes et bien vérifiées. »

Dans ses observations préliminaires sur le projet du code civil la cour de cassation avait demandé la suppression de ladite phrase, se fondant sur ce que cet article n'a jamais été observé et qu'on ne doit pas s'attendre qu'il le sera davantage aujourd'hui, parce que la multiplicité des affaires le rend impraticable. Elle ne propose le rejet de la demande que dans deux cas : 1° si son injustice résulte des faits allégués, 2° ou des pièces que présente le demandeur au soutien de sa prétention. Le code de Genève ajoute deux autres cas où la réassignation sera ordonnée : 1° si l'exploit d'ajournement est déclaré nul, 2° si le défendeur était assigné à bref délai.

---

(1) *Grand Coutumier*, liv. III., chap. 10. Il plaide bel qui plaide sans partie. LOISEL. *Institut. coutum.*, liv, II, p. 389.

S'il faut bien reconnaître qu'en fait on ne vérifie pas les conclusions, surtout dans les tribunaux d'arrondissement, il en est autrement dans les tribunaux d'appel.

Lorsque, sur l'appel dirigé contre lui, l'intimé fait défaut, alors ce défaillant ayant déjà en sa faveur une présomption très-puissante, celle du premier jugement qui lui a donné gain de cause, il est d'usage, notamment à Paris, de n'adjuger à l'appelant ses conclusions, de ne réformer la sentence de cet appel, qu'après un examen attentif et une vérication sérieuse de la justesse de l'appel, on demande même en général les conclusions du ministère public. La disposition du code qui recommande cette vérification aux juges, n'est donc pas oiseuse.

Une question résolue différemment par les diverses législations est celle de savoir quel sera l'effet d'un jugement, rendu sur le même titre et sur le même objet, contre plusieurs parties dont les unes auront comparu et les autres auront fait défaut.

Le règlement fait par le chancelier d'Aguesseau en 1738, sur la procédure à suivre devant le Conseil du roi, avait dit que le jugement serait réputé contradictoire, à l'égard de toutes les parties, sans être susceptible d'opposition de la part du défaillant. Ce système produit une économie de frais, écarte l'inconvénient des décisions opposées. Les rédacteurs du code de procédure l'ont adopté en l'améliorant.

Il aurait été dur de priver du secours de l'opposition le défaillant, par la seule circonstance qu'il y eût d'autres défendeurs présents. Une connivence est possible entre le demandeur et les comparants. La défense sera plus apparente que réelle. La loi pour combattre ces dangers prescrit de donner simplement défaut, faute de comparaître contre les défaillants sans les condamner de suite, et de surseoir à statuer contre eux sur le profit du défaut. Le code veut que le jugement qui réserve, pour y statuer plus tard, le profit du défaut, soit signifié aux parties défaillantes, comme pour les défauts ordinaires, par un huissier expressément commis par le tribunal avec nouvelle assignation à l'effet de les avertir de rechef des poursuites dirigées contre elles. Avec ce correctif, la loi actuelle a fait disparaître la rigueur reprochée au règlement de d'Aguesseau. Il faut dire cependant que cette amélioration coûte fort cher avec les rôles si multipliés de nos jugements. On atteindrait le même but, à moins de frais, par la seule réassignation des défaillants confiée à un huissier que le président choisit spécialement à cet effet, avec mention du jugement rendu contre eux, sans que ce dernier puisse être levé ni signifié. On éviterait ainsi le double emploi de deux significations de jugements identiques, si ce n'est que l'un prononce le défaut et que l'autre adjuge le profit. Toutefois, malgré la précaution que nous venons d'indiquer il peut arriver, que le défaillant se trouve dans l'impossibilité de se présenter sur la réassignation. Dans ces cas nous voudrions que le législateur confiât aux juges le droit de tempérer ce que cette règle a de trop absolu, et de recevoir l'opposition du défaillant, s'il justifiait que par une circonstance de force majeure, il n'avait pu venir à temps en justice. L'opposition pourrait alors être formée dans les délais ordinaires ; elle profiterait seulement aux comparants dans deux cas.

1° Si le jugement qui l'admet repose sur des moyens communs, inconnus aux comparants ou dont la preuve dépendait des défaillants ;

2° Si l'objet de la condamnation est indivisible.

Le respect de la chose jugée doit céder dans le premier cas à l'évidence de la justice ; dans le second, à la force de la nécessité.

Une innovation du code c'est la disposition qui exige que tous jugements par défaut contre une partie qui n'a pas constitué d'avoué soient exécutés dans les six mois de leur obtention. Elle a été introduite dans l'intérêt du défaillant, pour que l'exécution d'un jugement obtenu à son insu, retardée peut-être pendant vingt ans, ne vînt pas le frapper au moment où la perte des titres, la mort des témoins au moyen desquels il pouvait se défendre, rendraient son opposition stérile.

Les rédacteurs du code Genèvois ont fait disparaître cette disposition de leur loi comme plus nuisible qu'avantageuse aux défaillants. Elle est en effet pour celui qui a obtenu le jugement, un stimulant, une nécessité qui ne fera que multiplier les frais, qu'aggraver les rigueurs des poursuites.

Pour ma part je *voudrais seulement* que le code s'expliquât sur ce qu'il entend par le mot « exécutés » dans l'art. 156. Suffira-t-il d'un simple acte d'exécution ? ou faut-il exécuter suivant la définition donnée par l'art. 159 ? ou la loi exige-t-elle une exécution complète achevée ? Je pense que celui qui pendant les six mois a fait un acte d'exécution, comme par exemple pratiquer une saisie, n'a pas encouru la déchéance ; il n'y a pas de négligence à lui reprocher. Un texte positif vaudrait mieux que des interprétations.

Titre X.

Des procédures probatoires.

Dans l'état actuel de la législation la plupart des demandes sont justifiées par écrit, le tribunal juge sur les pièces produites par les parties, interprète le sens des contrats, résout les questions de droit soulevées. Mais souvent les parties ne s'accordent pas sur le fait, aucun écrit ne vient à l'appui des deux assertions contraires, le juge doit tâcher d'établir la vérité par l'un de moyens de preuve que la loi et les circonstances lui permettront.

Ce sera tantôt l'interrogatoire des parties ou leur serment, tantôt l'audition des témoins, tantôt l'avis des experts, enfin la vue des lieux et la vérification des écritures qui l'aideront à trouver la vérité et à faire jaillir la lumière de ces ténébreuses disputes de fait qui la dérobent à ses yeux. Le jugement qui prescrira une des mesures que nous venons d'énumérer n'a pas besoin d'être signifié, à moins qu'il ne soit rendu par défaut. C'est une économie de frais qui peut se faire sans danger, quand les parties assistent à l'audience où ces mesures ont été ordonnées.

DE L'INTERROGATOIRE DES PARTIES.

Une des manières les plus efficaces pour la découverte de la vérité c'est la comparution personnelle des parties pour leur demander des éclaircissements.

Mettez les parties en présence devant le juge, obligez-les à exposer elles-mêmes les faits, dans leur simplicité à leur manière. Exigez qu'elles répondent de leur propre bouche sans préparation aux questions qui leur seront adressées. Recourez, si vous en entrevoyez l'utilité, à l'expédient de les interroger séparément et de les confronter ensemble; et vous verrez bientôt les nuages se disperser, les faits s'éclaircir, la vérité se montrer dans tout son jour; soit que les parties de bonne foi n'eussent besoin que d'une intervention impartiale, éclairée; soit que la pénétration du juge ait reconnu la mauvaise foi de l'une d'elles, à travers ses réponses évasives, ses réticences, ses contradictions.

Ainsi cette obligation imposée aux parties de comparaître personnellement à l'audience et de répondre publiquement aux questions du juge, sans intermédiaires, sera un moyen simple d'abréger les procès, de découvrir la vérité, de repousser le mensonge.

Pour que cette mesure ne devienne pas vexatoire, si le tribunal devait l'ordonner toutes les fois qu'une partie la demanderait, la loi doit s'en remettre à la prudence du juge qui peut l'accorder, la refuser, ou même l'ordonner d'office.

Il faut bien distinguer la comparution des parties de l'interrogatoire sur faits et articles qui se retrouve par tradition dans le code de procédure.

Lorsque la procédure devint secrète (1) en France, les enquêtes, les interrogatoires, les rapports, tout se fit dans l'ombre des greffes. Il ne fut plus

---

(1) V. les *Ordonnances* de 1539.

permis à un tribunal de faire venir les parties à l'audience pour les questions d'office. On suppléait par l'interrogatoire sur faits et articles. Ce dernier a une grande analogie avec les *interrogationes in jure* des Romains (1).

Autant la comparution sera utile pour la découverte de la vérité, autant l'interrogatoire des parties sur faits et articles sera propre à favoriser le mensonge.

Le code exige qu'il ait lieu par un seul juge, hors la présence de l'adversaire, et que les faits précis sur lesquels il a été requis soient communiqués à la partie qui doit le subir, au moins vingt-quatre heures d'avance.

N'est-ce pas là lui fournir les moyens de méditer ses réponses à tête reposée, de se soustraire à la publicité et à l'embarras d'un contradicteur, pour lui épargner la honte du mensonge et de ses tergiversations. Avec un pareil système, il n'est pas étonnant qu'on ait rarement obtenu la vérité dans ces interrogatoires.

Il a même lieu pour les établissements publics et les communes, dans la personne de leur administrateur ou d'un agent qui ne peut rapporter que des réponses dictées d'avance. C'est abuser des termes que de donner à cette démarche officielle le nom d'un interrogatoire.

Dans l'intérêt de la justice on devrait renoncer

---

(1) V. *D. de interroga. in jure.* C'était un moyen pour la partie d'éviter les désavantages de la plus-pétition, l. 1, § 192, *D. int. in jure.*

à faire usage de cette procédure que l'ordonnance (1) de 1667 a transmise au code. Il est vrai que dans la pratique on permet d'insérer dans la requête des questions secrètes ou d'office qui ne sont pas signifiées à la partie. Mais ce moyen prouve précisément combien la mesure, telle que le code l'ordonne, est peu propre à la découverte de la vérité.

Ainsi il ne faudrait donner d'avance aucune copie des faits sur lesquels l'interrogatoire devra porter, c'est à l'audience même devant tout le tribunal que la partie sera obligée de répondre, sans consulter des notes écrites. L'exception à ce mode ordinaire ne devrait être admise que pour les cas de résidences éloignées, de maladies ou infirmités graves d'une partie. Le tribunal pourrait alors déléguer un juge ou envoyer une commission rogatoire, pour entendre la partie sur les faits qu'il importe d'éclaircir.

—

Titre XI.

DU SERMENT DÉFÉRÉ EN JUSTICE.

Un autre moyen d'instruction qui peut conduire à la découverte de la vérité, c'est le serment judiciaire déféré à une partie.

Dans la comparution personnelle la partie qui répond n'est qu'un témoin ; si vous lui déférez le serment, elle devient son propre juge.

---

(1) Titre x, art. 1. Déjà les ordonnances de Villers-Cotorets, de Roussillon, art. 6, de Blois, art. 168, indiquent cette mesure conforme au système de la procédure écrite.

« Autrefois les notaires qui étaient gens d'église
» ne manquaient pas, dit Pothier (1), de faire
» mention que les parties avaient juré de ne pas
» contrevenir aux clauses stipulées ; parce que le
» serment étant un acte de religion et le refus
» d'exécuter une obligation confirmée par serment
» étant la violation d'un acte religieux, la religion
» était intéressée dans les procès relatifs à l'exécution
» de ces engagements, c'est ce qui devait les rendre
» de la compétence des jugements ecclésiastiques. »

Il y a très-longtemps que le clergé a été obligé d'abandonner ces prétentions auxquelles l'ignorance avait donné lieu, et l'usage des serments a cessé dans les contrats particuliers. C'était le serment promissoire.

Le serment affirmatif, au contraire, *jusjurandum assertorium*, est celui qui a pour objet de garantir la sincérité de l'affirmation ou de la négation d'un fait présent ou passé.

Ni le code civil, ni le code de procédure ne prescrivent des formes pour le faire. Chez les Juifs nous trouvons l'usage très ancien et très simple de lever la main. C'est ainsi que fut prononcé le premier serment que la Bible nous a conservé. « J'en lève la main devant le Seigneur, le Dieu Très-Haut, » dit Abraham (2).

Le serment est une cérémonie solennelle qui doit rappeler à celui qui le prête, que c'est un acte important qu'il ne peut faire qu'avec une grande réflexion ; mais il est éminemment civil. On ne peut donc forcer la personne qui doit le prêter, de jurer selon le rite

---

(1) POTHIER, *Traité sur les Obligations*, n° 104.
(2) GENÈSE, chap. 14.

que sa croyance a consacré. D'ailleurs comment savoir le culte qu'on professe avec la liberté de conscience qui existe ; sera-ce le tribunal qui dira : vous jurerez comme catholique, comme protestant ou comme juif, etc., ou la partie choisira-t-elle librement sa formule, selon qu'elle préfère telle ou telle religion? Dans l'un et l'autre cas il y aura souvent mensonge ou hypocrisie.

D'un autre côté nous ne voudrions pas adopter le système de Bentham qui demande la suppression du serment judiciaire, pour lui substituer une simple affirmation.

Le mode que nous préférons se trouve dans la loi de Genève qui maintient le serment, mais avec plus de solennité qu'en France. Le président, en audience publique, expose nettement à la partie qui est appelée à jurer, les faits sur lesquels le serment a été déféré, et lui rappelle les peines contre le parjure.

Cette admonition, hors le cas d'urgence, n'est pas immédiatement suivie du serment, on le remet à un autre jour. On ne place point brusquement un homme entre sa conscience et la honte de rétracter ses premières paroles, on lui ménage à la fois un intervalle pour réfléchir et une ressource pour se désister doucement sans bruit, en s'abstenant de revenir à l'audience indiquée. L'expérience a justifié ces précautions.

Titre XII.
DE L'ENQUÊTE PAR TÉMOINS.

La preuve des faits par témoins a été en usage longtemps, avant qu'on ait employé l'écriture pour les constater.

L'écriture, dans son application à la conservation des preuves, est comparativement d'une date moderne.

Tous les droits, la liberté, la propriété, l'état de famille, la vie même dépendaient uniquement de la voix des témoins. Elle fut même préférée au xiv⁰ siècle à la preuve écrite (1). « Sachez que la vive voix passe » vigueur de lettres, si les témoins sont contraires aux » lettres, et ce doit plus le juge arrester à la déposi- » tion des témoins, qui de saine mémoire déposent et » rendent sentence de leur déposition qu'à la teneur » des lettres qui ne rendent cause. »

Mais la mauvaise foi des témoins fit connaître, combien cette extension était dangereuse, on la resserra ensuite en obligeant de consigner dans des actes ou des registres publics les preuves des conventions et l'état des citoyens, parce que, comme dit Montesquieu, l'écriture est un témoin difficilement corrompu.

Au xvi⁰ siècle, les abus de la preuve testimoniale furent portés à un tel degré de scandale, que leur répression devint l'objet d'un vœu général. Le parlement de Toulouse députa son premier président et le plus ancien des conseillers vers l'assemblée des Etats, qui se tenait à Moulins; et sur leurs remontrances, au sujet des dangers toujours croissants des faux témoignages, le chancelier de l'Hospital dressa l'art. 56 de l'ordonnance de 1566 qui fut appelée l'ordonnance de Moulins. Cette dernière exigea la preuve littérale de toute convention excédant la somme ou valeur de cent livres. L'ordonnance de 1667, tout en maintenant ces dispositions, consacra quelques excep-

---

(1) BOUTILLIER, *Somme Rurale*, art. 106.

tions, que l'expérience réclamait. Les mêmes dispositions se retrouvent, sauf quelques changements de rédaction dans les articles 1341, 1347 et 1348 du code civil. Quoique celui-ci permette d'admettre la preuve par témoins jusqu'à cent cinquante francs, son système n'en est pas moins restrictif; car les cent cinquante francs d'aujourd'hui valent moins que les cent livres de 1566 et de 1667.

La preuve par écrit exclut la preuve contraire. Elle donne à la vérité cet immense avantage d'une certitude apparente. Il fallait forcer les individus à écrire ou à faire écrire leurs conventions. Telle est l'idée fondamentale de ce système qui se résume en ces mots : la preuve testimoniale ne peut être reçue toutes les fois qu'il a été possible de se procurer une preuve écrite. Tout doit se lier et s'appuyer dans l'ordre général; en exigeant pour la plupart des conventions la preuve écrite, le législateur aurait dû mettre les populations à même, par l'instruction nécessaire, de se procurer la preuve littérale sans danger. Mais, sans l'usage familier de l'écriture, la nécessité de se servir d'une main étrangère, pour la rédaction des conventions, outre qu'elle devient onéreuse aux parties, les expose souvent aux pièges que leur tend la fraude. La mauvaise foi profite souvent d'une mesure introduite contre elle. Elle rompt les engagements qu'on ne peut lui prouver par écrit. Ce sont là des imperfections attachées aux meilleures institutions humaines, le bien ne se fait jamais sans l'alliage du mal.

L'enquête, c'est-à-dire la recherche et l'extraction des preuves par le témoignage oral des hommes, sera d'une application moins fréquente devant les tribunaux civils. Les cas exceptionnels où elle peut avoir lieu découlent de la nature des choses. Ils sont également commandés par la nécessité et par la justice.

Ainsi la preuve testimoniale est admise au dessus de cent cinquante francs, lorsqu'il existe un commencement de preuve par écrit. Elle est reçue toutes les fois qu'il n'a pas été possible de se procurer une preuve littérale de l'obligation ou des faits sur lesquels repose la demande, par exemple, pour dépôt fait en cas d'incendie ; dans les questions de séparation de corps, d'état, etc.

En matière commerciale, les juges ont conservé le privilège de pouvoir admettre la preuve testimoniale, quelle que soit la valeur du litige, et sans qu'il y ait besoin d'un commencement de preuve par écrit. Néanmoins la faculté d'entendre des témoins cesse dans les tribunaux de commerce pour certains cas où la loi exige des écrits, comme pour les sociétés en commandite et collectives, les assurances, contrats à la grosse. On distingue aujourd'hui deux sortes d'enquêtes : l'enquête par écrit et l'enquête verbale.

Dans la première le tribunal n'entend point les témoins ; c'est un de ses membres et quelquefois un magistrat étranger qui reçoit les dépositions à huis-clos, et c'est sur la lecture du procès-verbal où elles sont écrites que le jugement est rendu ; celle-ci appartient à l'instruction ordinaire.

La seconde se fait à l'audience ; la vive voix des témoins frappe l'oreille des juges et du public ; celle-ci appartient à l'instruction sommaire. Selon nous ce dernier mode devrait être le seul admis devant nos tribunaux.

Dans la dernière moitié du XVIIIe siècle des voix puissantes s'étaient élevées en France, en Italie pour attaquer notre système d'instruction criminelle, elles opposaient au secret de la procédure, aux dépositions écrites, aux preuves artificielles ou légales tous les avantages de la publicité du débat oral et de la conviction naturelle. L'opinion était toute formée, quand éclatèrent les événements de 1789, et l'Assemblée réalisa par ses décrets les vœux consignés dans tous les cahiers.

Toutefois la pratique des enquêtes secrètes, bannie des procès criminels, fut maintenue pour les affaires civiles, comme si elle pouvait en même temps être fausse et vraie. Le décret du 6 Mars décida qu'en attendant la simplification de la procédure on suivrait exactement l'ordonnance de 1667.

L'introduction de la publicité des enquêtes fut tentée par la fameuse loi de Brumaire an II, que nous avons déjà citée, et par une loi additionnelle du 7 Fructidor an III, qui déclara qu'à l'avenir dans toutes les matières civiles, sans aucune distinction, les témoins seraient entendus à l'audience, parties présentes ou dûment appelées.

Le principe était bon, mais les garanties et les règles d'exécution manquaient. On avait substitué à l'excessive multiplicité des formes de procédure l'arbitraire d'une chimérique simplicité.

Après le rétablissement des avoués, l'ordonnance de 1667 reprit son empire provisoire par un arrêté du chef du gouvernement en date du 18 Fructidor an VIII. Toutefois les parties et les avoués continuèrent à assister aux enquêtes. C'est cette ombre de publicité que les rédacteurs du code ont respectée en faveur de l'usage établi (1).

---

(1) Locré, *Lég. civile com.* etc., t. XXI, page 203 et sq.

Aujourd'hui les meilleurs esprits sont unanimes sur les avantages de la publicité.

Le prétexte du secret a été de laisser plus de liberté aux témoins, et de paralyser les moyens d'influence. — Si la liberté réclamée pour les témoins est celle qui permet de dire, non tout ce qu'ils savent mais tout ce qu'ils veulent, le secret doit leur être fort avantageux, et ils doivent attacher beaucoup de prix à cette attention délicate qui les met à couvert du contrôle et même des regards du public.

Il faut avoir le témoin devant soi, pour mesurer la confiance qu'on doit prendre en lui. Jamais la lecture seule d'une déposition ne donnera une juste idée de l'intelligence et du caractère de celui qui l'a faite, du calme ou de l'emportement de son témoignage, de son apprêt ou de sa franchise.

C'est donc une tâche fort difficile que d'écrire les dépositions d'un témoin avec cette exactitude qui en conserve toute la vérité, de n'exprimer ni plus ni moins que le témoin n'a voulu, de rendre le degré précis de conviction.

Qu'on calcule toutes les nuances que présentent certains mots, la valeur que leur donne telle ou telle manière de les proférer, la différence qui existe entre les habitudes du langage de l'homme qui dépose, et celle du juge qui rédige; et on n'hésitera pas à reconnaître que la lecture d'un procès-verbal d'enquête ne pourra conduire à cette certitude morale qu'il faut avoir, pour décider en sécurité de conscience. Aussi, sous le régime des dépositions écrites, s'est-on vu contraint de substituer à cette certitude morale qui ne pouvait être atteinte, une certitude artificielle, composée de prétendues preuves dites légales, et de distinguer entre la conviction naturelle de l'homme et la conviction factice du juge. C'est-là qu'a été la conséquence la plus funeste de ce système, la source de tant d'erreurs que les tribunaux ont eu à déplorer.

On a beaucoup exagéré la difficulté de l'enquête à l'audience dans les affaires où le nombre des témoins est très-grand. Nous sommes intimement convaincu que ce mode offrira au contraire une très-grande économie de temps, et l'on pensera comme nous, si l'on calcule tout le temps que prennent la confection de l'enquête, les plaidoiries sur ces nombreux incidents et ces nullités dont notre système tarirait la source, et ces plaidoiries plus longues encore où chaque partie, tour-à-tour et à sa manière, analyse, commente, dissèque les phrases, les mots d'une enquête écrite dont l'obscurité, les contradictions, les vices de rédaction se prêtent toujours merveilleusement à ce genre de débat.

Cependant dans certains cas l'enquête orale est impossible. Un témoin se trouve hors d'état de se rendre à l'audience, il faut bien qu'un délégué de la justice aille recevoir sa déposition et qu'elle soit écrite pour être rapportée au tribunal.

Lorsque la cause ne se juge qu'à la charge d'appel, le greffier écrira ce que disent les témoins et lira les dépositions qu'ils viennent de faire ; il est nécessaire que les témoignages qui ont formé la conviction des premiers juges puissent être soumis, en cas de recours, à l'examen des magistrats supérieurs, sans qu'on soit obligé de faire faire toujours aux témoins un nouveau voyage plus long et plus dispendieux. La publicité des dépositions donne au procès-verbal du greffier dans ce cas quelque chose de plus authentique, de plus certain, de plus garanti. En résumé, on suivra comme règles les formes prescrites pour l'enquête sommaire, et l'exception sera l'enquête écrite.

Nous avons montré comment l'enquête secrète et écrite avait produit le système des preuves légales. L'office du juge était plutôt de compter les témoignages que de les peser. On conçoit facilement que les tribunaux cherchaient un tempérament à ces doctrines des preuves légales qui imposaient aux magistrats une conviction factice, et qui forçaient le juge de croire ce que l'homme ne croyait point. Ce correctif était dans les récusations des témoins. On donna aux tribunaux le pouvoir d'élargir à leur gré le champ de ces éliminations. Les témoins que les reproches n'avaient pas absorbés étaient forcément crus. La conscience du juge devait se taire et céder à leur affirmation. Les témoins étaient ainsi les véritables juges de la preuve ; il convenait donc que l'on eût la faculté de récuser tous ceux que leurs liaisons, leurs passions, leur sujétions, leurs intérêts, leurs mœurs, leurs besoins pouvaient généralement rendre suspects de partialité, de faiblesse ou de corruptibilité, afin que leurs dépositions ne fussent pas lues.

Un pareil régime ne comportait ni restriction, ni spécification pour les causes de reproches. Aussi l'ordonnance (1) de 1667 disait simplement : « les » reproches contre les témoins seront circonstanciés » et pertinents et non en termes vagues et généraux, » autrement ils seront rejetés. » Puis elle ajoutait

(1) Tit. XXIII, art. 1 et 5.

sans rien énoncer : « si les reproches des témoins
» sont trouvés pertinents et qu'ils soient suffisamment
» justifiés, les dépositions n'en seront lues. » Le
nombre des causes de reproches qu'on empruntait
au droit canonique ou aux lois romaines, qu'on
formait par des analogies ou puisait dans les auteurs
et dans chaque cour et juridiction s'était accru
outre mesure, ce qui fit dire à Guenois (1) dans
une de ses grandes notes sur la *Pratique d'Imbert* ;
« Il y avait bien d'autres reproches que je délaisse
» pour brièveté, et que l'expérience et les usages
» des parlements faisaient connaître. »

Il en est autrement aujourd'hui ; deux témoins ne
sont plus indispensables, pour qu'une preuve soit
complète, et deux témoins ne font pas nécessairement
une preuve. Les juges sont affranchis de toute gêne
pour apprécier la valeur des témoignages ; celui d'un
homme légalement irréprochable n'est pas moins soumis à l'empire de leur conscience. « Ad quorum offi-
» cium pertinet et ejus quoque testimonii fidem quorum
» integræ frontis homo pertinet perpendere. »

Mais dès lors le motif des exclusions jadis si nombreuses cessait. Le code est entré dans cette voie et a
déjà bien réduit les cas de reproches (2). Il exclut les
parents et alliés en ligne directe et déclare les autres
reprochables jusqu'à certains degrés. Il permet aussi
de récuser les héritiers présomptifs, les donataires, les
serviteurs, les domestiques, les donneurs de certificat, les preneurs de repas, les gens que la justice
criminelle accuse et ceux qu'elle a condamnés.

(1) V. liv. 1, chap. 46, in fine.
(2) V. art. 283 et suiv.

Malgré les améliorations considérables que les rédacteurs du code ont introduites dans la législation des enquêtes ; ils n'ont pas su se détacher assez du passé. Les spécifications des reproches ne sont pas suffisamment restreintes ; selon nous, on aurait dû se borner à la seule exclusion des parents et alliés, jusqu'au degré d'oncle et de neveu. Malheureusement, on trouve au code pénal des dispositions qui érigent le témoignage en un droit civil, et qui punissent accessoirement beaucoup de crimes et de délits par l'interdiction de ce droit. Etrange droit qui, dans le cours commun des affaires, expose les témoins à une multitude d'ennuis, de désagréments, et dont on peut les forcer d'user par un mandat d'amener ! Si cette interdiction est une peine, ce n'est pas le coupable qu'elle atteint, mais l'innocent à qui le témoignage sera nécessaire. Les parties ne sont pas libres de choisir les témoins des faits qu'elles ont besoin de prouver. Le témoignage est donc moins un droit qu'une obligation, une charge que la société impose à ses membres.

Sans doute il est des témoins que des situations, des antécédents, des liens doivent rendre suspects, mais leurs dépositions seront d'autant moins dangereuses, que naturellement elles inspireront moins de confiance; elles vaudront plus ou moins, selon les circonstances. Examinez toujours et ne repoussez pas d'avance, ou pour me servir des expressions si justes de Bentham : « Substituez le principe de suspicion à celui d'exclu- » sion (1). »

Les lois pénales punissent le faux témoignage et la subornation des témoins. Il est une espèce de

---

(1) *Traité des Preuves judiciaires*, chap. 15.

subornation qui consiste non pas à faire parler les témoins, mais à les faire taire; elle est plus dangereuse, parce que le témoin ne s'expose ni à la honte du mensonge ni aux peines de parjure.

Le nouveau code de Genève (1) fournit à cet égard des moyens de contrainte aux juges par des amendes et des condamnations en dommages et intérêts ou même à l'emprisonnement qu'ils peuvent prononcer contre le témoin qui refuse de prêter serment ou de déposer.

Titre XIII.

DES RAPPORTS D'EXPERTS.

Certains points de fait qui font l'objet d'une contestation entre les parties ne peuvent être bien éclaircis qu'avec le secours des lumières d'un expert, qui a des connaissances spéciales dans cette matière.

Le tribunal ne doit ordonner l'expertise que lorsqu'il la juge nécessaire. Voilà la règle. Il y a des exceptions (3) pour certaines matières, où l'on ne peut se passer d'experts.

Les résultats de l'expertise ne lient pas le juge. Ici comme dans l'enquête des témoins, la loi n'exige du magistrat que de suivre sa conviction intime (2). L'ancienne pratique de la nomination des experts a été améliorée par le code de procédure.

(1) V. *Code civil* art. 466, 1559, 1678, 1716. — loi du 22 Frumaire an VIII art. 7.
(2) Art. 324, *Code de proc.*

Autrefois chaque partie choisissait un expert qui se considérait comme le défenseur naturel de la partie qui l'avait nommé. On ne voyait jamais les deux experts tomber d'accord sur les choses qu'ils avaient à examiner ou à vérifier.

Pour vider ce partage, il fallait avec beaucoup de frais revenir devant le tribunal qui désignait d'office un tiers expert. Ce dernier se mettait en rapport avec les deux premiers experts, et l'avis était formé à la pluralité des voix.

D'après le code, trois experts sont nommés simultanément par le tribunal, à moins que les parties ne conviennent entre elles de les désigner. Ils doivent opérer ensemble, dresser un procès-verbal, ne former qu'un seul avis à la pluralité des voix. S'il y a des avis différents, le procès-verbal en contiendra les motifs, sans qu'il soit permis de faire connaître de quel avis chaque expert aura été. On les soumet aux mêmes règles et au même secret que les juges eux-mêmes. C'est là un des vestiges de la procédure secrète dont nous avons déjà rencontré plusieurs traces dans notre code. On craint les ressentiments, les récriminations ; mais un expert n'apporte à la justice que le témoignage de son art et de ses calculs. Les dépositions des témoins ordinaires excitent bien autrement les haines, et pourtant leurs noms ne se cachent pas dans les enquêtes. On devrait de même obliger les experts de signer chacun son avis, ce serait plus conforme à nos idées de publicité et donnerait une plus grande garantie de leur impartialité.

Faut-il accorder aux juges la faculté d'ordonner que les experts feront leurs rapports oralement à l'audience, et qu'ils y seront entendus comme témoins?

Le code de procédure de Genève accorde pleinement cette faculté et ses rédacteurs (1) motivèrent ainsi cette innovation. « L'expérience prouve toute la
» difficulté que les experts ont en général à saisir ce
» qui leur est demandé et à répondre clairement par
» écrit. Tantôt l'emploi d'expressions impropres et
» détournées de leur véritable acception, tantôt l'omis-
» sion d'idées intermédiaires rendent leurs rapports
» intelligibles pour eux seuls. Leur ignorance dans
» l'art d'écrire, les idées erronées et confuses qu'ils
» ont sur le sens et la force des mots, les exposent à
» tous les pièges que leur tend ou un expert plus
» adroit, ou le conseil même d'une partie, dans l'in-
» térêt de celle-ci. Il n'est pas toujours facile de dé-
» mêler dans un rapport l'œuvre des experts d'avec
» celle du conseil. »

« L'audition orale écarte ces inconvénients, le con-
» seil disparaît, c'est l'orateur seul qu'on entend.
» Les explications de l'expert préviendront toute am-
» biguïté, et lèveront tout équivoque; les motifs de
» son opinion pourront être plus aisément déduits.
» Si les experts sont d'un avis contraire, en les en-
» tendant séparement, puis en présence les uns des
» autres, on trouvera le mieux la confiance que mé-
» rite chacun d'eux. »

On ajoute à ces motifs des considérations très-justes sur les avantages de la publicité. Néanmoins, les rapports écrits ne sont pas exclus de la procédure de Genève dans tous les cas. Ainsi, quand il s'agit de partager des successions, de dépouillement et de vérification des comptes, le travail des experts ne pourra

---

(1) Bellot, *Exposé des Motifs*, titre des experts.

être rapporté de vive voix à l'audience. On a laissé aux juges l'option entre les deux modes.

Nous ne partageons pas l'avis des rédacteurs du code Genèvois, et ne pensons pas que des hommes mal habiles pour écrire auraient plus d'aptitude et de facilité pour parler à l'audience, et surtout pour se faire comprendre des juges, lorsqu'il s'agit d'un rapport d'expert sur un objet généralement étranger aux connaissances des magistrats. Ce serait le plus habile orateur et non le meilleur expert qui l'emporterait. Des personnes peu habituées à parler en public expliqueront bien mieux par écrit, à tête reposée une question de leur art que de vive voix à l'audience. Le témoin ne dit que ce qu'il a vu, l'expert voit et raisonne ; il n'y a donc pas d'assimilation à faire entre eux.

Est-ce à dire pour cela que le tribunal ne pourrait jamais faire venir les experts à l'audience ? Loin de nous cette pensée. Nous croyons au contraire qu'il sera fort utile dans bien des cas d'entendre en justice les experts, pour donner des explications verbales aux magistrats, sur les points obscurs ou difficiles à saisir dans le rapport.

Cette faculté, donnée au tribunal, devrait être écrite dans le code qui permet aux juges d'ordonner d'office une seconde expertise, si la première ne les pas assez éclairés. L'audition orale est souvent un moyen plus économique et plus court que le mode prescrit par la loi actuelle. Les parties ne se prévaudraient plus de quelque obscurité de rédaction, pour torturer le sens d'un rapport qui leur est défavorable, lorsqu'une simple explication fournie à l'audience par l'expert suffira pour faire évanouir toutes les subtilités de leur argumentation.

Titre XIV.

DES DESCENTES SUR LES LIEUX.

Jusqu'à présent nous avons vu que le juge recevait les preuves par des intermédiaires ; mais il y a des cas où il faut qu'il aille les chercher lui-même, les saisir là où elles sont par l'inspection de l'objet en litige, comme lorsqu'il s'agit d'un gisement du terrain contentieux, de l'assiette d'un droit de servitude, ou d'une application de titre.

Selon le code cette descente sur les lieux ne peut être ordonnée d'office par les juges, dans les affaires qui requièrent le rapport d'un expert, à moins qu'elle ne soit demandée par l'une ou l'autre partie.

L'ordonnance de 1667 avait mis cette même restriction au pouvoir des juges d'ordonner des transports sur les lieux, elle menaçait de toutes sortes de pénalités, de condamnations, de restitutions les juges coupables d'avoir fait une descente là où il ne devait échoir qu'un simple rapport d'expert. C'est que, sous ce régime, il y avait des épices pour les juges qui vaquaient à ces opérations et les officiers de justice étaient trop portés à les multiplier.

Nos institutions judiciaires ne ressemblent plus à celles d'autrefois, et les lois ont aujourd'hui pour les magistrats plus de considération, plus de convenance et de dignité dans le langage. Aussi le législateur devrait-il effacer du code cette restriction imposée au tribunal, quand il croit la descente sur les lieux nécessaire pour tout voir par ses yeux. La loi devrait s'en rapporter à la discrétion et à la prévoyance des juges qui n'aggraveront pas les frais.

Depuis le code, la visite des lieux est faite par l'un des juges seulement, commis à cet effet par le tribunal (1), de sorte que tous les autres sont réduits à ne voir que par les yeux d'un juge commissaire, à s'approprier son rapport, son opinion sur la situation des choses. Evidemment il y aurait une garantie plus rationnelle pour la bonté des jugements, si tous ceux qui sont appelés à les rendre, pouvaient recevoir de leurs propres sens la connaissance des objets et des lieux. Cette vérité absolue, incontestable à l'état d'abstraction, a reçu son application pratique dans le code de Genève pour les transports des juges sur les lieux : « Ici, dit l'auteur de l'*Exposé des*
» *motifs*, le tribunal entier assistant au transport
» peut tout terminer sur les lieux mêmes, entendre
» la plaidoirie et prononcer le jugement. Le juge
» commissaire du code de procédure n'a qu'à dé-
» crire l'état des lieux, sa descente n'est qu'une
» mesure de précaution ; il faut revenir au tribunal
» pour la plaidoirie et le jugement. »

Il ajoute dans un autre passage ; « Les habitants
» des communes rurales auraient été placés moins
» favorablement, si les frais de transport avaient dû
» rester à la charge des parties plaidantes. La loi
» décide que ces frais seront supportés par le trésor
» public. C'était le seul moyen de rendre la justice
» accessible à tous, égale pour tous, nonobstant les
» distances. »

La France doit-elle imiter en cette matière l'exemple de Genève ? Le moyen de mettre les frais à la charge du trésor public ne paraît pas acceptable dans un pays d'une étendue aussi vaste que le nôtre et surtout dans l'état actuel de nos finances. On pourrait même ajouter que cette générosité de l'Etat encouragerait les plaideurs et multiplierait les procès. — N'y aurait-il pas aussi cet autre inconvénient bien grave que, par suite de ce déplacement d'un tribunal entier ou seulement d'une chambre, les autres affaires pourraient être suspendues ? Enfin n'est-ce pas là une loi quelque peu patriarcale, éloignée de nos mœurs actuelles, que celle qui permet au tribunal de prononcer le jugement sur les lieux. Le législateur de Genève fait revivre les anciens sages rendant la justice sous la voûte du ciel, assis sur une pierre. Chez nous les jugements doivent se rendre à l'audience, en présence de tout le monde. Ce lieu, consacré aux débats judiciaires, me paraît un endroit plus digne et plus convenable que le champ ou la cour transformé en tribunal inconnu au public. Du reste il faut laisser aux mœurs d'un pays, à la nature de sa constitution, à l'étendue de son territoire toutes les influences sur l'application et les effets d'une loi. Ce qui explique les mesures adoptées à Genève.

En France on pourrait, je pense, admettre le transport obligatoire du tribunal entier dans tous les cas où il sera ordonné, lorsqu'il s'agit d'un immeuble, situé dans la ville même où siège ce tribunal ou dans les environs rapprochés. L'immeuble qui fait l'objet du litige est-il au contraire plus éloigné, il faudrait laisser aux juges la faculté d'apprécier, si, à raison de son importance et de la difficulté des questions soulevées, ils doivent ordonner le transport de tous les magistrats qui doivent connaître de la cause, ou seulement d'un juge commissaire, quand les frais considérables d'un déplacement collectif ne seront justifiés par la grandeur et la complication de l'affaire. Dans cette matière comme ailleurs les vérités abstraites doivent être combinées avec les exigences de la pratique des choses humaines.

Titre XV.
VÉRIFICATION DES ÉCRITURES ET FAUX INCIDENT CIVIL.

En général, dans notre législation les faits se prouvent par des écrits; on a limité la preuve testimoniale au cas où la corruption des témoins n'était pas à craindre ni à présumer, la loi défend de la recevoir, quand il s'agit de conventions excédant cent cinquante francs.

Ces écritures, produites comme moyens de preuves, sont authentiques ou sous seing-privé.

Les actes authentiques, reçus par des officiers publics et compétents avec les solennités requises, ont le privilège de faire pleine foi des énonciations qu'ils renferment, et cette foi ne peut être atteinte par une simple dénégation. Il faut sortir de ce retranchement de la défense, il faut prendre l'offensive par une attaque directe qui s'appelle l'inscription en faux.

L'acte sous seing-privé ne fait preuve que lorsqu'il est reconnu par la personne à laquelle on l'oppose. Cette personne, si elle ne veut pas le reconnaître, n'est pas obligé de s'inscrire en faux, elle peut se borner à désavouer l'écriture ou la signature qui lui est attribuée. Il n'y a pas même besoin d'une dénégation formelle, si la pièce est produite contre l'héritier ou l'ayant-cause de celui dont on prétend qu'elle émane, il leur suffit de déclarer qu'ils méconnaissent l'écriture ou la signature. Alors la règle générale reprend son empire, celui qui emploie l'acte est le demandeur, il doit naturellement prouver la vérité du titre dont il veut se servir.

Une ordonnance de 1737 du chancelier d'Aguesseau avait déjà amélioré les règles de l'ordonnance de 1670 sur la reconnaissance des écritures ou signatures privées et du faux principal ou incident.

Les rédacteurs du code, en écartant tout ce qui avait rapport à l'instruction criminelle, ont en général adopté l'œuvre du grand chancelier sur le mode de vérification, sur l'apport et le choix des pièces de comparaison. Ils ont fait comme lui deux titres différents de la vérification d'écritures et du faux incident civil.

Déjà, dans l'*Exposé du code de procédure*, le rapporteur dit avec raison que la plupart des règles de la vérification trouvent une application dans le titre du faux incident civil. Aussi le législateur de Genève a réuni les deux dans un seul. Cette fusion lui a paru nécessaire à cause de l'identité presque complète des formes qui y sont décrites.

En effet, la seule différence essentielle résulte du rôle que jouent les parties. Dans la vérification c'est un plaideur qui doit, suivant les règles de droit, prouver la vérité de l'écriture ou de la signature privée sur laquelle il fonde ses prétentions.

Dans l'inscription de faux, le défendeur s'engage lui-même à prouver la fausseté de la pièce, volontairement si elle est sous seing-privé, forcément si elle est authentique, pour détruire la présomption légale qui existe en faveur de l'acte.

Mais dans les deux cas les moyens de preuve et le mode de les établir sont les mêmes; la différence de rôle entre les parties influe principalement sur la décision finale. La vérité n'est-elle pas justifiée? La pièce sera rejetée. La fausseté n'est-elle pas démontrée? l'acte sera maintenu au procès.

Quoique les rédacteurs du code aient parfaitement distingué le faux incident civil, du faux criminel, ils avaient néanmoins sous les yeux les anciennes ordonnances où la ligne de démarcation entre le civil et le criminel n'était pas nettement tracée. Préoccupés de l'idée du crime, ils ont entouré la poursuite du faux incident civil de si nombreuses formalités, que les parties sont obligées de recourir à la voix criminelle pour obtenir le rejet d'une pièce fausse.

Singulière contradiction dans notre législation, qui diminue les garanties de la procédure pour établir le faux, quand l'intérêt en jeu est plus grand et pourtant conforme aux idées nouvelles qui n'astreignent les jurés à puiser leurs convictions que dans leurs consciences intimes. Preuve évidente que la procédure civile est encore en arrière et qu'il faut la mettre en harmonie avec l'institution criminelle !

Dans le faux principal il faut un auteur ou des complices du crime, de sorte qu'il est très difficile de faire le procès à la pièce seulement comme étant falsifiée ou fabriquée, sans désigner un individu justiciable des tribunaux criminels.

L'auteur ou le complice du faux est-il inconnu? est-il décédé? ne s'agit-il que de la matérialité du crime sans application de la peine, il faut nécessairement recourir à la procédure, si hérissée de formalités, du faux incident civil.

Nous allons en décrire les phases principales. Il faut commencer par une procédure préparatoire entre les avoués pour savoir, si la partie persiste à vouloir se servir de la pièce, ensuite obtenir jugement qui admette l'inscription en faux et nomme un juge commissaire. Puis le code expose les règles relatives au dépôt de la pièce inculpée et au procès-verbal qui en constate l'état. Des délais sont accordés pour cette remise, des formes sont prescrites pour le cas où elle n'est pas faite par le défendeur. Enfin on arrive au fond ; des écritures sont échangées encore entre les avoués des parties, sur les moyens de faux. Nouveau jugement qui les admet ou les rejette. La preuve ne pourra porter que sur les moyens reçus par le tribunal. Elle se fait par titres, par experts ou par témoins, comme pour la vérification d'écritures.

Le nombre des articles sur cette matière dans le code s'élève à soixante, somme inférieure à ceux de l'ordonnance de 1737, qualifiée de sage, et qui en comptait près de quatre-vingts.

Ne pourrait-on pas abréger la marche si lente et si compliquée de cette procédure, et éviter néanmoins la précipitation et la légèreté dans les inscriptions de faux? Ne vaudrait-il pas mieux que les parties fussent obligées à venir elles-mêmes devant le tribunal, à moins qu'elles ne fussent dispensées d'y comparaître, pour cause de maladie ou d'absence, faire leurs sommations et leurs réponses, s'expliquer de vive voix sur les circonstances qui peuvent se rattacher à la fausseté ou à la sincérité de l'écrit litigieux et soumettre leurs consciences à un examen public. D'après le code, lorsqu'il s'agit d'une inscription de faux, la sommation se fait par acte d'avoué à avoué et la réponse est signifiée de même dans les huit jours suivants, il est vrai, signée par la partie elle-même ou par un mandataire fondé de sa procuration spéciale et authentique. Cette manière de procéder, malgré ces formalités, donne trop de facilités à de coupables essais. Il est beaucoup plus commode de se montrer et de se cacher à la fois en donnant pouvoir à un avoué de produire ou de dénier une pièce, même s'il le faut, spécial ou authentique, que de venir s'expliquer soi-même et répondre de suite de vive voix aux interpellations de la justice, sur les circonstances qui peuvent se rattacher à la fausseté ou à la sincérité de l'écrit. La mauvaise foi se trouble souvent aux clartés de l'audience et dans le malaise d'une comparution personnelle, elle s'enhardit seulement dans l'ombre.

Ces considérations n'ont point échappé aux rédacteurs du code de procédure pour le canton de Genève. « Arrêter d'entrée, disait le savant rapporteur, l'emploi de pièces fausses, en prévenir jusqu'à la tentation, éviter la précipitation et la légèreté dans les inscriptions de faux et les dénégations d'écritures, tel est le but de l'obligation imposée aux parties de comparaître en personne, de la nécessité de répondre de vive voix aux interpellations de la justice. »

Si la partie persiste à déclarer à l'audience même, en présence de son adversaire, que la pièce est fausse, immédiatement le tribunal la fera remettre sur le bureau, dressera procès-verbal de son état et la déposera entre les mains du greffier. On abrégera de beaucoup ainsi les formalités du code.

Pour faire la preuve du faux, les moyens qui tendent plus ou moins directement à établir son existence sont seuls admis ou joints à l'incident. Le tribunal doit les énoncer expressément dans le dispositif de son jugement. Il ne sera fait preuve d'aucun autre, dit la loi qui nous régit.

Anciennement, la restriction était entière pour tous les genres de preuve. L'ordonnance de 1679 ne distingua point entre la déposition des témoins et les opérations des experts. Mais un arrêt du 4 Mai 1693 déclara les experts follement intimés, mal pris à partie pour avoir signé dans leurs rapports des indices de faux auxquels on n'avait pas songé, et qui, par conséquent, n'avaient pu être ni proposés ni admis. Le chancelier d'Aguesseau a suivi l'opinion de cet arrêt dans son œuvre de 1737, où les rédacteurs du code ont puisé la disposition textuelle à ce sujet, ainsi conçue : « Pourront néanmoins, les experts, faire les » observations dépendant de leur art qu'ils jugeront à » propos, sur les pièces prétendues fausses, sauf aux » juges à y avoir tel égard que de raison. » — La conscience des juges étant affranchie des liens de l'expertise (1), c'est déduire du principe une conséquence très-raisonnable et très-légitime, que de leur reconnaître le droit de vérifier eux-mêmes et la faculté de se passer d'experts. Il suffit que la sentence constate l'examen qu'ils ont fait, et la certitude qu'ils y ont puisée.

Si l'on réfléchit combien l'art des experts est im-

---

(1) *Code de procédure*, art. 329.

parfait, le législateur devra donner aux juges en pareille matière la faculté de prononcer avec l'unique secours de leurs propres lumières. Conjecture pour conjecture, celle du juge nous paraît bien préférable à celle de l'expert. Nous croyons devoir plus de confiance à son discernement, à son expérience et surtout à cette responsabilité qui, par là, pèsera sur lui tout entière. Le code garde le silence sur ce point ; la loi devrait s'en expliquer, car dans les cas où les juges procéderaient ainsi, les formes seraient bien simples. La crainte de voir de nouveaux moyens se produire, ou ceux que le tribunal avait déjà rejetés se remettre en ligne, ne serait plus fondée, et le juge n'aurait pas besoin de tracer un cercle étroit dont il ne pourrait sortir, lorsque lui-même examine, vérifie et prononce, selon sa conviction personnelle. La première des garanties se trouvera dans sa conscience, libre de choisir les moyens de preuve, pour former sa conviction intime.

Ne pourrait-on pas alors permettre au tribunal de commerce de connaître de ces matières, au lieu de suspendre l'instance et de renvoyer les parties devant le tribunal civil, pour procéder à la vérification de la pièce ? Cette faculté donnée aux juges consulaires réunit deux avantages.

Elle préviendra souvent des dénégations d'écritures, qui n'avaient d'autre but que de gagner du temps. Ensuite elle présentera dans les membres des tribunaux de commerce, à raison de leurs occupations, les meilleurs experts, pour la vérification des signatures apposées aux lettres de change et autres effets produits devant eux. L'intérêt, le besoin que les banquiers éprouvent surtout, journellement, d'appliquer leur attention sur ce point, leur donnent une habileté, une sûreté dans le coup-d'œil bien supérieures à tout le prétentieux faux-savoir de ces maîtres d'écritures, qu'on revêt de l'autorité d'experts.

Nous avons placé dans notre travail la vérification des écritures et le faux incident civil, procédures qui nécessitent souvent des enquêtes et des rapports d'experts, après les titres relatifs à ces moyens probatoires. C'est un défaut de méthode dans le code qui va au contraire de l'opération plus complexe à l'opération plus simple.

Titre XVI.

INTERVENTIONS.

Nous n'avons rien à observer sur ce titre, si ce n'est qu'il faudrait substituer aux requêtes et aux significations du code de procédure, le pourvoi direct à l'audience, dans les cas simples où les parties, selon nous, ne seraient pas obligées de constituer avoué. — Cette intervention doit être accordée aux personnes ayant un intérêt au sort du procès d'une partie plaidante.

Titre XVII.

SUSPENSIONS, REPRISES ET PÉREMPTIONS D'INSTANCE.

§ I.

Une instance peut être suspendue forcément, par exemple, par la mort de l'une des parties ou par le décès et la cessation des fonctions de l'avoué.

Cet évènement n'arrête pas la prononciation du jugement, si la cause est en état. D'après le code, elle est réputée en état d'être jugée, lorsque la plaidoirie orale est commencée, ou lorsque les délais fixés pour la plaidoirie écrite sont expirés (1). Cette fixation de la loi est généralement contraire à la réalité. Une plaidoirie commencée, une simple expiration de délais n'est pas suffisante pour éclairer les magistrats les plus pénétrants. Il vaudrait certainement mieux réputer la cause en état d'être jugée, si la plaidoirie est terminée, ou si l'instruction par écrit est complète.

§ II.

Il arrive aussi que l'instance est suspendue par la volonté ou la négligence des parties.

Pour prévenir les abus des procédures indéfiniment en suspens et qui passent de génération en génération, le législateur a introduit la péremption, qui s'applique indistinctement à la suspension, soit volontaire, soit forcée.

Cette péremption doit être demandée en justice (2). C'est un nouveau procès pouvant donner lieu à une instruction, plaidoirie, opposition, appel, pour obtenir que le premier soit déclaré éteint.

Il vaudrait mieux que la loi prononçât la péremption acquise de plein droit, et cela après trois ou deux années, selon que la suspension de l'instance est forcée ou volontaire. Ce serait un moyen efficace pour terminer les procès bien plus vite et qui produirait ainsi

---

(1) *Code de procédure*, art. 343.
(2) *Code de procédure*, art. 399.

un effet bienfaisant, tandis qu'avec la loi telle qu'elle est, l'abandon d'un procès n'est acheté qu'aux prix d'un autre. — Les frais de l'instance périmée resteraient à la charge de la partie qui les a faits, au lieu que le code de procédure veut que le demandeur principal soit condamné à la totalité (1).

Le défaut de reprise de l'instance est leur fait commun, que ce soit le résultat de la négligence ou de la défiance dans leur droit, la conséquence, c'est-à-dire la péremption doit les frapper l'un et l'autre. Il est bien entendu que la péremption n'éteint que la procédure. L'action subsistera toujours, tant que le droit dont elle dérive n'est pas éteint.

Les titres sur le désaveu d'un avoué qui a agi sans pouvoir, sur les demandes en règlement de juges, lorsque plusieurs tribunaux se trouvent saisis de la même affaire, sur celle en renvoi, pour cause de parenté ou d'alliance, offrent peu d'intérêt pratique, excepté celui sur le désaveu des avoués; ses règles sont précises. — Nous n'avons pas besoin de nous y arrêter et en faire le sujet d'observations spéciales.

—

Titre XVIII.

DES MATIÈRES SOMMAIRES (2).

Le code trace dans ce titre une procédure spéciale, pour certaines affaires appelées sommaires. Telles

---

(1) *Code de procédure*, art. 401.

(2) Dans le compte général de l'administration de la justice de l'année 1847, dit le rapporteur, page 14 : « en réunissant 56,729 « affaires anciennes au 126,051 qui ont été inscrites pour la pre-

sont : les appels de justice de paix, les demandes purement personnelles, quand il y a titre non contesté, les demandes provisoires ou requérant célérité, enfin celles en paiement de loyers, fermages et rentes. Les formes trop compliquées des affaires ordinaires sont abandonnées ; toute instruction écrite est supprimée ; elle sera tout orale à l'audience.

Ces affaires forment la grande partie de celles qui sont portées devant les tribunaux, et intéressent principalement la classe la plus nombreuse et la moins fortunée des citoyens.

Aussi avons-nous proposé de transformer l'exception en règle qui embrasserait les cas les plus fréquents et les plus simples. Les causes qui requièrent l'instruction plus compliquée constitueraient l'exception. Dans notre système, le titre spécial qui traite de la procédure particulière des affaires sommaires devient donc inutile. Nous n'insisterons pas davantage sur ces points, que nous avons déjà précédemment développés.

« mière fois en 1847, on a un total de 182,720 causes à juger
» dont 89,732, c'est-à-dire 49 sur 100 sont sommaires et 93,458,
» c'est-à-dire 51 sur 100 ordinaires). » — Si le rapporteur avait établi, ce qui eût mieux valu, la proportion entre les affaires nouvelles seulement, on aurait trouvé que les trois quarts sont sommaires. En ajoutant les affaires arriérées qui sont en général des causes ordinaires plus longues à juger, il a fait un calcul inexact. Si l'on considère en outre que par condescendance pour les avoués, ou par ignorance, des affaires sommaires sont classées quelquefois parmi les ordinaires : le rapport des causes sommaires aux affaires ordinaires devrait être, selon la loi, seulement de 3 à 1.

CHAPITRE XI.

Titre XIX.

De la procédure devant les tribunaux de commerce.

Le système judiciaire le plus parfait serait, sans contredit, celui qui renverrait sans inconvénient toutes les causes et toutes les parties devant les mêmes tribunaux. Il n'y aurait plus ainsi l'incertitude, qui résulte bien souvent des juridictions exceptionnelles sur le tribunal compétent. Combien de difficultés aplanies aux plaideurs pour arriver à leur juge; combien de procès, de lenteurs et de frais écartés, combien d'embarras, épargnés aux magistrats sur la limite de leur pouvoir, s'il n'y avait qu'une seule juridiction. « Que les plaideurs seraient heureux, s'il n'y avait
» qu'une cour de justice, si on pouvait dire le tribu-
» nal comme on dit le château, l'église, le plus simple
» rustique ne pourrait s'y tromper; il saurait d'abord
» à quel juge porter sa plainte : il n'aurait pas besoin
» d'un procureur pour le guider et mettre son igno-
» rance à contribution, il ne faudrait pas plaider dans
» une cour pour apprendre qu'on doit plaider dans
» une autre (1). »

Toutefois il est impossible de méconnaître que certaines affaires, soit à raison de leur nature, soit à raison de la célérité qu'elles exigent, ont besoin d'être décidées d'une manière exceptionnelle. Ce sont ces motifs qui ont fait des tribunaux de commerce,

---

(1) BENTHAM, *Organisation judiciaire*, traduct. de M. Dumont de Genève, p. 23.

les plus importants et les plus considérables de nos tribunaux exceptionnels. Ils ont la même compétence pour les contestations relatives aux actes de commerce que les tribunaux civils, et elle s'étend sur le même territoire, à quelques exceptions près. Les appels sont aussi portés à la cour d'appel du ressort.

Les tribunaux de commerce sont composés de juges choisis par les négociants eux-mêmes. Ces juges présentent comme condition unique d'éligibilité l'exercice honorable du commerce pendant cinq années au moins.

Leur compétence est aujourd'hui (1) déterminée par la nature de l'acte, abstraction faite de la qualité des contractants, et la loi (2) a pris soin de dire quels actes seraient réputés actes de commerce. La personnalité ne reste que pour lever, dans certains cas, le doute sur le caractère d'un acte dont la cause n'est pas exprimée. Ainsi toutes les obligations contractées par un négociant sont présumées faites pour son commerce jusqu'à preuve contraire. On voit facilement, combien la juridiction commerciale est étendue. On a fait deux objections très-graves contre l'utilité des tribunaux de commerce dans leur organisation actuelle.

Les adversaires de leur établissement disent (3) : Vous ne pouvez les justifier, en argumentant de la nature des questions commerciales et des connaissances particulières qu'elles exigent dans les personnes qui sont chargées de les résoudre. — Pour que cette

---

(1) Il en était autrement au temps des communautés d'arts-et-métiers.
(2) *Code de commerce*, art. 631 et 633.
(3) V. MEYER, *Esprit, origine et progrès des Institutions judiciaires*, t. VI, p. 479.

raison ait quelque force, il faudrait supposer que les fonctions de juges commerciaux dussent être confiées à des hommes qui auraient consacré plusieurs années à des études spéciales sur cette jurisprudence exceptionnelle, qui auraient appris à connaître les usages de toutes les branches de commerce, tant sur terre que sur mer, enfin qui joindraient à ces travaux la science des lois civiles et celle de la procédure. Mais qu'arrive-t-il en fait? Il n'est pas une ville en France dans laquelle on puisse organiser un tribunal composé de commerçants, qui réunissent toutes les qualités qu'on vient d'indiquer. On ajoute que les législateurs qui ont fondé notre système de juridiction commerciale ont parfaitement senti que s'ils confiaient à des commerçants la décision des affaires de commerce ; ce n'était pas qu'ils leur reconnussent une capacité, une instruction supérieure à celle des juges ordinaires ; car ils ont renvoyé les appels de leur sentence devant les cours d'appel, et ordonné que les tribunaux de première instance rempliraient les fonctions des tribunaux de commerce dans les villes où l'on ne jugerait pas à propos d'en établir.

Qu'est-ce donc que le tribunal de commerce? Qu'a-t-on voulu faire en les instituant? Rien autre chose qu'un jury appliqué à certaines affaires civiles et investi des pouvoirs de prononcer sur les points de droit. Cet ordre de choses est vicieux, on n'admettra jamais que les simples lumières du jury suffisent pour le mettre à même de résoudre une question de droit. On propose deux moyens, pour remédier à ce défaut radical.

Le premier moyen n'est pas moins radical que le défaut qu'il doit corriger. Il consiste à supprimer complètement la juridiction des tribunaux consulaires et à renvoyer les causes commerciales devant les juges ordinaires.

Le second est une espèce de transaction, une imitation du systême anglais. On réduit les juges de commerce aux fonctions de jurés, en plaçant auprès d'eux un juge qui appliquerait la loi.

La suppression totale des tribunaux de commerce nous paraît difficile, en présence des considérations puissantes d'intérêt public qui les ont fait établir. On a pensé que depuis des siècles (1), en France, la bonne foi étant l'âme du commerce, les contestations commerciales doivent être décidées suivant les règles de l'équité naturelle, ou d'après les usages reçus.

Le commerce est habitué à une marche franche et libre, il exige une solution prompte, sans les difficultés ordinaires. On a craint que l'intervention des juges ordinaires, qui n'ont jamais exercé la profession de négociant, l'observation des formes de la procédure commune, l'assistance des officiers ministériels ne vinssent entraver l'essor libre du commerce. Toutes ces raisons s'opposent à la suppression des tribunaux de commerce.

Mais devrait-on admettre le second moyen qui voudrait faire du tribunal de commerce un jury spécial et permanent? Il devrait se borner à la solution des questions de fait et un juge placé à côté de lui ferait l'application de la loi à ses déclarations.

Ce système qui conflera l'application du droit à des hommes versées dans l'étude des lois, présente malgré ses avantages de graves inconvénients. D'a-

---

(1) *Lettres patentes* de 1349 par François II.

bord la séparation entre le fait et le droit est souvent très-difficile même en matière commerciale, puis cette opération ralentirait beaucoup la justice consulaire qui connaît d'un si grand nombre d'affaires et exige des solutions rapides. Enfin le juge étranger aux habitudes de commerce fera toujours une application stricte de la loi, n'étant pas familiarisé avec ces usages et manquera ainsi le but de l'institution des tribunaux de commerce.

Nous ne pensons donc pas que cette innovation produise une amélioration réelle, et bien au contraire des entraves à la marche des affaires.

Sans doute, il y a de grands inconvénients à laisser de simples négociants juger des questions qui embarrassent souvent des jurisconsultes ; mais ces difficultés si graves se présentent moins fréquemment devant les tribunaux de commerce que devant les tribunaux civils.

Il suffit alors de leur donner un guide qui les éclaire en pareil cas, sans changer les attributions des juges commerciaux. D'après le compte général de l'administration de la justice de l'année 1847, les appels des jugements rendus par les tribunaux de commerce sont plus rares que ceux des sentences judiciaires prononcées par les tribunaux civils. Ainsi 55,234 affaires civiles, susceptibles d'appel ont donné lieu à 12,056 appels, dont 4,437 ont été confirmées et 1,840 infirmés ; 38,720 causes commerciales sujettes à l'appel ont produit seulement 4,179 appels dont 1,427 confirmés et 636 infirmés (1). La proportion

(1) Dans ces chiffres nous n'avons pas marqué les causes en instance d'appel terminées par transaction ou qui restent encore à juger.

entre les jugements confirmés et infirmés est à peu près la même pour les deux juridictions.

Ce qu'il y a encore de plus concluant c'est la comparaison entre les deux cent vingt tribunaux spéciaux de commerce et les cent soixante-dix tribunaux civils jugeant commercialement ; on trouvera alors que devant les premiers, sur 35,563 causes sujettes à appel il y en a eu 4,944 dont 1,361 (1) confirmées, 560 infirmées ; devant les seconds, sur 3,165 affaires susceptibles d'appel on a interjeté 396 appels dont 136 jugements confirmés, 66 infirmés. La proportion est encore presque identique ; quant au nombre des appels, il est de un sur huit ; et celui des jugements confirmés est, en proportion, plus grands pour les *tribunaux spéciaux* de commerce, il est de trois sur cinq pour ces derniers, tandis que pour les autres il n'est que d'un sur deux.

Si ce compte-rendu est exact, les justiciables acceptent plus volontiers les sentences de leurs pairs, que les jugements des tribunaux civils. Quant à ces derniers, pour leur attribuer la connaissance exclusive des affaires commerciales, l'expérience est toute faite dans les 170 en exercice et ne paraît pas présenter d'avantages. Il ne faut aux tribunaux de commerce qu'un guide qui répande la lumière sur les points les plus obscurs, et qui, doué de pénétration, saisisse la fraude au milieu de ses plus subtils détours. Ce guide, ils le trouveraient dans l'intervention du ministère public, rendue obligatoire dans toutes les affaires de faillite, et facultative dans les autres où elle est nécessaire devant les tribunaux

---

(1) V. la note précédente.

ordinaires. Il exercerait une surveillance active sur les syndics, et diminuerait ainsi de beaucoup les abus et les retards fâcheux qui ont lieu dans les règlements de faillites, ainsi que l'indique le document officiel déjà cité (1).

L'influence que cette institution donnerait au gouvernement sur les tribunaux de commerce la fit repousser en 1802 par la plupart d'entr'eux. Mais l'objection disparaîtrait, si l'on rendait les représentants de la loi, devant les tribunaux de commerce, indépendants du pouvoir exécutif par l'inamovibilité.

Les formes suivies devant les tribunaux de commerce sont presque les mêmes que pour les affaires sommaires. Ayant adopté pour règle devant les tribunaux civils la marche tracée pour ces sortes de causes, nous trouvons le titre de la procédure relatif à la juridiction consulaire presque inutile, sauf quelques articles que réclame l'intérêt du négoce, concernant le bref délai des citations, la dispense de la caution *judicatum solvi* pour l'étranger, etc.

―

Titre XX.

Des justices de paix.

La première organisation des justices de paix était le résultat des idées généreuses qui animaient l'Assemblée constituante. Elle voulait élever dans chaque arrondissement un tribunal qui serait l'autel de la

---

(1) *Compte de l'administration de la justice*, p. 29.

concorde. « Le peuple y placera par ses choix les plus dignes de l'occuper (1). » A la parole de ces magistrats toutes les injustices devaient se réparer, les divisions s'éteindre et les plaintes cesser. Ils allaient remplacer les anciennes mangeries de village « où les » frais étaient plus grands qu'aux amples justices des » villes, où non-seulement la justice était longue » et de grand coût, mais encore plus mauvaise (2). »

C'était enfin une peinture séduisante comme celle de Fléchier qui nous montre M. de Lamoignon au milieu des habitants de ses terres, accommodant les différends et dictant les transactions, plus content en lui-même, et peut-être plus grand aux yeux de Dieu, lorsque dans le fond d'une allée sombre et sur un tribunal de gazon, il avait assuré le repos d'une famille ; que lorsqu'il décidait des fortunes les plus considérables sur le premier trône de la justice.

Il faut, disait l'orateur Thourette, que tout homme de bien, pour peu qu'il ait d'expérience et d'usage, puisse être juge de paix. Conformément à cette idée, la loi d'organisation voulait que les juges de paix et les deux assesseurs fussent élus par les assemblées primaires pour deux années seulement.

La loi du 29 Ventôse an VIII supprima les assesseurs. Le Sénatus-Consulte du 16 Thermidor an X porta jusqu'à dix ans la durée de leurs fonctions et de celles des suppléants. Leurs nominations appartenaient au chef du gouvernement qui devait les choisir sur une liste de deux candidats présentés pour chaque place, par les assemblées du canton.

(1) HENRION DE PANSEY, *De la compétence des juges de paix*, chap. 1.
(2) LOISEAU, *Discours sur l'abus des justices de village.*

Aujourd'hui les juges de paix et leurs suppléants, comme tous les magistrats, sont nommés directement par le chef de l'Etat. Ils ne sont pas inamovibles. C'est ainsi que le caractère de l'institution primitive s'est tout-à-fait transformé. Le juge de paix n'est plus l'homme honorable choisi par les habitants de son canton, c'est un fonctionnaire du gouvernement.

En matière civile les juges de paix ont une triple mission; ils sont tantôt conciliateurs, tantôt juges, tantôt présidents des conseils de famille et enfin officiers ministériels. En cette dernière qualité ils délivrent des actes de notoriété, reçoivent des actes d'adoption et d'émancipation, procèdent à l'apposition et à la levée des scellés. Nous nous sommes déjà occupés de tout ce qui a rapport à leurs attributions conciliatrices dans le chapitre de la conciliation.

La compétence primitive des tribunaux de paix, comme juges civils, se trouve renfermée dans les articles 9, 10 et 11 de la loi du 24 Août 1790, titre III. La loi du 25 Mai 1838 l'a beaucoup étendue. Elle a doublé leur compétence en matière personnelle et mobilière. Les juges de paix connaissent en dernier ressort jusqu'à la valeur de 100 francs et à charge d'appel jusqu'à 200 francs.

On a ajouté à leur juridiction une série d'attributions spéciales qui se rattachent à l'interprétation des contrats, comme la résiliation des baux, à l'application des règles du droit, comme les pensions alimentaires, et aux formes de la procédure, comme les demandes en validité de saisies-gageries. Dans tous ces cas on a limité leur compétence, soit par les sommes, soit par les caractères simples que doivent présenter toutes ces causes. Ces restrictions peuvent être diversement interprétées et engendrent des procès et des excès de pouvoir.

Nous sommes bien loin des idées de 1790, où l'on disait : La compétence des juges de paix sera bornée aux choses de conventions très-simples et de la plus petite valeur, aux choses de fait qui ne peuvent être bien jugées que par l'homme des champs.

Cette compétence s'est trop élargie, la naïve prud'hommie des hommes des champs n'y pourrait plus suffire. Il faudrait des gens de loi, des conditions de capacité constatées par des examens publics, et d'autres degrés d'études que la simple routine des choses de village.

Cette grande extension de la compétence des juges de paix, juges uniques et d'exception est-elle un véritable bienfait ? Nous avons dit, en parlant des tribunaux de commerce, notre pensée sur les inconvénients qu'entraînent les juridictions exceptionelles. Elles ne se justifient que par une nécessité bien reconnue. On ne peut nier que, sous le rapport politique, l'extension de la compétence des juges de paix ne leur donne une plus grande influence sur les populations et n'en fasse des instruments plus puissants dans la main du pouvoir. Mais au point de vue d'une bonne justice, nous ne saurons en dire autant ; le juge de paix n'est plus aujourd'hui ce magistrat populaire, comme le concevait la première assemblée nationale, ce patriarche distribuant à ses enfants une justice exempte de frais et acceptée comme l'ordre d'un père qu'on aime et qu'on respecte. Un tel arbitre naturel suppose une simplicité de mœurs que nous n'avons pas.

Le juge de paix est aujourd'hui un fonctionnaire

public rétribué par l'Etat pour prononcer sur certaines contestations. Sa juridiction s'explique par l'étendue des ressorts qu'ont les tribunaux ordinaires et par la longueur de la procédure, qui se pratique devant eux. Un juge spécial, placé à la portée des justiciables et chargé de prononcer sommairement et sans frais sur les affaires de peu d'importance, ou qui exigent une prompte solution dans l'intérêt de la paix publique, est préférable à la justice, plus coûteuse et plus éloignée des tribunaux d'arrondissement. Ainsi il s'agirait d'une valeur inférieure à cinquante francs, où des récoltes auraient été endommagées, des bornes déplacées, un trouble quelconque aurait été occasionné dans la possession ; il importe que le tort soit immédiatement réparé, et cette réparation ne pourrait souvent se faire qu'au moyen d'une enquête faite sur les lieux. Mais, d'après la loi du 25 Mai 1838 (1), le pouvoir des juges de paix va bien plus loin. Leur dernier ressort s'élève à cent francs, et il prononce à la charge d'appel, non-seulement sur les affaires personnelles et mobilières dont la valeur n'excède pas deux cents francs ; mais encore sur une foule de demandes, dont l'importance est indéterminée.

Les décisions en dernier ressort émanées des juges de paix ne sont soumises au recours en cassation que pour excès de pouvoir (2). La loi s'est abandonnée à leur discrétion, et les erreurs qu'ils commettent sont irréparables. Déjà avant la nouvelle loi M. Henrion de Pansey disait avec raison que la compétence des juges de paix avait trop d'étendue. En effet toutes les

---

(1) V. aussi la loi du 2 Mai 1855.
(1) Loi de 1838, art. 15, et loi du 2 Mai 1855.

garanties de bonne justice manquent aux plaideurs ; garantie de capacité, garantie de discussion sérieuse et de contre-poids aux opinions préconçues d'un seul juge, lesquelles existent dans les tribunaux ordinaires et ne se retrouvent pas ici. Ce n'est pas une sentence mûrie d'un collège de magistrats ; mais l'opinion d'un seul homme qui décide définitivement des causes de moins de 100 francs.

Nous reconnaissons parfaitement les bonnes intentions des législateurs de 1838 qui, dans une vue d'économie de frais et de temps pour les parties, ont élargi la compétence des juges de paix. Il y avait cependant quelque chose de mieux à faire. C'était de simplifier la procédure devant les tribunaux ordinaires, la rendre ainsi moins coûteuse et d'exiger qu'on ne choisît les juges de paix que dans le corps des avocats aujourd'hui si nombreux. Au lieu d'étendre leur compétence on aurait dû la restreindre dans de justes limites et baisser plutôt qu'élever le taux auquel est fixé le dernier ressort.

Qu'on ne s'imagine pas pour cela que les questions de leur juridiction même réduite, par exemple celles de possession, puissent être décidées par les seules lumières du bon sens. Trop souvent les justiciables gémissent de l'ignorance de leurs juges de paix, quand un excès de pouvoir de ceux-ci les entraîne dans des dépenses et des longueurs auxquelles les oblige un recours en cassation.

Quoique nous désirions une compétence moins étendue pour les juges de paix, nous ne pouvons qu'approuver la disposition de l'art. 7 ainsi conçu : « Les » parties pourront toujours se présenter volontaire- » ment devant un juge de paix, auquel cas il jugera

» leur différend soit en dernier ressort si les lois et
» les parties l'y autorisent, soit à la charge de l'appel,
» encore qu'il ne fût pas le juge naturel des parties,
» ni à raison du domicile du défendeur, ni à raison de
» la situation de l'objet litigieux. »

J'irais même plus loin et voudrais qu'on étendît cette règle aux juges de tous les degrés.

CHAPITRE XII.

Titre XXI.

De l'arbitrage.

Ce que nous venons de dire du pouvoir des parties de proroger la compétence des juges de paix nous mène à parler de l'arbitrage qui leur donne le moyen de choisir des juges privés pour vider leurs contestations.

L'Assemblée constituante, en tête de la loi du 24 Août 1790, avait décrété que, l'arbitrage étant le moyen le plus raisonnable de terminer les contestations entre les citoyens, les législateurs ne pourront faire aucune disposition qui tendrait à diminuer soit la faveur, soit l'efficacité du compromis.

Le système de l'arbitrage était tellement en vogue, que non seulement on favorisait l'arbitrage volontaire, mais qu'on dépouillait successivement les tribunaux ordinaires d'une partie de leurs attributions pour en revêtir des arbitres forcés. Cette même loi du 24 Août 1790 institua le tribunal de famille; elle confia à des arbitres pris parmi les amis, parents et voisins des parties la décision des contestations entre proches parents et alliés, entre pupilles et tuteurs.

D'autres lois renvoyèrent à des arbitres forcés les difficultés sur les procès des communes avec des particuliers pour revendication des propriétés communales et les contestations auxquelles donnèrent lieu les lois nouvelles sur les successions.

On reconnut bientôt tous les vices d'un système qui faisait décider les questions les plus graves par des hommes souvent dénués de toutes lumières ou partiaux.

Les tribunaux de famille offraient le danger de voir l'homme le plus incapable et le plus dépravé, en qualité de parent, revêtu de cet office de juge domestique. Les plus méchantes personnes et les meilleures peuvent se trouver membres de la même famille. D'ailleurs ce pouvoir officiel, donné au tribunal domestique pour terminer les différends de famille sans bruit et sans scandale, manquerait son but. Pour une contestation qu'il apaiserait, il ferait naître les germes de mille querelles et discussions nouvelles. Les tribunaux de famille et l'arbitrage forcé furent abolis par une loi du 9 Ventôse an IV.

Le souvenir des abus de l'arbitrage forcé était encore trop récent, lors de la rédaction du code de procédure. Il en résulta même une réaction défavorable à l'arbitrage volontaire. Et si l'on n'allait pas jusqu'à l'abolition entière de l'arbitrage, on s'appliqua évidemment à rendre les compromis rares et difficiles. Pourtant, le code de commerce conserva plus tard l'arbitrage forcé pour les contestations entre associés, conformément à l'ordonnance de 1673.

Il y a deux vices dans notre législation : d'abord les arbitrages forcés en affaires commerciales n'amènent presque jamais un résultat amiable, surtout avec la marche tracée dans le code. Deux parties sont en cause ; elles désignent chacune un arbitre, qui se regarde beaucoup plus comme le défenseur que comme le juge de celui qui l'a nommé.

Les arbitres sont partagés, il faut recourir à un tiers-arbitre, ce qui exige de nouveaux délais et frais, on interjette ensuite appel de cette sentence arbitrale forcée.

Le principal avantage de ces arbitrages forcés, qui consiste à ne pas faire connaître publiquement les secrets de la société, sera ainsi généralement manqué par l'appel auquel ils donnent lieu. Il faudrait donc les supprimer, permettre de juger à huis-clos si les associés le demandent, et surtout favoriser l'arbitrage volontaire. C'est une voie douce, prompte, économique de terminer les procès.

Pour que l'arbitrage volontaire produisît ces bons effets, il faudrait modifier les règles que prescrit à ce sujet le code de procédure. D'après nos lois, les arbitres sont nommés en nombre pair, moitié par l'une des parties et moitié par l'autre. En cas de partage d'opinions entre eux, celles-ci nomment un sur-arbitre, et si elles ne s'accordent pas, le choix est fait par le tribunal ou par le président.

Une économie de temps et de frais résulterait évidemment, si les parties, comme cela a lieu pour les experts, devaient désigner un nombre impair. Il n'y aurait plus alors ni partage, ni nomination de sur-arbitre.

Le code contient, avons-nous dit, plusieurs dispositions qui décèlent le désir secret d'écarter l'usage du compromis. Ainsi il exige que les parties et les arbitres suivent les délais et les formes établis pour les tribunaux, il veut en outre que les arbitres décident, selon la rigueur du droit (1), voilà la règle. On conçoit facilement qu'elle détruisait tout le bien qu'on attendait de cette institution. En effet, toute l'utilité de l'arbitrage résulte de la substitution d'une marche plus simple, plus accélérée, plus économique, aux formes plus compliquées, plus lentes, plus coûteuses des tribunaux ordinaires, et de la faculté de ne pas trop s'attacher aux règles strictes de la loi, mais de décider selon sa conscience et l'équité.

Ce n'est que par une dérogation expresse des parties que les arbitres peuvent prononcer, contrairement à ce système rigoureux. Cette clause exceptionnelle est seule conforme au but du compromis. Le législateur aurait dû, par conséquent, suivre une marche inverse.

Le compromis ne serait plus alors une série de clauses dérogatoires où le rédacteur doit fixer d'avance tous les écarts de la loi. C'est là un travail difficile, et au lieu d'abréger les procès, il en sera une source nouvelle.

Avec la règle contraire, le compromis ne contiendrait souvent que la désignation des parties, des arbitres et l'objet du litige.

Nous pensons aussi que ce serait plus en harmonie avec le but de l'arbitrage, si l'on présumait (2) la renonciation des parties à l'appel, excepté pour l'application de la contrainte par corps. Dans ce cas seul, le respect pour la liberté individuelle doit

(1) *Code de procéd.* art. 1009, 1019.
(2) La loi du 24 Août 1790, la constitution de l'an III et la loi du 27 Ventôse an VIII étaient dans ce sens.

l'emporter sur toute autre considération ; pour tous les autres, la réserve de l'appel devrait être expresse.

CHAPITRE XIII.

Titre XXII.

De l'appel.

Nous ne nous occuperons pas ici de la question de savoir si l'appel tire son origine de la pratique barbare du combat judiciaire ou du régime féodal, ou si son usage a été introduit par les rois pour diminuer l'autorité des seigneurs, et augmenter et concentrer leur propre puissance. Je laisse toutes ces recherches à l'histoire du droit. Elles ont fait l'objet d'études très-sérieuses. Néanmoins on n'est arrivé à aucun résultat définitif (1) sur ce point.

Nous n'avons pas à nous préoccuper de ce que l'appel n'existait pas sous la république romaine (2), où les juges n'étaient que des jurés, et nul autre tribunal ne peut infirmer la réponse que donne la conscience d'un juré sur la vérité d'un fait ; de même chez les Germains où la justice était rendue selon les coutumes du peuple assemblé, l'appel du peuple au peuple n'était pas possible.

(1) V. Meyer, *Esprit*, etc., vol. I, p. 457, et Boncenne, *Théorie de la proc. civ.* p. 400, où il cite les auteurs qui ont traité cette matière.
(2) La provocation au peuple et les intercessions qui donnaient le droit à certains magistrats d'opposer leur *veto* à des ordonnances d'autres magistrats de dignité égale ou inférieure, produisaient souvent l'effet de notre appel. V. Zimmern, *Der roemische Civil Process* p. 502.

Notre état de choses est entièrement différent. L'ordre judiciaire est permanent. Le magistrat est institué par le gouvernement, il n'est pas choisi par les parties. Nos codes contiennent une législation savante qui exige un examen approfondi.

L'Etat devait donc donner aux justiciables des garanties pour redresser les erreurs ou les injustices que les juges publics pourraient commettre, et ce qui vaut infiniment mieux encore, pour les prévenir. Nous les avons exposées dans la partie théorique de notre travail et indiqué l'appel comme un moyen non moins efficace pour réparer les torts causés par une décision erronée ou partiale, que pour les empêcher.

La crainte de cette censure, de cette épreuve d'une seconde discussion publique rendra le juge plus circonspect, le préservera de la légèreté et de la précipitation ; et si sa probité pouvait, je ne dis pas fléchir sous la séduction, mais céder à un secret mouvement de faveur, il serait retenu par l'idée seule, qu'un tel oubli de ses devoirs n'assurerait à l'objet de sa partialité qu'un succès éphémère.

La publicité est une sauvegarde puissante ; la responsabilité est un frein salutaire ; mais ces deux garanties ne suffisent point sans l'appel qui en est le complément indispensable.

La publicité seule ne remédie à rien, dans le cas d'une décision indue, quoiqu'elle ait un grand effet pour en prévenir de semblables. Toute forte qu'elle est pour réprimer l'improbité de la part du juge, elle ne donne point de sûreté contre son ignorance ou son incapacité ; elle tend sans doute à exciter l'intelligence, à mettre en exercice le talent ; mais enfin elle ne le donne pas. Les tentations sont quelquefois assez puissantes pour étouffer la voix de la conscience. Les passions, tantôt par leurs adroits sophismes peuvent flatter le juge de l'espoir d'éluder la censure publique ; tantôt par leur violence, elles peuvent le rendre insensible à la honte même et lui inspirer l'audace de la braver. La publicité fut-elle un frein pour le décemvir Appius ? N'était-ce pas sous les yeux de Rome qu'il osât ordonner aux licteurs d'enlever Virginie à son père ?

La responsabilité du juge, quelque étendue qu'on lui donne, est également insuffisante par elle-même, séparée de la voie de l'appel. D'abord elle est nulle quant aux erreurs innocentes du magistrat. Souvent les injustices même volontaires peuvent tellement se voiler, qu'il est difficile de trouver de ces preuves assez fortes pour amener le châtiment du juge prévaricateur. La responsabilité légale n'est donc qu'une ressource imparfaite ; elle restreint l'improbité dans certaines limites ; elle l'oblige à user d'artifices, de faux-fuyants ; elle diminue le danger ; mais elle ne ne le détruit pas. Rien n'est plus propre à augmenter la sécurité des justiciables que l'institution de l'appel.

Les tribunaux de première instance doivent être organisés de façon que les parties puissent en attendre avec confiance une sentence juste. L'appel n'est qu'un moyen pour soumettre exceptionnellement un jugement à une seconde épreuve d'une juridiction supérieure. L'effet le plus heureux de l'appel est que son institution diminue les jugements qui méritent d'en être frappés.

Cette faculté d'interjeter appel doit-elle être restreinte

aux procès d'une certaine importance, ou étendue à toutes les causes, quelle que soit la valeur de l'objet litigieux ? Notre législation a résolu la question dans le premier sens, même pour les juges de paix; ces derniers décident sans appel toutes les causes de leur compétence jusqu'à 100 francs. Le tribunal civil juge en dernier ressort les affaires personnelles et mobilières jusqu'à 1,500 francs, et les causes immobilières dont la valeur ne dépasse pas 60 francs de revenus annuels. La même somme de 1,500 francs sert aussi de limite à la compétence du dernier ressort du tribunal de commerce.

Ces dispositions de notre loi font l'objet de critiques très-sérieuses.

On objecte que le motif qui a fait introduire l'appel, le besoin de redresser l'erreur du premier jugement, existe indistinctement pour toutes les causes. Le danger d'une mauvaise décision, dit-on, n'est pas moins grand pour une affaire de peu d'importance, que pour un procès d'un million. Du reste l'importance des causes varie avec les personnes qui plaident. Une perte de quelques mille francs influe très-peu sur la fortune d'un homme riche, une perte de quelques cents francs peut ruiner un ouvrier ou un laboureur.

Quant à la difficulté, ce n'est pas le montant de la somme demandée qui peut la faire apprécier. Souvent un procès, pour un objet de peu de valeur, présente plus de complications en droit et en fait, qu'un litige pour une somme de cent mille francs. Si l'on considère enfin que fréquemment des contestations naissent sur la question de savoir, si une affaire doit être jugée en dernier ressort ou non, on n'en devrait repousser aucune du bénéfice de l'appel à cause de sa valeur peu élevée. — C'est au nom de ce principe de justice et d'égalité des causes devant la loi qu'on tire cette autre conséquence qu'il faut les placer toutes sur la même ligne. Il n'y a donc pas plus de raisons de porter en appel devant une justice inférieure une cause de vingt-cinq francs qu'une de cinq mille francs. Par conséquent, les appels de justice de paix ne devraient pas être jugés par les tribunaux de première instance, mais par les cours d'appel.

Il faut reconnaître que ces idées, vraies en justice abstraite, perdent leur force en pratique. L'utilité veut que pour des sommes modiques on ne permette pas en général aux plaideurs de causer de nouveaux retards et une augmentation de frais, égale ou supérieure à la valeur de l'objet litigieux, surtout si le jugement était rendu par un tribunal composé de plusieurs juges offrant des garanties de capacité.

La somme qui détermine la limite du dernier ressort doit être fixée de manière que les jugements sujets à appel forment la règle, et ceux en dernier ressort l'exception.

Le taux de 1,500 francs nous paraît trop élevé, si nous consultons l'importance numérique des contestations soumises à nos tribunaux de première instance. La division de la propriété en France rend les grands procès plus rares. Il eût donc été plus conforme au principe de justice et d'égalité des causes de conserver la somme de mille francs comme limite du dernier ressort. Cette valeur était évidemment assez élevée pour éviter le danger d'augmenter l'abus de l'appel pour des affaires d'une importance si mince, que l'objet du litige ne supporterait pas, sans être absorbé, le déchet inévitable des frais d'une seconde instruction et d'un second jugement.

Quant aux justices de paix, telles qu'elles sont organisées aujourd'hui, nous pensons que la nécessité est plus grande encore de réduire le taux du dernier ressort, ainsi que nous l'avons dit dans le titre précédent. D'un autre côté il faut avouer que le système de notre code est plus utile, au point de vue pratique, que cette théorie rigoureuse qui ne veut pas que le tribunal de première instance, dont la juridiction n'est généralement qu'en premier ressort, soit tribunal d'appel pour les justices de paix.

En effet, il est très-rare que les affaires portées devant les juges de paix dépassent le taux du dernier ressort des tribunaux d'arrondissement ; le législateur a pris pour base *id quod plerumque fit*. Nous savons bien que les actions possessoires par exemple ont une valeur indéterminée, et peuvent être d'un intérêt pécuniaire immense. Mais comme elles nécessitent généralement la visite des lieux, le tribunal d'appel étant trop loin s'en rapportera à l'appréciation des juges de paix ; celui de première instance peut plus facilement se transporter sur les immeubles, les examiner ; il est par conséquent plus apte à connaître de pareilles actions. S'il y a empiètement sur le pétitoire, le recours en cassation reste toujours ouvert pour excès de pouvoir.

Les adversaires de l'appel signalent encore un inconvénient de cette institution. Chaque appel même interjeté de bonne foi entraîne les parties à des frais et à des retards ruineux. Et combien, disent-ils, la calamité de l'appel n'est-elle pas plus grande, quand le plaideur de bonne foi qui a gagné son procès, se trouve lancé de nouveau dans l'arène judiciaire, par les chicanes d'un adversaire entêté ou méchant.

Cette objection a bien de la gravité ; mais il y a moyen de diminuer beaucoup les dangers de l'appel abusif, par des précautions que doit prendre une bonne législation.

L'appel est indispensable pour prévenir et pour réprimer des décisions erronées ou injustes. Mais il ne faut pas que la chicane s'en fasse une ressource dilatoire pour se soustraire, en prolongeant indéfiniment le procès, à l'exécution d'une juste condamnation.

Un moyen très-efficace, pour déjouer toutes ces tentations de la mauvaise foi, c'est le pouvoir donné aux tribunaux de première instance de prononcer l'exécution provisoire de leurs jugements, à la charge du demandeur de fournir caution, à moins que la loi ne l'en dispense. « Tant que la partie condamnée, » disait le président de Lamoignon (1), se promet » d'avoir quelque ressource en son affaire, la passion » de plaider dure toujours ; mais elle se passe au » moment qu'elle satisfait par l'exécution de la sen- » tence. » Cette faculté du tribunal d'ordonner l'exécution provisoire ne doit être limitée que par une seule exception, facile à comprendre, c'est quand l'exécution serait irréparable en appel.

Elle pourrait même être prescrite en appel, si les premiers juges avaient omis de la prononcer, de même le tribunal supérieur aura la faculté de l'arrêter, s'il le juge nécessaire.

Ce moyen diminuerait grandement le nombre des

---

(1) Procès-verb. 1667, p. 203.

appels abusifs et ferait connaître la véritable utilité de l'institution. Il contribuerait aussi à augmenter le respect des tribunaux de première instance ; les plaideurs, craignant l'exécution provisoire, feraient valoir tous leurs moyens et ne songeraient pas à les ménager pour les débats qui vont s'ouvrir en appel.

Qui peut interjeter appel? Le code donne dans l'art. 443 cette faculté au défaillant, le délai ne court que du jour où l'opposition n'est plus recevable, il l'admet dans ces cas, d'après l'ordonnance de 1667, et contrairement à l'art. 28 de celle de Villers-Cotterêts (1). La cour de cassation, dans ses observations préliminaires sur le projet du code de procédure s'était prononcée pour la règle romaine, qui refusait l'appel au défaillant, « *contumax non appellat* (2). »

Dans le système du code, la partie qui fait prendre défaut contre elle, pourrait, en opposition avec l'intention de la loi, se soustraire à la procédure devant le tribunal de première instance, pour commencer l'instruction de l'affaire en appel et anéantir la garantie d'une discussion successive devant les deux degrés de juridiction. En outre, le défaillant n'est pas fondé en raison de venir se plaindre en appel d'un premier jugement, qu'il est censé avoir accepté, en n'y formant pas opposition. L'opinion de la cour de cassation aurait, selon nous, dû prévaloir.

Contre quels jugements l'appel peut-il être interjeté? Le code distingue à cet égard trois catégories :

1° Les jugements préparatoires ;

---

(1) Elle date de 1539.

(2) Loi 13, paragraphe dernier, *D. de judic.* — Loi 1re au code : *Quorum appellationes non recipiuntur.*

2° Les jugements interlocutoires ;
3° Les jugements définitifs.

Il admet l'appel immédiat seulement pour les deux dernières classes et le retarde pour les jugements préparatoires qui ne lient pas le juge. L'admission de l'appel, dans ce dernier cas, n'eût été qu'une mesure dilatoire, coûteuse et inutile.

Les jugements interlocutoires (1) sont ceux qui préjugent le fond. Dans la pratique cette définition a donné lieu à beaucoup de difficultés (2) pour savoir si un jugement préjugeait le fond ou non, et devait être regardé comme interlocutoire ou préparatoire, selon que l'une ou l'autre opinion devait être admise. Ne vaudrait-il pas mieux que la loi n'accordât l'appel qu'après le jugement définitif (3), et qu'elle énumérât les cas spéciaux dans lesquels il peut le précéder.

---

(1) Art. 441 et 452.

(2) V. BERRIAT S¹-PRIX, p. 227; CARRÉ, *Traité et questions*, t. 1, p. 191.

(3) Le droit romain semble n'admettre l'appel que des sentences définitives : « Oportet post omnem litem finitam tunc » appellationem reddi, neque enim læditur quis, si interea » facta fuerit interlocutio qua ille denegavit jus competens id est » vel testium productionem aut relectionem instrumenti, etc. » C. VII, 62, *De Appel. et cons.* loi 36. — Le droit canonique dans l'intérêt de la cour de Rome étendit la faculté de l'appel contre toute espèce de jugement : « Sacri canones autem et *post* » *contestationem* et in pronuntiatione sententiæ et post sin-» gulis potestatem tribuunt appellandi. » C. XII, 10, *De Appel.* Le Concile de Trente a restreint ces abus de l'appel en l'accordant seulement pour les sentences définitives ou des jugements interlocutoires dont les conséquences ne pouvaient être réparées par l'appel des jugements définitifs : « Causæ omnes ad forum » ecclesiasticum pertinentes neque appellationes recipiuntur nisi » *ab definitiva....* et cujus gravamen per appellationem ab » definitiva reparari nequeat : *In fine Conc. Trid.* Sess. 3 » caput 1. »

On tarirait ainsi la source des controverses nombreuses qu'a engendrées la définition vague et générale du code. La loi de Genève est entrée dans cette voie dans son article 307, ainsi conçu : « On pourra
» appeler des ordonnances préparatoires dans les
» mêmes cas que des jugements. Toutefois, l'appel
» n'en sera recevable qu'avec celui du jugement au
» fond, à moins que lesdites ordonnances n'admissent une espèce de preuve ou d'instruction dans les
» cas où la loi l'aurait interdite. » Ainsi, je suppose que le tribunal de première instance ordonne une preuve testimoniale pour une chose excédant cent cinquante francs, une vérification d'écriture d'un acte authentique sans inscription de faux, la loi devrait autoriser l'appel immédiat. Ici une partie peut avoir intérêt à s'opposer à la preuve d'un fait qui peut lui causer au moins un préjudice moral et à prévenir par un appel et le résultat fâcheux d'une procédure probatoire et les frais d'une opération illégale.

Lorsqu'une affaire est portée devant le tribunal supérieur, il faudrait suivre, pour son instruction et la plaidoirie, les règles que nous avons exposées pour les tribunaux de première instance.

Nous voudrions seulement que l'exploit d'appel contînt les griefs de (1) l'appelant contre la décision des premiers juges. Une pareille disposition le forcerait à réfléchir, à s'éclairer avant de s'y engager et préviendrait les effets de la légèreté et de la précipitation. Elle servirait à l'intimé, pour le mettre au courant de l'objet et des motifs de l'appel.

Ainsi qu'en première instance nous ne demandons

---

(1) *Code de proc.* art. 132.

pas un seul mode d'instruction pour toutes les affaires et laissons aux juges pour s'éclairer, le choix selon la nature des causes, nous croyons de même en appel que c'est le tribunal qui devrait ordonner l'instruction préparatoire ou celle par écrit, selon les cas. Il faudrait accorder aux magistrats une certaine direction de la procédure qui doit les mettre à même de juger.

L'article 461 du code n'admet en appel aucune nouvelle demande, à moins qu'elle ne soit une défense à l'action principale. Cette expression *de défense* est extrêmement vague et donne lieu à beaucoup de difficultés; la loi devrait s'expliquer plus clairement sur ce point. — Ici encore le code de Genève spécifie le cas. La jurisprudence permet de proposer en appel tous nouveaux moyens, mais rejette toute nouvelle demande qui ne soit pas connexe avec les conclusions posées en première instance (1).

Quant aux diverses mesures employées par les tribunaux inférieurs, pour découvrir la vérité : interrogatoires ou serments des parties, enquêtes, expertises, transports sur les lieux, nous les admettons en appel, soit que les premiers juges y aient déjà eu recours, soit qu'ils ne les aient pas appliqués. Les procès-verbaux d'enquête ne lient point les juges d'appel qui peuvent en ordonner une nouvelle, si la déposition orale leur paraît nécessaire, pour éclairer l'enquête écrite.

L'intimé peut appeler incidemment, même après avoir signifié le jugement obtenu en première

---

(1) CARREY, *Traité de la procéd.* t. II, p. 62.

instance, sans faire de réserve (1). Cet appel incident doit-il porter sur tous les chefs de la demande décidée par les premiers juges. Les expressions de la loi sont générales, et la jurisprudence paraît exiger qu'il y ait connexité entre les chefs de l'appelant et ceux de l'intimé. Cette interprétation devrait être adoptée par le législateur et mettrait fin à toutes les controverses sur ce point.

Titre XXIII.

Des voies de recours devant les mêmes juges.

L'emploi du recours devant les mêmes juges ne peut avoir lieu que dans des cas rares. Il ne présente des avantages que lorsqu'il est fondé sur une circonstance étrangère au magistrat et qui ne l'oblige pas de rétracter son avis par une cause qui blesserait son honneur ou même son amour-propre.

Le recours repose-t-il sur une erreur ou sur une injustice provenant de l'ignorance du juge, de sa partialité, ou même de l'obscurité de la loi ? un tribunal supérieur peut seul offrir alors une sauvegarde assurée.

§ I.

Le code indique deux moyens d'attaquer les jugements devant le tribunal qui les a rendus. Ce sont la requête civile et la tierce-opposition. La pratique admet une autre voie, c'est la demande en interprétation des

---

(1) SIREY, *Codes annotés*, p. 335 ; en sens contraire *Arrêt de la Cour de Rennes*, 1817, 20 août.

jugements, autorisée autrefois par l'ordonnance de Blois de 1579, lorsque ces jugements contiennent un vice de rédaction, ou que les termes présentent quelqu'équivoque ou un sens obscur.

Le code de procédure n'en parle pas ; cette lacune dans notre législation nous paraît un oubli volontaire; afin d'éviter que les praticiens n'abusent de ce moyen, comme s'il était un recours régulier, dont la législation a pris soin de tracer les formes.

On ne peut toutefois nier que la demande en interprétation n'offre aussi des avantages ; elle empêche les parties, se méprenant sur le véritable sens du jugement, de l'exécuter mal et d'interjeter des appels fondés sur son défaut de clarté.

§ II.

La requête civile est une voie extraordinaire restreinte aux jugements en dernier ressort et donnée aux parties ou à leurs ayants-cause, pour représenter aux mêmes juges, que leur religion a été surprise et que leur sentence ne porte pas sur les bases essentielles du procès. Pour prévenir l'abus qu'on pourrait faire d'un pareil recours, le code a spécifié les moyens qui y donnent lieu dans l'article 480.

Ces moyens, proposés dans la loi, n'ont rien d'offensant pour la dignité, ni même pour l'amour-propre des juges qui ont rendu le jugement. Nous voudrions la suppression d'un seul, celui qui admet le recours à la requête civile pour la violation des formes prescrites à peine de nullité. Nous ne pouvons croire que les règles de procédure soient plus sacrées que les autres lois civiles et nous ne concevons pas ce privilége en leur faveur. Il faut dire cependant que le code n'a pas un respect aussi exagéré pour les formes de procédure que l'avait l'ordonnance de 1667, qui donnait ouverture à la requête civile, pour contravention aux formes qu'elle avait prescrites, même sous peine de nullité. D'ailleurs, ce moyen, renfermant souvent un reproche d'ignorance de la loi pour les premiers juges, le tribunal d'appel ou la cour de cassation nous paraît mieux placé pour en connaître.

La découverte de nouveaux documents décisifs ne donne ouverture à la requête civile que quand ils étaient retenus par le fait de l'adversaire ; la loi devrait l'accorder aussi, lorsqu'une partie prouve qu'elle était dans l'impossibilité de produire la pièce à temps par un cas de force majeure, comme l'interruption des communications.

Il faudrait écarter la formalité inutile (1) et onéreuse de la consultation de trois anciens avocats et la consignation préalable d'une amende de trois cents francs. Cette formalité de la consultation était déjà prescrite par l'ordonnance de 1667, puis supprimée en 1793, et elle a été rétablie par le code. Nous dirons encore avec la cour d'Orléans (2) : « Bien des requêtes civiles » ont été formées devant les tribunaux, très-peu ont » réussi et les motifs de toutes étaient justifiés par » des consultations d'avocats. » Pendant les quatorze ans où elles n'étaient pas nécessaires, les demandes en requête civile n'ont pas été pour cela plus nombreuses. — La consignation de l'amende frappe d'avance les innocents et les coupables, et ôte aux

---

(1) *Code de procédure*, art. 495.
(2) Observations sur le projet du Code.

pauvres la faculté de recourir à ce moyen offert par la loi.

§ III.

La tierce-opposition a lieu, si un jugement porte préjudice à une tierce-personne qui n'était pas appelée dans la cause pour se défendre. Elle doit être admise à s'adresser aux mêmes juges, afin qu'après l'avoir entendue ils prononcent à son égard en connaissance de cause.

La tierce-opposition incidente est portée devant le tribunal où la contestation principale est pendante. Toutefois, dans l'intérêt de la hiérarchie des tribunaux, le code a introduit une exception, lorsque le jugement attaqué par cette voie est rendu par un tribunal supérieur à celui où se plaide le procès principal à l'occasion duquel une partie le produit, et l'autre le méconnaît.

Nous nous bornons à cette courte analyse des principes du code et n'avons sur cette matière aucune observation spéciale à faire qui devrait trouver place dans ce travail.

―

CHAPITRE XIV.

De l'exécution des jugements.

La lutte devant le tribunal est terminée par un jugement qui constate les droits des demandeurs. Si la partie condamnée exécutait volontairement les obligations reconnues par la sentence des juges, aucune procédure n'aurait plus lieu. Malheureusement c'est au moment de l'exécution que les passions des parties deviennent plus ardentes, que l'intervention de la justice devient plus nécessaire.

IDÉES GÉNÉRALES SUR L'EXÉCUTION.

Qu'on nous permette d'exposer quelques idées générales qui doivent guider le législateur dans cette matière. Il doit se tenir à une égale distance d'un excès de philanthropie qui favoriserait les débiteurs et d'une rigueur inutile qui ne profiterait point aux créanciers.

Une règle première doit être celle-ci, qu'une fois un jugement inattaquable obtenu qui condamne le débiteur à remplir une obligation, aucun retard ne doit être apporté à l'exécution, à moins que les juges n'aient accordé un délai, mus par des circonstances particulières. Si le débiteur mérite cette faveur, qu'il la demande au tribunal qui usera de la faculté donnée par la loi, s'il en est digne. Mais le moment de l'exécution arrivé, il faut que le législateur donne aux créanciers les moyens de se faire promptement payer sur les biens des débiteurs qui forment leur gage commun.

Dans l'intérêt de tous les deux les moyens d'exécution doivent être le moins coûteux possible. Ce serait aussi une rigueur inutile, si elle allait au delà de ce qui est nécessaire pour satisfaire aux obligations imposées par le jugement. Il faudrait de même que la loi indiquât les mesures les plus propres, pour que les biens du débiteur ne fussent pas vendus à bas prix.

Toutes ces considérations particulières dont le

législateur doit tenir compte, sont dominées par l'intérêt général.

Rien ne facilite autant les contrats entre les citoyens, rien ne vivifie plus le crédit, source de l'industrie et du commerce, qu'une bonne administration de la justice et de bonnes lois sur l'exécution des engagements. Elles feront obtenir des emprunts à des conditions plus équitables que les moyens peu efficaces de la fixation légale du taux de l'intérêt et les pénalités contre les usuriers.

L'économie politique nous apprend que deux éléments entrent dans le taux de l'intérêt. Ce sont le loyer de l'argent et la prime d'assurance que le prêteur exige pour le risque qu'il court de perdre son capital en entier. Cette prime sera plus ou moins grande suivant la confiance qu'inspirent la solvabilité, la probité, l'exactitude des débiteurs et les bonnes chances de l'entreprise pour laquelle l'emprunt est fait.

Mais il est incontestable qu'elle doit varier aussi de pays à pays, selon que les lois de procédure facilitent ou rendent difficile l'obtention d'un titre-exécutoire, ou que cette poursuite elle-même rencontre plus ou moins d'obstacles qui reculent le paiement du créancier.

Si le prêteur est exposé à des retards infinis, s'il doit avancer des frais considérables qui augmentent encore le fond qu'il risque pour rentrer dans son capital, il n'y a aucun doute qu'il ne prenne en considération toutes ces mauvaises chances pour demander un intérêt plus élevé.

Ce sera surtout le crédit foncier qui repose bien moins sur les qualités personnelles du débiteur, que sur les garanties réelles qu'il peut offrir, qui profitera d'une amélioration de la législation sur la poursuite immobilière, et ce serait un grand bienfait pour l'agriculture.

Une considération très-importante que le législateur ne doit jamais perdre de vue, c'est que les opérations qui ne se font dans toutes les industries qu'au moyen du crédit se lient intimement par un rapport mutuel. Une secousse donnée à une seule par la diminution du crédit se propage de suite sur une série d'autres, ainsi que le fluide électrique, parcourant la chaîne, frappe tous ceux qui la tiennent.

Si le créancier ne reçoit pas ce qui lui est dû, il ne peut à son tour tenir ses engagements. Une série de poursuites peut être la conséquence de l'inexécution à temps d'une seule obligation. Une bonne loi sur l'exécution contre les débiteurs aurait pu prévenir un résultat aussi fâcheux.

Est-ce à dire pour cela que la loi doive être sourde à la voix de l'humanité ? Loin de nous cette pensée. Concilier ce qu'exige la commisération due aux malheurs souvent immérités, avec l'intérêt de l'Etat de faciliter l'exécution des contrats, est la tâche difficile du législateur.

—

Section Ire.

Notions communes à tous les modes d'exécution forcée.

L'exécution forcée ne pourra avoir lieu qu'en vertu d'un titre-exécutoire (1). Ces titres sont des actes

(1) La législation Hessoise admet avec l'autorisation du tribunal l'exécution sur des titres privés non contestés, après un avertissement donné au débiteur de payer ou de faire ses objections dans un certain délai. Ce n'est que dans ce dernier cas que le créancier est obligé d'obtenir un jugement du tribunal. (Loi du 31 décembre 1829.)

émanant de l'autorité judiciaire, ou notariés.

Les jugements ou actes par devant notaire, dont l'exécution est poursuivie, doivent être obtenus en France.

Les jugements rendus (1) par les tribunaux étrangers ou les actes reçus par les notaires non français n'ont aucune force en France ni pour l'exécution, ni pour le fond comme titres authentiques. Autrement ce serait donner à une autorité étrangère un pouvoir juridictionnel sur notre territoire, incompatible avec les droits d'indépendance et de souveraineté nationales. — La jurisprudence a fixé le sens précis de l'art. 546; un simple *exequatur* sans examen du fond ne suffit point pour donner force exécutoire aux jugements obtenus en pays étranger. Afin de lever tout équivoque sur l'interprétation de l'art. 546, la loi de Genève a ajouté ces mots : « parties ouïes ou dûment citées. » En effet la vérification ne pourra se faire mieux qu'en présence des parties qui peuvent éclairer le tribunal et faire valoir leurs objections. Dans toutes les causes où il s'agit de déclarer exécutoire un jugement rendu à l'étranger, les conclusions du ministère public devraient être obligatoires. Ce serait une garantie de plus pour les plaideurs et surtout pour notre propre juridiction dont les droits ne pourraient être mieux défendus que par le magistrat chargé de veiller à leur exécution.

Quoique nous voudrions voir l'exécution provisoire admise toutes les fois qu'elle ne serait pas irréparable en appel, la loi devrait tracer pour ces cas exceptionnels, où l'exécution provisoire ne peut avoir lieu, des

---

(1) *Code de procédure*, art. 146, art. 545 et suivants.

règles qui fixeraient l'époque à laquelle les jugements *deviendraient inattaquables*. M. Bigot-Préameneu, en présentant le titre des contrats et obligations en général au Corps législatif, en a déclaré la nécessité et renvoyé à cet effet au code de procédure. Néanmoins ce dernier ne contient nullement des dispositions formelles qui déterminent, quand un jugement est passé en force de chose jugée. Cette lacune n'existait pas dans l'ordonnance de 1667 dont l'art. 5 du titre XVII était ainsi conçu : « Les sentences et
» jugements qui doivent passer en force de chose
» jugée sont ceux rendus en dernier ressort, et dont il
» n'y a appel ou dont l'appel n'est pas recevable,
» soit que les parties y eussent formellement acquiescé,
» ou qu'elles n'en eussent interjeté appel dans le
» temps, ou que l'appel était déclaré périmé. » Cet article de l'ordonnance de 1667 devrait être complété ; le législateur (1) distinguerait entre le jugement contradictoire et celui par défaut, entre les voies ordinaires de recours et les voies extraordinaires pour établir, quand un jugement acquiert l'autorité de la chose jugée.

L'exécution peut porter sur tous les biens du débiteur et même de son héritier pour sa part héréditaire, voilà la règle. Les biens qui ne peuvent être saisis, doivent être formellement exceptés. Nous avons déjà dit qu'un terme (2) peut être accordé par le tribunal au débiteur condamné, pour se libérer des obligations constatées par jugement.

Le tribunal doit user avec modération de ce pouvoir exceptionnel. La loi interdit même aux juges

(1) *Code de Genève*, art. 378 à 381.
(2) *Code Napoléon*, art. 1244.

cette faculté d'accorder des délais, lorsqu'il s'agit d'une dette qui exige un paiement ponctuel. Tels sont les lettres de change et les billets à ordre (1). Cette faveur du terme doit cesser, si par le fait du débiteur ou même des circonstances de force majeure sa position s'est empirée, autrement ce serait une injustice envers les créanciers.

Dans les cas où l'exécution provisoire peut avoir lieu sous caution, la soumission de cette dernière se fait au greffe. La loi ne s'explique pas sur le point de savoir, si l'acte de soumission passé au greffe emporte une hypothèque conventionnelle ou judiciaire (2). — Une controverse qui partage les auteurs (3) et la jurisprudence, naît aussi de l'article 2,060 qui prononce la contrainte par corps contre les cautions judiciaires et contre celles des contraignables par corps, lorsqu'elles se sont soumises à cette contrainte. En appliquant la dernière phrase aux deux membres de la première, des auteurs ont soutenu que la contrainte par corps pouvait avoir lieu pour la caution par sa seule volonté, quoique elle ne frappe point le débiteur principal. Toutes ces difficultés seraient tranchées par une rédaction plus précise de la loi.

La poursuite sur les biens n'est pas arrêtée par la mort du débiteur, tandis que l'instance doit être reprise contre les héritiers. La raison de différence est palpable ; dans un cas, il y a un jugement obtenu qui constate les droits de celui en faveur

---

(1) *Code de commerce*, art. 157 et 187.
(2) Avec la disparution de l'hypothèque judiciaire de notre législation cette question ne pourrait plus être soulevée.
(3) V. Delvincourt et Pigeau.

de qui il a été rendu ; dans l'autre au contraire une contestation est pendante pour les fixer. Seulement lorsqu'au décès du débiteur il n'y a eu aucun acte de poursuite, les jugements et autres titres-exécutoires contre lui ne pourront être mis à exécution contre ses héritiers que huit jours après qu'ils leur auront été signifiés (1).

Si quelques dispositions des jugements devraient être exécutées contre une autre personne que la partie condamnée, comme quand il s'agit d'une rectification d'un acte de l'état civil, d'une radiation d'inscription hypothécaire, quelles précautions auraient à prendre ces tiers pour exécuter le jugement en ce qui les concerne ?

Les lois antérieures au code de procédure ne fixaient aucune règle à cet égard. Aussi cette exécution par les tiers était-elle entourée de très-grandes difficultés. Ils exigeaient des sûretés pour les garantir des risques qu'ils pouvaient courir. Le code a remédié en grande partie aux inconvénients de ce genre d'exécution (2). Il prescrit à cet effet la tenue d'un registre au greffe, dans lequel les avoués des opposants ou des appelants doivent faire mention sommaire de l'opposition ou de l'appel. Nul jugement ne doit être exécuté par un tiers que sur l'attestation du greffier déclarant qu'il n'existe contre le jugement ni opposition, ni appel.

---

(1) *Code Napoléon*, art. 877.
(2) *Code de procédure*, art. 163, 164, 548, 549, 550.

Section II.

DE LA CUMULATION DES POURSUITES.

Deux questions se présentent ici :
1º La poursuite doit-elle être dirigée contre la personne et les biens du débiteur?
2º La loi doit-elle fixer un ordre à suivre dans la saisie des biens, de manière qu'il faudrait commencer par les meubles et en cas d'insuffisance diriger la poursuite contre les immeubles?

Nous sommes loin de ces temps barbares où l'exécution se faisait principalement contre la personne du débiteur. A l'origine de l'état romain il devait être adjugé comme esclave au créancier. Plus tard la poursuite sur les biens était le mode d'exécution le plus usité.

Néanmoins la contrainte par corps subsiste encore dans notre législation, comme moyen de poursuite même pour des *créances* civiles. Elle n'est pas en harmonie avec les principes de protection de la liberté individuelle et la nature des droits dont il s'agit dans ce dernier cas. Si elle est une peine infligée au débiteur qui refuse de payer ce qu'il doit, une législation sage ne peut faire dépendre de la volonté du créancier d'appliquer ou de ne pas appliquer la pénalité, de l'abréger ou de la faire durer, dans la limite fixée par le jugement et la loi. Il est très-difficile de reconnaître s'il y a faute de la part du débiteur qui ne paie pas, ou plutôt un malheur immérité. Dans tous les cas l'emprisonnement l'empêche de se procurer les moyens de s'acquitter par son travail ou autrement. Le créancier ne compte que sur la rançon que lui paieront les parents ou les amis pour obtenir la liberté du prisonnier, ou c'est une espèce de torture pour forcer le débiteur à faire connaître ses biens cachés. Très-souvent le créancier étant obligé de consigner une certaine somme pour l'entretien du prisonnier, ne sera mû que par un sentiment de vengeance ou de haine qui le poussera à l'emploi de ce moyen.

La contrainte par corps devrait donc être bannie de notre loi civile, et s'il y a fraude commise par le débiteur, il faudrait le renvoyer devant la justice criminelle.

Cette institution se justifie davantage en matière commerciale, notamment comme garantie des engagements contractés par lettres de change. Cette rigueur dans leur poursuite produit pour le crédit commercial un effet analogue à celui de l'hypothèque pour le crédit des autres citoyens. Il faut un stimulant énergique pour l'honneur des commerçants. La peur de la contrainte par corps est un des moyens les plus efficaces non pas à cause de la perte de la liberté, mais à raison des conséquences graves qu'elle entraîne dans les idées du commerce pour le crédit de ceux qui en sont frappés.

En la restreignant ainsi à la sanction des engagements commerciaux et surtout par lettres de change, le législateur trouvera une justification de son maintien dans des motifs d'économie politique.

Dans les cas où la contrainte par corps est admise par la loi, elle peut se cumuler avec l'exécution sur les biens. Il faut mettre en main du créancier tous les moyens pour déjouer la mauvaise foi.

Sous une législation contraire (1) les débiteurs s'empresseraient de jouir, pendant leur emprisonnement, des biens que leurs créanciers n'ont pu saisir, et de prodiguer dans de folles dépenses tout leur avoir.

La loi doit-elle établir une règle pour l'ordre à suivre dans la saisie des biens, de sorte qu'on commencerait par vendre les meubles et en cas d'insuffisance les immeubles? L'exécution se faisait ainsi sous l'empire romain (2) et a passé avec la législation de Justinien dans celle d'autres nations où elle subsiste encore. Elle paraît conforme au principe d'équité qui condamne toute rigueur inutile. L'Etat lui-même est intéressé à assurer l'existence d'une famille, dont le seul soutien est le champ qui la nourrit, lorsque d'autres biens suffisent pour satisfaire le créancier. On a craint souvent aussi que l'envie de s'approprier l'immeuble du débiteur à bon marché ne poussât le poursuivant à trop de rigueurs, lorsque l'argent provenant de la vente mobilière aurait pu produire la somme nécessaire pour acquitter la dette.

Toutefois, on conçoit facilement qu'un tel ordre, prescrit par la loi dans l'exécution, affaiblit le crédit et cause des retards infinis. Le créancier est généralement obligé de recommencer les poursuites. Cette protection qu'on veut accorder à un débiteur ferait le plus grand tort à ceux qui ont besoin d'emprunter. Qui voudra prêter son argent, lorsque, pour rentrer dans

---

(1) BLACKSTONE, livre III, chap. 26, *Exécution des jugements*.
(2) Loi 15, *D. de re judicata*: on saisissait 1° *moventia*, 2° *pignora Soli*; 3° *jura*.

ses capitaux, il faut suivre une route hérissée de tant de difficultés ? Le débiteur ne possède ses biens que grevés de ses dettes ; il ne peut se plaindre, si le créancier le poursuit sur une partie quelconque de sa fortune, qui, tout entière, forme son gage. Ce motif existe à plus forte raison, lorsqu'un immeuble est spécialement affecté par hypothèque au paiement d'une obligation.

La loi, tout en protégeant les intérêts du créancier, doit défendre le débiteur contre d'injustes vexations. Ainsi, quand pour une somme minime on s'empresse de diriger contre lui des poursuites cumulées, dans le but d'augmenter les frais, c'est un acte de haine et de dureté vexatoire. On achève la ruine du débiteur, et on absorbe en dépenses inutiles le gage des créanciers.

La loi devrait donner aux juges le droit de réprimer de pareils excès. Si cette cumulation n'offrait évidemment aucun avantage aux créanciers, le tribunal pourrait alors restreindre les diverses poursuites à celle pour laquelle le créancier opterait ; ou à défaut d'option à celle qu'il déterminerait lui-même.

—

Section III.

CONTESTATIONS SUR L'EXÉCUTION FORCÉE.

L'intervention du tribunal dans la procédure exécutoire n'a lieu que quand une contestation est soulevée, soit par le poursuivi, soit par les tiers.

Le juge ne prescrit pas, comme dans la procédure allemande, les actes d'exécution les uns après les autres, c'est à la partie dont les droits sont constatés par une sentence judiciaire à les faire valoir.

L'exécution, comme ensemble d'actes de contrainte, n'entre pas dans les fonctions judiciaires, mais appartient plutôt au pouvoir administratif qui l'a confiée à des agents déterminés, c'est-à-dire aux huissiers. Ces derniers agissent au nom de la loi, et des règles sont tracées dans le code pour éviter, autant que possible, tout arbitraire de leur part.

La remise du titre exécutoire entre les mains de l'huissier suffit pour l'autoriser à faire toutes les poursuites à l'exception de la saisie-immobilière et de la contrainte par corps (1). Ici l'importance de l'acte l'oblige à se faire donner un pouvoir spécial de la partie qui le requiert.

Pour que l'exécution forcée puisse avoir lieu, l'huissier doit prévenir le débiteur par la signification du titre exécutoire en vertu duquel il agit contre lui et par le commandement (2) de satisfaire à son contenu.

D'autres fonctionnaires contribuent encore à l'exécution des jugements, ce sont les greffiers, les maires et les notaires. Les deux premiers interviennent en général pour contrôler les actes des huissiers ; les notaires font dans certains cas les ventes, les inventaires ou les partages.

Le tribunal reste inactif, tant qu'aucune contestation n'a été soulevée à l'occasion de l'exécution et que pour la vider il n'a pas fallu une décision judiciaire.

Le poursuivant ayant en sa faveur un titre exécu-

---

(1) *Code de procédure*, art 556.
(2)   *Id.*   art. 583 et 626.

toire, la loi devrait prescrire une marche plus expéditive pour terminer les difficultés, créées lors de l'exécution, en général dans le but de la retarder. Aussi les renvoie-t-elle devant le président ou un juge commis à cet effet pour y statuer provisoirement en référé, si elles exigent une solution prompte (1).

Si les contestations non définitivement irréparables sont portées devant le tribunal, elles devraient être jugées avec célérité, et les délais, pour attaquer les décisions, restreints d'une manière uniforme à dix jours depuis leur signification.

Cette rigueur est nécessaire à cause de l'urgence qu'offre en général la nature de ces sortes de litiges et du dommage qu'éprouvent les parties, par suite des incidents qui entravent la marche de l'exécution.

Le caractère particulier de ces contestations et la rapidité des formes pour les terminer rendent l'intervention du ministère public très-désirable. Chargé de tenir la main à l'exécution des jugements, il devrait être entendu sur les questions qu'elles soulèvent, et qui intéressent souvent l'ordre public ; en outre, il présenterait une garantie de plus dans une procédure qui exige de la célérité.

CHAPITRE XV.

Exécution forcée sur les Biens meubles.

Après avoir développé dans le chapitre précédent les notions communes aux différents modes d'exécu-

---

(1) *Code de procédure,* art. 806.

tion et indiqué des améliorations à introduire dans notre législation, nous allons les examiner chacun à part.

L'expression générale de biens meubles que nous employons dans l'intitulé de ce chapitre comprend : 1° les saisies-exécutions, 2° les saisies-arrêts, 3° les saisies-brandons, et 4° les saisies des rentes constituées par particuliers.

Section Ire.

SAISIES-EXÉCUTIONS (1).

La saisie-exécution ne peut se faire, d'après le code, que par un huissier accompagné de deux témoins. Elle doit être précédée d'un commandement et faite hors la présence du créancier poursuivant, pour éviter des voies de fait entre les parties. L'huissier dresse procès-verbal des objets saisis, et si le débiteur s'oppose à ces actes d'exécution, il se fait assister du juge de paix, et, à son défaut, par un autre officier de police judiciaire, pour les faire de force. Différents objets sont déclarés insaisissables par la loi, soit d'une manière absolue (2), soit d'une manière relative (3). Un gardien est nommé pour veiller à la conservation des choses mises sous la main de la justice, et le procès-verbal doit déjà indiquer le jour de la vente. Si l'huissier qui se présente pour saisir, trouve l'exécution commencée par un autre

---

(1) *Code de procédure*, art. 583 à 627.
(2) Art. 592, N° 2.
(3) Art. 593.

créancier, il ne pourra saisir que les objets omis dans le procès-verbal de la première saisie que le gardien doit lui montrer, et il sommera le premier saisissant de les faire vendre dans la huitaine.

Un délai de huit jours est de rigueur entre la saisie et la vente. Cette vente est annoncée par des placards mis dans les endroits désignés par la loi, ils sont au nombre de cinq ; elle ne sera arrêtée lorsque le montant de la dette et des frais est couvert. C'est l'huissier qui la dirige (1) ; il est responsable du prix des objets vendus au plus offrant, sans fixation de minimum, à moins qu'il ne s'agisse de vaisselle d'argent, bagues et joyaux de la valeur de trois cents francs.

Un reproche général, qui doit être fait au système du code en matière de saisie-exécution, résulte de ce qu'il est uniforme et aussi coûteux, quand il s'agit d'objets de mince valeur que pour un mobilier très-important. On n'a aucun égard, non plus à la somme pour laquelle elle est pratiquée.

(1) Excepté dans les villes où cette vente est faite par le commissaire-priseur. Dans beaucoup de tribunaux les magistrats allouent aux huissiers, lorsqu'ils font la vente des meubles, les mêmes droits que ceux qui sont accordés par le tarif spécial des commissaires-priseurs à ces derniers. Cette manière si commune de taxer est évidemment contraire à l'art. 30 du tarif des huissiers, alinéa 3, qui ne leur donne que des vacations. On allègue pour motifs de cette pratique vicieuse que la responsabilité est la même en ce qui concerne le prix des meubles vendus pour les huissiers et les commissaires-priseurs. Mais on oublie alors que le commissaire-priseur, dans les villes où il y en a, n'a que cet émolument, tandis que l'huissier fait tous les actes de poursuite qui précèdent la vente, ce qui lui procure déjà un bénéfice considérable. Pour remédier à ces abus il faudrait une disposition législative qui rappelât les juges-taxateurs à l'observation de l'art. 30 précité, et leur défendit l'assimilation de la vente faite par huissiers à celle des commissaires-priseurs.

On n'a qu'à parcourir les articles 31 à 47 du tarif, pour se rendre compte des frais énormes que peut entraîner une saisie faite pour une créance de vingt francs. Il est évident qu'il y a des formalités inutiles, quand on doit vendre un mobilier pour payer un capital si minime. Il faut un gardien dans l'intervalle de la saisie à la vente à raison de 2 fr. 50 c., 2 fr. et 1 fr. 50 c. par jour, selon l'importance des localités ; il faut des affiches à quatre ou cinq endroits différents qui coûtent de l'argent et que personne ne lit. L'insertion dans un journal, dans une ville où il y en a, vient encore augmenter les frais pour les saisies de ce genre, sans une publicité vraiment utile. Le vice capital de notre législation se trouve en ce qu'on procède d'une manière uniforme dans presque tous les cas (1), sans égard à la nature (2) et à la valeur (3) des objets saisis.

Ainsi les affiches et annonces seraient inutiles, lorsqu'il s'agit de choses qui se vendent au marché où il y a des mercuriales.

Les délais et le mode de publication de la vente devraient varier suivant l'importance de l'objet. Au lieu des affiches que le public lit rarement, ne vaudrait-il pas mieux annoncer la vente par un crieur public au son du tambour, surtout lorsqu'il s'agit d'objets de ménage ou qui servent à des besoins journaliers ? La saisie porte-t-elle, au contraire, sur des choses rares et très-précieuses, on devrait

---

(1) *Code de proc.* art. 621.
(2) V. *Code de proc. Prussien*, titre xxiv, § 78 à 92.
(3) Loi sur la saisie-exécution pour la Bavière-Rhénane, du 23 mai 1816, art. 70 et suivants.

donner une publicité plus grande que celle que la loi prescrit.

Un autre danger en matière de saisie provient de ce que les parties sont laissées à la discrétion de l'huissier qui usera d'une rigueur scandaleuse envers le débiteur malheureux, ou négligera les intérêts du créancier par suite d'un concert frauduleux avec un débiteur influent. D'après le code, c'est à l'huissier assisté de ses recors que sont confiées la vente des meubles et la réception des deniers qu'elle produit. Les plaintes adressées au parquet pour abus commis par des huissiers, sont souvent un moyen trop tardif et peu efficace; dans tous les cas elles servent à les réprimer plutôt qu'à les prévenir. Il faudrait donc organiser une surveillance spéciale, un contrôle direct et actif sur toutes les saisies-mobilières.

Nous croyons que le juge de paix, à cause de ses rapports journaliers avec les classes où les saisies-mobilières sont les plus nombreuses, est le magistrat le plus propre à exercer un contrôle salutaire sur les opérations des huissiers. Ceux-ci devraient lui faire connaître toutes les saisies qu'ils pratiquent dans son canton et lui rendre compte de leurs actes toutes les fois qu'il l'exigera.

Lorsque des difficultés s'élèvent à l'occasion d'une saisie-exécution, c'est le juge de paix qui devrait les vider avec célérité et sans frais, sauf aux parties à se pourvoir, s'il y a lieu.

Un des inconvénients les plus graves dans les saisies-mobilières, ce sont les frais qu'entraînent la garde des objets, et la difficulté de trouver des gardiens solvables. Ces inconvénients pourraient être bien affaiblis, si l'on déposait les objets saisis dans un lieu public. Il faudrait qu'il y eût près de chaque justice de paix un établissement destiné à les recevoir sous un gardien unique qui devrait veiller sur eux. Il en résulterait une diminution des frais de garde et le déplacement entraînerait un transport peu coûteux à cause de la petite distance à parcourir. Une vente périodique de saisies différentes attirerait alors un plus grand concours d'enchérisseurs et augmenterait leur produit. Ce qu'un enlèvement immédiat des objets aurait de trop pénible pour le débiteur, pourrait être adouci par un délai de trois jours que la loi lui accorderait pour payer le créancier qui fera établir un gardien pendant ce temps. La vente devrait se faire par un notaire du canton qui présente en général, pour la restitution du prix, une garantie plus grande que l'huissier.

Nous avons encore à signaler plusieurs améliorations de détail, empruntées au code Genèvois. Ainsi l'art. 592, § 2, indique comme absolument insaisissables les habits dont les saisis sont couverts, il faudrait ajouter « ou servant à leur usage journalier. » Cette adjonction est commandée par l'humanité, il ne faut pas qu'on permette de saisir les vêtements indispensables des débiteurs ou de leurs enfants, lors même qu'ils n'en seraient pas présentement couverts.

Les papiers appartenant au débiteur, autres que les titres de créance, ou les actes constitutifs de propriété, faudrait-il permettre de les saisir? Tels sont : ses correspondances, ses livres de compte ou de notes, ses manuscrits, ses compositions et ouvrages inédits. Le code garde le silence sur ce point; l'ancienne jurisprudence déclarait insaisissable tout ce qui pouvait appartenir à un homme de lettres, en sa qualité d'auteur. Nous n'avons qu'à citer comme preuve l'arrêt célèbre du conseil d'Etat du 21 Mars 1749, en faveur de Crébillon père. Ses créanciers avaient saisi entre les mains des comédiens français sa part d'auteur dans le produit des représentations de la *Tragédie de Catilina*, et dans celles du libraire avec qui il avait traité de l'impression de cette pièce. Les saisies furent annulées par ledit arrêt. Les tribunaux d'aujourd'hui n'hésitent plus à valider la saisie des droits d'auteurs, ainsi que nous l'avons entendu juger bien des fois à Paris. La controverse ne pourra s'élever qu'à l'égard des manuscrits non vendus, existant entre les mains de l'auteur, qui ne sont qu'une œuvre non-mûrie qu'on ne saurait publier sans son consentement.

La jurisprudence déclare le manuscrit inédit insaisissable durant la vie de l'auteur. La solution devrait être la même après sa mort, à l'égard de ses héritiers, qu'on ne pourrait forcer à la publication des pensées écrites du défunt qu'ils représentent. Aucune disposition n'existe à cet égard dans notre code de procédure, qui n'a peut-être pas voulu résoudre ces questions, touchant à la propriété littéraire. C'est une lacune à remplir par le législateur.

La loi exige que le jour de la vente soit indiqué au moment de la saisie qui, quoique la vente n'ait pas lieu à la date fixée, subsiste indéfiniment jusqu'au désistement exprès. C'est un vice dans notre loi, car une saisie peut durer ainsi des années, au grand préjudice des parties. La facilité avec laquelle les huissiers se permettent d'accorder des remises de vente, est généralement aussi onéreuse au débiteur que nuisible au créancier. L'espoir des saisis de retirer les objets, mis sous la main de la justice, se réalise rarement. La vente a lieu, mais le produit en est absorbé par les frais de garde et d'huissier qui se trouvent exagérés outre mesure par le laps de temps écoulé et par les procès-verbaux de remise réitérés. Pour couper court à ces abus, il faudrait décider par une disposition formelle, que si la vente n'était pas faite au jour indiqué, la saisie tomberait de plein droit et les frais resteraient à la charge de l'huissier, avec dommages et intérêts s'il y a lieu. Il n'y aurait d'exception à cette déchéance que dans les cas suivants : 1º celui d'une opposition à la saisie pendante et non jugée; 2º celui d'une remise expressément consentie par les parties ou ordonnées par le tribunal dans quelques circonstances particulières, 3º celui d'un paiement de la dette par le débiteur ou d'un arrangement avec son créancier depuis la saisie.

Sous le nom de recousse, on avait autrefois admis dans plusieurs coutumes celles du Poitou, de la Bretagne, de la Normandie, la faculté du rachat des objets vendus pendant huitaine ou quinzaine. Cet usage avait trouvé des défenseurs qui voulaient l'étendre à toute la France, lors de la discussion de l'ordonnance de 1667. L'absence de toute taxe des objets saisis et adjugés au plus offrant, pourrait faire désirer le retour de l'ancienne coutume ; néanmoins, nous pensons devoir rejeter cette mesure par les motifs déjà donnés par le président Lamoignon, que cette clause de rachat empêcherait la vente des objets à leur véritable prix et qu'il serait très-difficile d'exécuter ces dispositions dans une grande ville où l'on ne pourrait atteindre l'adjudicataire pour lui faire restituer l'objet, s'il lui avait été livré, ou lui faire payer le prix après le délai, si l'objet avait été retenu.

—

Section II.

DE LA SAISIE-ARRÊT.

La saisie-exécution s'applique aux choses qui se trouvent en possession du débiteur, mais lorsque c'est un tiers qui lui doit une certaine somme ou qui détient des objets lui appartenant, la loi offre au créancier un moyen d'obtenir son paiement par la saisie-arrêt.

Le code de procédure distingue trois phases principales dans cette voie d'exécution : 1° opposition signifiée au tiers pour arrêter entre ses mains les sommes ou effets mobiliers qui pourraient appartenir au débiteur du saisissant ; 2° dénonciation de cette opposition au débiteur saisi avec assignation pour en voir prononcer la validité ; 3° assignation au tiers-saisi, pour déclaration des objets qui appartiennent au débiteur et qu'il a entre ses mains.

D'après le code, il y a deux procès. L'instance ne peut être liée avec le tiers pour faire sa déclaration que, quand il est jugé, que le saisissant est réellement créancier du débiteur, à moins qu'il n'ait un titre authentique. Or il peut arriver très-souvent que le premier procès avec le débiteur saisi soit fait en pure perte, lorsque le tiers peut déclarer plus tard qu'il n'a en sa possession aucun fond appartenant au saisi. Ne vaudrait-il pas mieux assigner, pour la même audience, le tiers-saisi, pour faire sa déclaration par l'exploit qui lui fait défense de se dessaisir et le débiteur en validité de l'opposition? Afin d'éviter l'inconvénient qu'un prétendu créancier ne vienne, par une opposition sans fondement, s'immiscer indûment dans les affaires du saisi et du tiers, celui-ci ne devrait faire sa déclaration que, quand il est prouvé que l'opposition est valable dans la forme et que le saisissant est créancier légitime, sans que le montant de sa créance soit fixé.

Le tiers-saisi fait, selon le code, sa déclaration de ce qu'il doit au greffe ou devant le juge de paix, hors la présence des parties. Si sa déclaration est contestée, il faut des formes nouvelles pour faire juger la difficulté à l'audience.

Cette manière de procéder est contraire au principe de publicité et entraîne des délais et des frais. Elle facilite le mensonge des tiers-saisis dans leur déclaration mystérieuse, et l'expérience n'offre que trop d'exemples d'un concert frauduleux avec le débiteur, pour rendre la saisie sans effet par de fausses déclarations.

Le remède se trouve dans l'application du système fondamental de notre procédure. Au secret du greffe, il faut substituer la publicité de l'audience. Un interrogatoire fait par le président, en présence du tribunal, des parties et du public, est une autre garantie de la fidélité des déclarations du tiers-saisi, qu'une affirmation faite devant le greffier chargé du rôle tout-à-fait passif de recevoir la déclaration, telle que le tiers-saisi veut la lui faire, sans pouvoir lui adresser aucune question.

Quoique le tiers-saisi puisse se faire représenter à cet effet par un fondé de pouvoir, muni d'une procuration spéciale, le tribunal devrait ordonner sa comparution personnelle, s'il y a des doutes sur l'exactitude des déclarations, pour les éclaircir à l'audience. Si les parties, pendant la durée de l'instance, croient le dépôt peu sûr chez le tiers-saisi, ou si ce dernier veut s'en débarrasser lui-même, le tribunal devrait ordonner, sur leurs demandes respectives, le versement des fonds à la caisse des dépôts et consignations.

Le code de procédure porte que les pensions et traitements dus par l'État, ne pourront être saisis que pour la portion déterminée par les lois ou règlements (1).

Le code garde un silence absolu sur la saisie des appointements ou salaire des commis, ouvriers ou domestiques. Il faudrait en conclure rigoureusement que la saisie pourra porter sur la totalité. Les tribunaux, par une extension équitable, les assimilent en général sous ce rapport aux fonctionnaires publics et ne permettent que la saisie d'une portion. On facilite ainsi à ces débiteurs le moyen de s'acquitter de leurs dettes par le travail, en leur laissant ce qui est nécessaire pour leur subsistance. Autrement ils n'auraient aucun intérêt à travailler à l'avenir, et la saisie ne profiterait que pour les salaires échus. C'est une véritable lacune dans notre code que le législa-

---

(1) Un arrêté du gouvernement du 18 Nivôse an XI déclare insaisissables dans leur totalité les traitements des ecclésiastiques. La portion saisissable sur les traitements des fonctionnaires publics et des employés civils, est déterminée par la loi du 21 Ventôse an IX. Une loi du 19 Pluviôse an III ne permet que la saisie du tiers des appointements des militaires.

teur devrait remplir, en laissant aux tribunaux le droit de fixer la portion des appointements ou salaires saisissables.

—

Section III.

DE LA SAISIE-BRANDON.

Les fruits pendants par racines qui appartiennent à un débiteur peuvent être saisis par son créancier avant leur maturité. Cette saisie n'est permise que six semaines avant la récolte, pour que les frais de garde n'absorbent pas la valeur des fruits, que le débiteur ne discontinue pas les travaux encore nécessaires et que la vente ait lieu au moment où l'évaluation de la récolte peut se faire avec plus d'exactitude.

L'huissier établit en général le garde champêtre comme gardien des fruits. Au surplus, les formalités pour la vente de ces fruits sont les mêmes que celles que la loi a tracées pour la vente des autres effets mobiliers.

Cette vente des fruits sur pied ne produit qu'un prix inférieur à la valeur de la récolte effectuée, parce que l'acheteur fait entrer dans son compte les chances aléatoires de son marché. Il y a donc souvent avantage d'attendre la récolte et de vendre les fruits ensuite. — Sur la demande du saisissant, après avoir entendu le saisi dans ses observations, le juge de paix devrait dans ces cas pouvoir nommer un gérant pour faire la récolte et l'autoriser à en vendre les produits au taux fixé dans les mercuriales du plus proche marché. Ce gérant serait en même temps gardien.

Le code ne parle d'un pareil mode (1) de procéder que quand il s'agit de la saisie d'animaux et d'ustensiles servant à l'exploitation dans l'art. 594 de la saisie-exécution. Nous croyons que c'est donner une extension très-utile à cette disposition, que de l'appliquer à la saisie-brandon, extension que le législateur ferait bien de consacrer d'une manière formelle.

―

Section IV.

DE LA SAISIE DES RENTES CONSTITUÉES SUR PARTICULIERS.

Les rentes sur l'Etat sont insaisissables. Ce privilége a été introduit dans la loi pour attirer les capitaux. Cela peut être une mesure financière habile; mais il est évident qu'elle est aussi injuste qu'immorale.

Nous n'avons donc à nous occuper que des rentes constituées sur particuliers. Lorsqu'il s'agit d'arrérages échus, l'exécution se fait au moyen de la saisie-arrêt, comme pour toute somme due par un tiers au débiteur saisi. Mais si ces arrérages ne suffisent pas pour désintéresser le créancier saisissant, comment faut-il procéder pour employer la rente à le payer? Le débiteur ne peut être contraint à rembourser le capital de la rente. Il faut donc en convertir

(1) Il avait été proposé pour ces cas par les Cours de Turin et d'Agen, à l'exclusion de la vente antérieure à la récolte, dans leurs *Observations sur le projet du code de procédure.*

la valeur en argent par le moyen de la vente, pour satisfaire le créancier.

Quelle sera la marche à suivre? Sera-ce le mode adopté pour la saisie-exécution? Evidemment non, les rentes ne peuvent être vendues sur la place publique comme les effets mobiliers. Un objet corporel s'achète à la simple vue qui suffit pour en apprécier la valeur, et la livraison seule en transmet la propriété.

Une rente au contraire ne peut s'évaluer à la simple inspection du titre, elle ne se transmet qu'en vertu d'un acte translatif de propriété, par lequel l'acheteur est reconnu créancier. Il faut, pour dépouiller le créancier primitif, une adjudication comme s'il s'agissait d'un immeuble. Aussi suivra-t-on les formalités que nécessite la vente des biens immobiliers, c'est-à-dire qu'il y aura des annonces et une adjudication devant le tribunal ou le notaire, selon les distinctions que nous allons faire connaître sous le chapitre des saisies immobilières.

Section V.

DE LA DISTRIBUTION PAR CONTRIBUTION.

Le mode de distribution du prix de vente mobilière est extrêmement compliqué dans le code. Le produit entier dans la plupart des ventes ne suffirait pas pour les frais seuls de cette opération. Aussi y a-t-on rarement recours.

Il faut que le saisissant, dans la marche actuelle, fasse nommer un juge commissaire, et qu'il somme tous les créanciers opposants de produire, dans un certain délai, et la partie saisie de prendre communication des pièces produites. Ces formalités pourraient être supprimées, si l'on obligeait les créanciers opposants, sous peine de forclusion, de déposer au greffe leurs titres à l'appui de leur créance au moment de l'opposition, et au plus tard dans la huitaine qui suivra la vente des objets saisis ou le jugement devenu inattaquable qui prononce la validité de la saisie-arrêt. Le greffier inscrirait ces productions sur un registre spécial. Après l'expiration des délais pour produire, ou même auparavant, si tous les créanciers ont déposé leurs titres, il n'aurait qu'à dresser l'état de distribution, si les créanciers n'ont pu s'arranger à l'amiable dans la huitaine. Une requête présentée par l'avoué du saisissant, pour faire commettre un juge, n'est pas nécessaire ; le greffier lui-même fait vérifier par le président ou un juge, que celui-ci commettra, l'état de distribution. Tout ce travail pourrait se faire facilement dans une quinzaine.

L'état provisoire devra rester déposé au greffe, où le saisi et les créanciers pourraient en prendre communication et le contredire, pendant quinze jours. Si aucune difficulté n'était soulevée, il deviendrait définitif. Le paiement des créanciers s'effectuerait conformément à ces états.

En cas de difficultés, le créancier contestant, le créancier contesté et le saisi seraient seuls mis en cause, les autres créanciers ne pourraient intervenir que s'ils prouvaient leur intérêt dans la contestation. Le code exige la mise en cause de l'avoué le plus ancien des opposants. Ce choix, qui n'a aucun rapport avec l'importance ou le rang de la créance, démontre bien que cette intervention est plutôt pour la forme que véritablement utile. Le tribunal saura parfaitement garantir l'intérêt des autres créanciers opposants. Le jugement devrait dans ce but être rendu sur le rapport du juge commissaire et les conclusions du ministère public. L'appel continuerait comme dans le code à être limité au délai de dix jours, depuis la signification du jugement ; cette rapidité est commandée par la nécessité de terminer promptement les discussions qui empêchent chaque créancier de recevoir ce qui lui est dû.

CHAPITRE XVI.
De la poursuite des biens immobiliers.

Trois systèmes différents ont été mis en pratique sur la saisie immobilière depuis un demi-siècle. La loi de Brumaire, le code de procédure primitif et ensuite la loi sur les ventes judiciaires des biens immeubles de 1841.

Ces changements très-fréquents dans des lois privées prouvent la grande difficulté de la matière en législation. Quelque effort qu'on ait fait pour établir une bonne loi, le désir du mieux s'est toujours manifesté, et une nouvelle loi s'élabore aujourd'hui sur cette matière si difficile.

La difficulté provient de la nature de l'opération. La transmission forcée des immeubles, soit à raison de leur importance, soit à raison des droits divers dont ils peuvent être grevés, ne peut être aussi simple que celle des meubles. Cette complication est le résultat des intérêts si multiples que mettent en jeu les ventes judiciaires des immeubles.

Le législateur a dû prendre en considération l'intérêt du propriétaire saisi et le concilier avec celui des créanciers ; il a dû employer les mesures propres pour prévenir une vente à vil prix et élever l'immeuble à sa véritable valeur ; afin que le propriétaire ne soit pas facilement dépouillé de la maison qu'il habite, du champ qui le nourrit, sans profit pour ses créanciers.

Le législateur doit s'occuper des intérêts des capitalistes. C'est le crédit général et la foi due aux contrats qui en dépendent. Il doit leur fournir les moyens de connaître les immeubles de leurs débiteurs pour les mettre en vente, leur assurer une voie prompte et efficace d'opérer cette vente sous les meilleures conditions possibles et faciliter leur remboursement sur le prix de l'immeuble vendu, en conservant à chacun d'eux, l'ordre, le rang, la préférence que leurs titres leur assignent.

Le législateur ne doit perdre de vue les intérêts des tiers qui ont des droits réels sur l'immeuble, tels qu'un usufruit, une servitude, etc. Il peut même arriver que l'immeuble, mis en vente, n'appartienne pas au débiteur.

Dans le premier cas le législateur est obligé de pourvoir que, nonobstant l'adjudication, les droits inhérents à l'immeuble soient conservés intacts, et que la charge en accompagne toujours la propriété.

Dans l'autre il doit venir au secours du propriétaire, et empêcher l'adjudication à son préjudice. — Enfin il faut qu'il considère les intérêts de l'adjudicataire et que rien de ce qui grève la propriété ne lui soit inconnu. Celle-ci doit lui être garantie telle qu'elle lui a été adjugée, c'est-à-dire avec les seules charges dont la connaissance préalable avait motivé le taux de son enchère.

La loi doit concilier autant que possible tous ces intérêts en opposition. C'est cette tâche épineuse qui est imposée au législateur, lorsqu'il trace les règles de l'expropriation forcée. Il ne faut pas espérer de faire une loi parfaite sur cette branche de notre législation;

Le seul triomphe que le législateur puisse obtenir dans cette lutte d'intérêts si divers, c'est la diminution des abus; la possibilité de les extirper tous est une chimère.

La législation, sur cette matière, antérieure à la loi de Brumaire n'était pas uniforme en France. L'ordonnance des criées, faite par Henri II en 1551, laissait subsister les dispositions de toutes les coutumes qui traitaient des saisies réelles.

La province de Normandie observait comme loi, le titre de sa coutume des exécutions par décret, et un arrêt du règlement rendu en 1666 par le parlement de Rouen. La Provence, l'Artois, le Roussillon, la Franche-Comté, etc., avaient leurs usages particuliers sous des noms différents.

L'édit de 1671 introduisit les lettres de ratification qui opéraient la purge des hypothèques, que les modes usités d'expropriation ne pouvaient produire sans elles.

A cette multiplicité de formes la loi de Brumaire (1) substitua une procédure uniforme.

---

(1) Le décret du 28 Février 1852 sur les sociétés du Crédit foncier, a introduit une procédure presque aussi rapide que celle de la loi de Brumaire, mais bien plus coûteuse. Il faut six insertions dans un journal, à une semaine d'intervalle chacune. Ces frais exorbitants rendent cette institution inapplicable à la petite propriété. — Sous le rapport des formalités, ce décret les a plutôt ébauchées qu'élaborées. Ainsi il garde le silence sur la confection du cahier des charges, sur le délai et le lieu de son

On ce qui concerne le mode de la saisie et de sa publicité, on adopta alors ce principe : l'apposition d'affiches vaut saisie de la propriété des biens qui y sont détaillés (art. 5). Ces affiches étaient imprimées et indiquaient le jour où l'adjudication devait être faite. Les auteurs de cette loi avaient pensé qu'un procès-verbal de saisie ne donnant par lui-même aucune publicité, ne pouvait dispenser d'en venir à des affiches, que c'était, par conséquent, une formalité inutile. Le procès-verbal d'apposition d'affiches était notifié aux saisis et aux créanciers inscrits cinq jours après cette apposition, et il ne pouvait s'écouler moins de deux décades ni plus d'un mois entre la notification du procès-verbal et l'adjudication. Il faut dire cependant que les débiteurs avaient encore été avertis par le commandement qui, alors comme à présent, devait précéder de trente jours l'acte qui tenait lieu de saisie. Ce commandement devait contenir la désignation des immeubles dont le créancier entendait provoquer la vente. Ainsi le jour de l'adjudication indiqué sur l'affiche était connu dès ce moment par les enchérisseurs. Seulement, toute la procédure de la saisie ne durait qu'un mois, depuis l'apposition des affiches et deux mois à dater du commandement.

Ce court délai qu'il fallait pour dépouiller un

dépôt, sans renvoyer au code de procédure pour le compléter. Du reste il contient une innovation utile en ce que la transcription du commandement suffit pour empêcher le débiteur d'aliéner l'immeuble ou le grever d'un droit réel quelconque à l'égard de la société. Par suite de cette disposition le débiteur ne pourra entraver la marche de la saisie par une vente faite après l'avertissement que lui donne le commandement de son expropriation prochaine. Je pense qu'il pourrait y avoir avantage à étendre cette mesure à toutes les saisies.

débiteur de sa propriété devait donner lieu à quelques abus. On citait, lors de la rédaction du code, des cas où des biens saisis avaient été vendus à vil prix, faute d'enchérisseurs.

La brièveté du délai, la simplicité des formes, devinrent un sujet de critique contre la loi de Brumaire. C'est alors qu'on est retombé dans les anciennes longueurs de la saisie réelle qu'on a simplifiée.

Les vices de cette procédure longue et coûteuse que tant de nullités peuvent faire recommencer, n'ont pas tardé à être signalés. Cette marche ne profitait ni aux créanciers, qui ne pouvaient toucher leur argent, ni aux débiteurs qui gémissaient de l'immensité des frais. Aussi, déjà en 1829, le gouvernement présenta un projet de loi sur les expropriations forcées, et l'envoya aux tribunaux pour les consulter sur les réformes à introduire.

Les avis étaient tellement divers que le projet en resta là. Un nouveau travail sur cette matière, élaboré sous le gouvernement de Juillet, fut converti en loi, après un examen approfondi de toutes les difficultés que présente ce sujet. Pour bien juger des améliorations que contient cette dernière loi, on n'a qu'à comparer ces formalités avec celles de l'ancienne.

Dans le code de procédure, on trouve :

1º Le commandement ;

2º Le procès-verbal de saisie ;

3º Transcription de ce procès-verbal au bureau des hypothèques et au greffe du tribunal ;

4º Dénonciation du procès-verbal à la partie saisie ;

5º Exposition sur un tableau dans l'audience d'un extrait qui donne les renseignements suffisants ;

6° Insertion d'un pareil extrait dans un journal qui aurait cours sur les lieux ;

7° Placards imprimés conformes à cet extrait et affichés aux lieux fixés par la loi ;

8° Procès-verbal qui atteste l'apposition de ces placards ;

9° Notification de ce procès-verbal à la partie saisie ;

10° Notification d'un exemplaire du placard aux créanciers inscrits ;

11° Dépôt au greffe du cahier des charges qui contiendra entre autres choses une mise à prix pour le poursuivant ;

12° Trois publications à l'audience de quinzaine en quinzaine ;

13° Réitération de l'insertion des annonces dans le journal et de l'apposition du placard, à quelque distance avant l'adjudication préparatoire ;

14° Adjudication préparatoire ;

15° Nouvelle insertion des annonces dans le journal, nouvelle apposition de placards qui contiennent le jour de l'adjudication définitive.

16° Adjudication définitive.

La loi de 1841 les a réduites ; elles se composent aujourd'hui :

1° Du commandement ;

2° Du procès-verbal de saisie ;

3° De sa dénonciation au saisi ;

4° De la transcription au bureau des hypothèques ;

5° Du dépôt du cahier des charges au greffe ;

6° De la sommation au saisi d'assister à la publication et lecture du cahier des charges ;

7° De pareille sommation aux créanciers inscrits ;

8° D'une mention de cette sommation en marge de la transcription ;

9° D'un jugement qui donne acte de la publication, statue sur les incidents et fixe le jour de l'adjudication ;

10° De l'annonce dans un journal destiné à cela du jour, des conditions de l'enchère et de l'adjudication ;

11° Des affiches et des placards contenant la même indication ;

12° De l'adjudication.

Cette simple énumération des formalités de la nouvelle loi montre combien on a amélioré le code de procédure. Les formalités qui étaient jugées et condamnées depuis longtemps ont disparu. Une diminution des délais et une certaine économie des frais ont été obtenues.

Néanmoins le législateur a reculé devant les grandes questions que soulevaient alors des jurisconsultes distingués. Toutes les réformes qui touchaient au système hypothécaire ont été écartées. Il est difficile de détacher la loi sur la saisie immobilière du régime hypothécaire. C'est à l'époque de la refonte de cette importante partie de notre législation que les Chambres semblaient remettre leur œuvre incomplète pour subir une nouvelle révision. La discussion sur notre régime hypothécaire s'ouvrira de nouveau au Corps législatif. Les nouvelles dispositions qui seront adoptées, devront être condamnées avec le titre relatif à la saisie immobilière.

Les hypothèques occultes (1) sont si vivement attaquées dans tous les travaux préparatoires qu'il faut espérer que cette fois elles succomberont (2) devant les législateurs. Il en résultera de grandes modifications pour les ventes judiciaires. Nous citons pour exemple que l'adjudication purgera toutes les hypothèques, si les créanciers inscrits (3) ont été avertis à l'époque fixée par la loi, pour défendre leurs intérêts.

Un autre inconvénient que le code de procédure a transmis à la loi de 1841, c'est qu'elle prescrit les mêmes formes et entraîne les mêmes frais, quelle que soit l'importance des biens saisis.

Les moyens de publicité sont identiques pour tous les cas; la vente, si avantageuse sur les lieux, ne peut s'y faire qu'après un jugement de conversion très-coûteux, surtout s'il faut mettre en cause les

---

(1) BELLOT dit avec vérité : « que le système occulte et celui de la publicité diffèrent, quant à leurs effets, comme les ténèbres diffèrent du jour. » *Code de proc. de Genève*, p. 690.

(2) L'Assemblée nationale se laissant séduire par l'intérêt mal entendu des femmes et des mineurs, a maintenu l'hypothèque occulte en leur faveur. C'est là le côté faible des grands corps délibérants qui, entraînés par les sentiments généreux que des orateurs habiles savent exalter, oublient souvent l'utilité pratique dans leurs décisions législatives.

(3) Le mode d'inscription actuel des hypothèques, qui se fait plutôt sur les personnes que sur les biens, peut mettre quelquefois l'acquéreur sur saisie immobilière dans l'impossibilité de connaître les anciens propriétaires qui ont pu constituer des hypothèques, et empêche ainsi la purge complète des immeubles adjugés en justice. Cet inconvénient ne pourrait disparaître qu'avec l'introduction d'un système de publicité complet des droits réels. Il n'entre pas dans notre sujet d'examiner les difficultés à vaincre pour opérer cette réforme, lesquelles en retarderont peut-être encore longtemps la réalisation.

créanciers inscrits dans le cas où la sommation leur a été déjà faite. En outre, pour la répartition du prix, on recommence une nouvelle procédure d'ordre avec de nouveaux délais, de nouvelles formalités et de nouvelles sommations aux créanciers inscrits qui avaient tous figuré ou pu assister à la vente judiciaire, et auraient été alors à même de produire pour la somme que le saisi leur devait. Cette simplification de la procédure sera une conséquence facile de la publicité des hypothèques. On conçoit que, sous le régime de la loi hypothécaire actuelle, on ait été dans l'impossibilité de faire marcher de front la vente judiciaire, l'ordre et la purge.

Le tarif a reculé devant les difficultés que faisait naître le système de rétribution proportionnelle à la valeur des immeubles vendus. Il faut dire que le rapport (1) qui le précède indique d'un bout à l'autre des velléités de réformes et décèle en même temps la crainte de nuire aux officiers ministériels.

Toute cette série de questions devait naître sous le pas du législateur ; on les a écartées, mais on n'a pu les anéantir. Elles se reproduisent aujourd'hui avec plus de force et demandent une solution prompte, parce que le mal n'a fait qu'augmenter avec le temps.

§ I.

Nous n'avons fait qu'indiquer les difficultés capitales que soulève cette matière en législation. En traitant des phases diverses de cette procédure et examinant les formalités prescrites par la loi de 1841, nous allons développer davantage tous les points que nous venons de signaler.

(1) V. chap. 18.

Le premier acte de toute saisie immobilière, c'est le commandement. Il faut avertir le débiteur, avant de le dépouiller de sa propriété, que, faute de paiement, il serait procédé à la saisie de ses immeubles. Mais pour que la menace ne fût pas perdue, il fallait être sûr qu'elle parviendrait au débiteur si intéressé à la connaître et obliger l'huissier à signifier le commandement au domicile réel du débiteur. La commission de la Chambre des pairs soutenait avec vigueur cette opinion, lors de la discussion de la nouvelle loi. On rejeta son amendement par respect pour les conventions librement consenties qui contenaient élection de domicile. Toutefois on peut dire que l'article 742 prohibe toute convention qui donnerait aux créanciers le droit de faire vendre l'immeuble hypothéqué, sans observer les formalités de la saisie immobilière. C'est une atteinte portée au droit du propriétaire emprunteur et à une convention souvent librement consentie. Elle se justifie par le but de la loi de rendre les propriétés immobilières plus stables dans les familles ; à plus forte raison la loi devrait-elle s'opposer à ce que des formalités de procédure nécessaires pour dépouiller un propriétaire de ses immeubles ne pussent se faire à son insu, comme un commandement adressé au domicile qu'il n'habiterait pas. On dira que le débiteur sera toujours averti par les actes postérieurs ; mais cet avertissement est tardif avec beaucoup de frais et les formalités sont fâcheuses pour son crédit. Un commandement de payer, signifié à son domicile réel, aurait pu le mettre à même de les prévenir. Cet acte doit contenir la copie du titre, lors même qu'elle aurait été donnée précédemment. C'est sans contredit un double emploi, on devrait la supprimer pour ce cas ; c'est une économie qui peut se faire sans inconvénient. Nous pensons même que la suppression totale de la copie du titre serait à désirer. En pratique, cette copie ne sert à rien qu'à augmenter les frais, puisque d'une part le commandement indique le titre en vertu duquel le créancier fait procéder à l'acte. D'un autre côté le débiteur le connaît en général lui-même. Dans les cas rares où il l'ignore, l'indication qu'en contient le commandement le met à même de se le procurer soit chez le notaire, soit au greffe pour l'attaquer, s'il le juge nécessaire. Il ne faudrait donc pas qu'une circonstance aussi exceptionnelle où la signification du titre serait utile, suffît pour en faire une obligation coûteuse dans toutes les saisies immobilières. Il est bien entendu que cette copie est nécessaire, quand il s'agit des héritiers du débiteur.

Si le commandement fait au débiteur est resté sans résultat, le créancier peut passer, trente jours après la signification, à la saisie. Elle se fait par un procès-verbal de saisie que dresse l'huissier.

Ce qui importe le plus dans ce procès-verbal, c'est une désignation exacte des objets que l'on va mettre sous la main de la justice, il forme la base de la procédure qui suit.

La loi indique dans l'art. 675 toutes les formalités qu'il doit contenir à peine de nullité. On combat l'utilité de cette formalité, parce qu'elle n'entraîne aucune publicité ; tandis que l'apposition de placards valant saisie dans la loi de Brumaire avait cet avantage. Il faut dire cependant que la publicité utile provenait alors de ce que les enchérisseurs connaissaient par ces affiches le jour de l'adjudication.

Aujourd'hui l'expropriation se faisant avec moins

de rapidité, il valait mieux fixer le jour de l'adjudication à une terme plus rapproché de la vente définitive que dès le début, parce que les enchérisseurs pourraient l'oublier facilement.

L'apposition de placards sans indication du jour de l'adjudication produirait une publicité qui n'attirerait pas les acheteurs ; mais qui détruirait à jamais le crédit et la considération du débiteur. L'espèce d'accusation d'insolvabilité ou d'inconduite tracée sur les murs laissera toujours des préventions fâcheuses contre lui aux yeux du public. Lorsqu'il y a un procès-verbal de saisie, les suites peuvent encore être arrêtées par des ressources promptes que le débiteur se procurera pour sa libération. Le mal aura été fait dans l'ombre et il sera réparé de même.

Le projet (1) de la commission sur la saisie immobilière propose la suppression du procès-verbal de saisie. La signification d'un extrait du cahier des charges en tiendrait lieu. Cette innovation nous paraît avoir de grands inconvénients. Le débiteur ne sera averti sérieusement que quand la procédure est déjà avancée, quand les frais considérables que coûte la confection du cahier des charges seront faits. Comment il ne saura rien de la saisie jusqu'au moment où les conditions de la vente sont déjà posées ? C'est le mettre dans l'impossibilité d'en arrêter les suites. Le commandement n'est qu'une menace de saisie, le procès-verbal seul, dressé par un huissier qui doit se transporter sur les lieux, est un acte d'exécution qui prouve au débiteur que la poursuite est sérieuse. La

---

(1) Quoique ce projet n'ait pas été converti en loi, il pourra servir de base à de nouvelles discussions législatives, nous en croyons donc la critique toujours utile.

loi de Brumaire, en déclarant que l'apposition des affiches vaudrait saisie, était au moins plus rationnelle. Là il y avait un acte extérieur fait par un agent qui exécute les ordres de la justice. Vous ne voulez pas frapper le débiteur dans son crédit par cette publicité prématurée, n'allez pas l'avertir trop tard, pour qu'il ait le temps de se procurer les ressources et payer ses créanciers ! Mais, dit-on, ce sera une économie de frais. C'est là une grande erreur. L'avoué, pour prendre la désignation des immeubles saisis, demandera une vacation et ses déboursés ; pour frais de voyage, il faut le payer plus cher que l'huissier, il exigera 22 fr. 50 c. pour une journée perdue. On oppose qu'il enverra son clerc pour faire ce travail. L'avoué répondra qu'il ne peut confier à un jeune homme une opération aussi importante que la description exacte des lieux, qui fait toute la base de la procédure ultérieure et peut donner lieu, si elle est mal faite, à des annulations de saisie. Peut-on abréger absolument le temps que dure la poursuite ? Qu'on fixe, pour dernier délai, huit jours pour la dénonciation à faire depuis la confection du procès-verbal de saisie, et trois jours pour la transcription à opérer au bureau des hypothèques, depuis la dénonciation, au lieu de quinzaine que la loi accorde pour chacun de ces actes. On atteindrait ainsi le but qu'on se propose, sans les inconvénients que nous signalons.

Pour s'assurer que l'huissier s'est bien rendu sur les lieux, la loi lui impose l'obligation de faire viser le procès-verbal successivement par chaque maire, à mesure que les biens situés sur sa commune viennent d'être saisis.

Dans un délai rapproché de la clôture du procès-verbal, dans la quinzaine, l'huissier doit le dénoncer au saisi qu'il faut avertir le premier des actes de rigueur dirigés contre lui. Dans l'intérêt des autres créanciers, cette fixation d'un délai empêchera le saisissant de retarder arbitrairement la poursuite. Cette dénonciation est suivie dans la quinzaine de la transcription de la saisie à la conservation des hypothèques. La loi exige encore la transcription de l'exploit de dénonciation de la saisie au débiteur ; cette mesure indiquera aux tiers qui ont intérêt à le savoir que l'instance est régulièrement liée avec le débiteur. Une simple mention de l'acte aurait suffi ; mais pour éviter tout arbitraire de rédaction de la part du conservateur, on l'oblige à la transcription littérale de l'exploit, il est trop court pour augmenter les frais de transcription. Le procès-verbal de saisie a une certaine étendue, il faut en faire une transcription exacte. Des effets exorbitants sont attachés à cette opération dans le système général de la loi. L'état des poursuites et la propriété en sont considérablement affectés. Mais la dénonciation doit-elle, à peine de nullité, contenir une copie entière du procès-verbal de saisie ? La loi paraît l'exiger, en disant comme pour la transcription: *La saisie immobilière*, etc., et non pas un extrait en sera dénoncé. Elle veut que le saisi ait un tableau fidèle de toutes les opérations auxquelles s'est livré l'huissier, pour qu'il puisse les contrôler et voir si toutes les formalités protectrices de ses intérêts ont été observées. Nous pensons que sans danger pour les débiteurs, dans un but d'économie, la dénonciation ne devrait renfermer qu'un extrait sommaire de la saisie. Si le débiteur veut connaître le procès-verbal dans toute son extension, il n'a qu'à consulter le conservateur des hypothèques qui lui donnera connaissance de la transcription. Mais il ne faudrait pas augmenter inutilement les frais, en prescrivant la copie de la saisie entière souvent très-longue, et tout cela à peine de nullité.

Par la transcription de la saisie précédée de la dénonciation, se trouve terminée la première phase de cette procédure.

§ II.

EFFETS DE LA TRANSCRIPTION.

La loi règle dans les art. 680 à 690 les effets de la transcription sur l'état de la procédure et sur les droits et la capacité du saisi.

Quant à la procédure, la première saisie transcrite sera seule suivie, et le conservateur doit refuser de transcrire une saisie postérieure. En effet, le même objet ne peut être vendu plusieurs fois, et il ne doit raisonnablement y avoir qu'une seule transcription, parce qu'il ne doit exister qu'une seule poursuite.

Quant aux droits du saisi, il ne peut plus rester en possession de l'immeuble, que comme sequestre judiciaire. La saisie a mis l'immeuble sous la main de la justice. L'administration ne pourra continuer à appartenir au débiteur qu'avec le consentement des créanciers. Elle peut lui être retirée sur leur demande. Toutefois, la loi ne veut pas qu'on dépouille le saisi de son administration sans l'appeler et l'entendre, aussi exige-t-elle que le président du tribunal de première instance ne prononce sur la discontinuation demandée que dans la forme des ordonnances de référés et non sur simple requête. Cette dernière formalité, plus simple et moins coûteuse, avait été proposée par la commission de la Chambre des pairs, mais rejetée sur la proposition de M. Debelleyme, que les parties seraient obligées tôt ou tard d'aller en référé, pour demander la levée des obstacles qui empêcheraient l'exécution de l'ordonnance sur simple requête.

La transcription a aussi pour effet d'immobiliser les fruits naturels ou civils, recueillis postérieurement sur les biens saisis.

Les fruits naturels sont vendus aux enchères ou de toute autre manière autorisée par le président. Le premier mode ne devrait, selon nous, être appliqué que quand il s'agit de propriétés considérables. Ce qui est proposé comme règle dans la loi devrait, par conséquent, former exception. La vente aux enchères ne serait alors accordée par le président que quand il en aurait reconnu l'utilité.

Les fruits civils, loyers ou fermages ne peuvent être versés entre les mains du saisi par les locataires ou fermiers à partir de la transcription. Un simple acte d'opposition suffira et vaudra saisie-arrêt. Aucune procédure ne devra le suivre. L'argent provenant des fruits civils ou naturels sera distribué parmi les créanciers avec le prix de l'immeuble, par ordre d'hypothèque.

C'est à dater de la transcription que le saisi perd le droit d'aliéner l'immeuble mis sous la main de la justice. L'aliénation lui est interdite, parce qu'elle tendrait à détruire la saisie qui ne peut se suivre que contre le débiteur actuel. Il faudrait la recommencer à chaque mutation. Mais il pourrait hypothéquer l'immeuble saisi. En effet l'hypothèque laisse la saisie intacte qui pourrait continuer contre le débiteur, après comme avant sa constitution ; elle ne touche en rien au rang et aux droits des créanciers hypothécaires, puisque celui à qui elle aura été accordée, ne sera colloqué qu'à la date de son inscription, c'est-à-dire après tous ceux qui avaient des droits sur l'immeuble à l'époque de l'établissement de cette nouvelle hypothèque. La loi ne s'explique pas sur le point de savoir si l'hypothèque concédée par le saisi prime la créance chirographaire du saisissant, la jurisprudence répond négativement ; il faudrait un texte formel pour trancher cette question. La sommation à faire aux créanciers inscrits pour prendre connaissance du cahier des charges, devrait être signifiée aux frais de ceux dont l'hypothèque a une date postérieure à la transcription. Le coût de la poursuite ne doit en rien être augmenté par de nouvelles inscriptions hypothécaires.

Quant aux baux consentis depuis le commandement tendant à la saisie immobilière ou qui n'ont pas date certaine avant cet acte, ils peuvent être annulés sur la demande des créanciers ou de l'adjudicataire. La nullité n'a pas lieu de plein droit, la loi laisse aux magistrats la faculté d'examiner les faits, de voir s'il y a eu fraude de la part des parties intéressées au maintien du bail, et de prononcer la nullité, s'ils le jugent convenable.

Jusqu'ici la marche de la procédure et les effets qu'elle produit doivent être les mêmes pour toutes les ventes judiciaires ; il s'agit seulement de la mainmise judiciaire et de la constater publiquement par la transcription.

Nous entrons dans une nouvelle phase de cette procédure, c'est celle qui fait connaître les conditions de l'enchère et indique les moyens de publicité pour attirer les acquéreurs au jour de l'adjudication. La loi de 1841 trace dans ce but les mêmes formes, quelle que soit l'importance des biens saisis. Toutes les ventes sont publiées de la même façon, toutes ont lieu devant le tribunal.

La loi admet une seule exception, en autorisant le renvoi devant notaire par jugement de conversion; mais ce renvoi est fort coûteux et exige le consentement de tous les intéressés qui doivent être majeurs et maîtres de leurs droits. S'il y a parmi les intéressés un mineur, il faut que le tuteur soit autorisé par un avis de famille, et si le mineur est émancipé, il doit être assisté de son curateur pour consentir à la conversion. On voit déjà que toutes les difficultés, lenteurs et dépenses qu'entraîne une telle procédure diminuent de beaucoup le bien qu'elle doit produire.

Dans le système de la loi la conversion, comme nous le verrons plus tard, ne peut avoir lieu que quand l'intervention de la justice n'est plus nécessaire; elle ôte, quant aux formes, pour ainsi dire, le caractère judiciaire à la vente.

Le vice principal de la loi consiste dans l'uniformité de la marche, il eût été bien mieux d'introduire deux catégories de ventes judiciaires. Les unes devraient se faire sur les lieux mêmes où sont situés les immeubles, les autres devant le tribunal. Pour les premières qui comprendraient les biens d'une importance moindre, ce serait le notaire qui devrait recevoir les enchères comme délégué de la justice. — Pour les secondes ce serait devant le tribunal que se passerait l'adjudication.

Section Iʳᵉ.

DES VENTES JUDICIAIRES DEVANT NOTAIRE.

L'innovation que nous proposons a pour but de rendre les ventes plus productives et de diminuer les frais de cette procédure. Nous observons tout d'abord que le notaire agit ici en qualité de commissaire de la justice. C'est une ordonnance du président du tribunal de première instance qui le désignerait comme délégué judiciaire à la vente. En cette qualité, il imprime à l'adjudication tous les caractères d'une enchère en justice. D'un autre côté, cette fonction se lie intimement aux occupations ordinaires du notaire auquel la loi a confié dans une multitude de cas des attributions analogues.

Les ventes renvoyées actuellement devant eux sur conversion ont fourni une preuve irrécusable, constatée par l'expérience, que les biens atteignent un prix bien plus élevé, quand l'adjudication se fait sur les lieux de leur situation que devant le tribunal de première instance, surtout lorsqu'il s'agit de petits lots. On évite aux gens de la campagne le déplacement qui diminue la concurrence. La vue des propriétés invite plus fortement à les acquérir. Qui ne sait pas que l'homme des champs se trouve timide et craintif au tribunal? Il n'a pas la même confiance dans l'avoué qu'il voit rarement que dans le notaire avec lequel il a des relations fréquentes. Il a peur d'avoir beaucoup de frais à payer, quoique la majeure partie soit fixée d'avance, et il n'ose mettre le prix qu'il aurait donné à l'enchère devant notaire. Ce dernier est à sa portée pour lui demander d'avance tous les renseignements, tandis que l'avoué demeure au chef-lieu d'arrondissement et n'est pas aussi accessible pour lui.—La chaleur des enchères ne peut exister autant devant le tribunal qui impose par sa solennité aux gens de la campagne et qui ne reçoit les mises à prix que par la bouche des avoués. Une audience de saisie immobilière ou de criées avec le silence commandé par l'huissier doit plutôt refroidir qu'entraîner les enchérisseurs. Devant le notaire, au contraire, lorsque la vente se fait sur les lieux, le paysan est chez lui ; sans se déranger de ses travaux habituels, entouré de sa famille et de ses amis, il les consulte. Là, tout excite son désir d'acquérir une propriété qui l'avoisine ou qui est de son goût.

S'il s'agissait au contraire d'une propriété importante qui ne peut être achetée que par des personnes d'une position plus élevée, ou de fabriques, ou de maisons de ville, les avantages que nous signalons n'existeraient pas au même degré et la vente se ferait mieux au tribunal. Les concurrents viennent alors plutôt de la ville que de la campagne. Aussi voudrions-nous pour ces cas conserver la vente à l'audience.

Mais comment fixer le taux des ventes dont les enchères seraient reçues par les notaires ? Le moyen le plus sûr serait de consulter le rôle des contributions foncières, et d'attribuer aux notaires la vente judiciaire de tous les biens dont l'impôt foncier ne dépasse pas une certaine somme fixée par la loi.

Déjà le parlement de Paris, par un arrêt de règlement de Janvier 1658, avait introduit une adjudication particulière pour les objets dont la valeur n'excédait pas deux mille francs ; elle était connue sous le nom d'adjudication à la barre de la cour. Plus tard les rédacteurs du code civil avaient inséré dans le projet une procédure particulière intitulée : *De la vente sur simples publications pour les immeubles saisis réellement qui n'étaient pas en valeur de plus de quatre mille francs.* Aujourd'hui, c'est la somme de cinq mille francs qu'on pourrait adopter comme maximum des ventes judiciaires attribuées aux notaires. Cette différence de mille francs que nous ajoutons s'explique facilement par la diminution de la valeur de l'argent. Pour éviter toute contestation sur l'estimation des biens, le législateur prendrait pour base la moyenne de la contribution foncière d'un immeuble de cinq mille francs. L'impôt foncier (1) des biens saisis est-il au dessous de cette moyenne ? L'adjudication se fait devant notaire. Est-il au dessus ? L'adjudication a lieu devant le tribunal.

Quelles sont les formalités à suivre devant le notaire, pour faire connaître aux tiers les conditions de la vente et pour donner la publicité propre à inviter les enchérisseurs ?

Le cahier des charges (2) doit être dressé par le notaire et déposé dans son étude vingt jours après la transcription de la saisie, pour que tout le monde puisse le consulter. Il est plus apte que tout autre à ce travail à raison de ses occupations habituelles. Il doit s'attacher en général à ne pas changer les conditions de la vente dans les cahiers de charge différents, pour que les habitants apprennent, par l'usage, les engagements auxquels ils se soumettent, en se

---

(1) Il est à peu près de quinze francs.
(2) V. Sect. II. Ce que nous disons pour la confection du cahier des charges par les avoués, s'applique aussi aux notaires. V. p. 300.

rendant adjudicataires. C'est un moyen bien efficace dans les campagnes pour attirer la concurrence.

Quant au mode de publication si dispendieux que contient la loi de 1841, l'insertion dans le journal et les affiches imprimées, nous croyons que la publication usitée dans la localité, est dans ces cas bien préférable. On fera mieux connaître la vente par le tambour que par une insertion dans un journal, que personne ne lit et qui coûte fort cher. Qu'on l'annonce au son de la caisse trois dimanches de suite, au moment de la sortie de la messe, avant le jour de l'adjudication dans la commune où sont situés les biens et dans les villages environnants, la concurrence sera bien plus forte qu'en apposant des affiches qui peuvent être arrachées le lendemain.

Toutefois, le notaire pourra se faire autoriser à mettre des affiches sur requête présentée au tribunal, si l'utilité en était reconnue.

Il faudrait prendre des précautions pour que les publications usitées dans la localité aient réellement lieu ; elles devraient être constatées chaque fois par un certificat du maire délivré au notaire.

Des sommations doivent être faites aux créanciers inscrits pour prendre communication du cahier des charges. Si des difficultés s'élèvent entre les diverses parties intéressées ou qu'un incident vienne entraver la procédure, le notaire doit tâcher de concilier les contestants. S'il ne peut les aplanir, il devrait être obligé d'en dresser procès-verbal et de renvoyer les parties à se pourvoir devant le tribunal, qui doit statuer sur l'incident éclairé par ce procès-verbal.

L'intermédiaire des avoués ne sera pas nécessaire pour faire les enchères. Les personnes inconnues dans le pays ne pourraient se rendre adjudicataires qu'en donnant une caution solvable ou en consignant d'avance le prix. Il en serait de même des personnes notoirement insolvables. Si le notaire ne leur fait pas donner ces garanties, il est personnellement responsable du prix de l'adjudication.

Nous n'avons fait qu'indiquer en traits généraux les modifications que devraient recevoir les formes des ventes judiciaires, telles qu'elles sont tracées dans la loi de 1841, par leur renvoi forcé en partie, devant notaire ; c'est au législateur à les élaborer. Ce que nous tenions à prouver, nous croyons l'avoir démontré, c'est-à-dire que le mode que nous proposons est plus utile et au saisi et à ses créanciers, parce qu'il fait produire aux adjudications des prix plus élevés, et que les frais diminués n'absorbent pas les biens du débiteur qui obtient ainsi une libération plus forte de sa dette.

Dans plusieurs législations, basées sur le code de procédure français, on a ôté les ventes judiciaires des attributions des tribunaux de première instance pour les confier aux juges de paix. Telle est la marche tracée par la loi Prussienne et Hessoise dans les provinces où nos codes sont encore en vigueur.

Nous avons préféré les notaires, quoique leur ministère exige une rétribution, tandis que les juges de paix n'auraient pu demander qu'une indemnité de transport sur les lieux où la vente se fera. Mais l'aptitude spéciale du notaire pour la direction de cette procédure, ses relations plus fréquentes avec les enchérisseurs nous semblent compenser largement l'inconvénient de l'augmentation des frais par les grands avantages qu'offre son intervention.

D'ailleurs, il faut dire qu'avec l'organisation actuelle de nos justices de paix, dont les sièges sont occupés souvent par des hommes peu capables, soumis à l'influence de leurs greffiers, nous ne trouvons pas les mêmes garanties que chez les notaires qui ont besoin de la confiance publique pour exercer leurs fonctions.

Dans l'état des choses les notaires nous paraissent mieux choisis pour représenter la justice dans les ventes judiciaires. — La question vitale de cette procédure, c'est celle du tarif, nous allons ajouter quelques mots sur ce point à ce que nous avons dit précédemment, quand nous aurons terminé nos observations sur les formalités.

Section IIe.

VENTES JUDICIAIRES DEVANT LES TRIBUNAUX.

Revenons à la procédure des ventes judiciaires devant le tribunal. Il faudrait appliquer à celle devant notaire la marche suivie devant les juges pour tout ce qui n'est pas modifié ou incompatible avec les fonctions de ces officiers ministériels.

Les observations que nous allons présenter se rapportent donc en grande partie à la section précédente.

Une formalité qui doit nécessairement précéder l'adjudication, c'est la confection du cahier des charges, il faut bien faire connaître aux tiers les conditions imposées à l'acheteur. Le dépôt du cahier des charges au greffe dans les vingt jours qui suivront la transcription pourvoit à cette nécessité. La loi a fixé ce délai, pour que le poursuivant ne puisse trainer en longueur la procédure de saisie.

Le cahier des charges, rédigé par l'avoué poursuivant, doit énoncer tous les actes antérieurs de la procédure de saisie. Ces renseignements servent à éclairer les tiers sur la régularité et la validité de la poursuite. Il contient en outre la désignation des immeubles prise dans le procès-verbal et les conditions de la vente.

M. Pigeau a essayé d'indiquer les conditions qui se mettent dans presque tous les cahiers des charges. Ce fait de l'uniformité (1) de rédaction pourra servir au législateur pour introduire une économie dans les ventes judiciaires, en faisant lui-même connaître les conditions qui seraient une loi pour toute la France, sans qu'on dût les énoncer expressément dans le cahier des charges. Toutefois, il faudrait permettre de les modifier, lorsque les circonstances l'exigeraient. Le tribunal serait là pour s'opposer aux abus qu'on pourrait faire de cette faculté.

Dans tous les cas, on devrait supprimer les clauses inutiles qui résultent des principes généraux de la loi, et que l'on met ordinairement dans les cahiers des charges, pour augmenter les rôles. Ce cahier contient encore une mise à prix, fixée par le poursuivant.

Pour sauvegarder les intérêts du saisi et des créanciers inscrits, les articles 691 et 692 imposent au poursuivant le devoir de leur faire sommation dans les huit jours au plus tard après son dépôt au greffe,

---

(1) Les avoués de Paris sont obligés de suivre un modèle de cahier des charges adopté par leur Chambre, et quelques corporations d'avoués en province ont suivi cet exemple.

de prendre communication du cahier des charges, de fournir leurs dires et observations et d'assister ensuite aux jour, lieu et heure indiqués, pour la lecture qui doit en être faite à l'audience, ainsi que pour la fixation par le tribunal de l'époque où l'adjudication aura lieu.

La commission de la Chambre des pairs (1) avait proposé de déclarer que l'immeuble adjugé sur saisie immobilière passerait à l'acquéreur franc de toute espèce d'hypothèques, aussi bien des hypothèques légales que des autres.

L'équité exigeait que les créanciers dont les hypothèques légales ne seraient pas inscrites, fussent avertis de l'adjudication. On fixait dans un paragraphe spécial le délai dans lequel sommation leur serait faite, et aux personnes chargées de veiller à leurs intérêts de prendre communication du cahier des charges, ainsi qu'au procureur (2) du roi, qui devait requérir l'inscription des hypothèques appartenant aux femmes, mineurs, interdits, leurs héritiers ou ayants-cause.

Toutes les précautions étaient prises pour que l'adjudication n'eût pas lieu à leur insu. Tous leurs droits semblaient ménagés, respectés. Mais les intérêts de l'adjudicataire n'étaient plus sacrifiés à une protection

---

(1) V. le *Rapport* de M. PERSIL, § 35.

(2) L'inscription de l'hypothèque légale, prise par le procureur impérial, n'est pas une précaution suffisante, s'il n'est pas chargé de produire à l'ordre pour obtenir une collocation. Aussi, dans la pratique, elle est rarement prise par ces magistrats qui n'ont pas les éléments nécessaires pour la faire valoir lors de la distribution du prix et ne peuvent ainsi servir les intérêts qu'ils doivent protéger. (V. la *Circulaire* de M. le Garde des Sceaux, 15 Sept. 1806.)

exagérée de droits dont les priviléges causent souvent la ruine des propriétaires qui croyaient avoir pris toutes les précautions pour sauvegarder leur position. On restituait d'ailleurs aux acquisitions faites en présence de la justice, sous le sceau de son autorité, la fixité, le degré de certitude que sa dignité commandait.

Toutes les raisons produites par les défenseurs de l'innovation ont échoué, parce qu'on ne voulut pas apporter une aussi importante et pourtant si utile innovation à la jurisprudence existante. Cependant cette jurisprudence (1) ne se fondait que sur ce motif, que les créanciers ayant des hypothèques occultes, n'étant pas avertis avant l'adjudication, ils ne pouvaient perdre leurs droits à leur insu. Malgré les précautions qu'on proposait de prendre, dans l'intérêt des personnes que la loi doit toujours protéger, la crainte de leur insuffisance l'emporta. La Chambre pressentait du reste qu'elle ne ferait qu'une œuvre provisoire qui subirait une refonte, quand la nouvelle loi hypothécaire serait faite. Le projet récent consacre la publicité des hypothèques légales, la conséquence de leur purge après adjudication sur saisie immobilière en résulte forcément, puisque tous les créanciers hypothécaires peuvent être appelés pour y assister. Mais quel que soit le sort de ce nouveau projet, l'amende-

---

(1) La Cour de cassation avait, jusqu'en 1833, rendu des arrêts conformes à la doctrine que la commission de la Chambre des pairs voulait formuler en loi. M. Troplong a soutenu cette opinion dans son *Commentaire sur les hypothèques*, t. IV, n° 106 ; et dans un article publié, le 16 Avril 1840, par la *Gazette des Tribunaux*. — Dans le *Droit ancien*, LOISEL disait que le décret nettoyait toutes les hypothèques. V. THOMINE DESMAZURES, t. II. p. 336. — GRENIER, t. II, n° 12, 490.

ment proposé dans celui de la loi de 1841 aurait dû être introduit dans notre procédure.

La commission de la Chambre des pairs a été plus heureuse dans une autre innovation, qui consiste à imiter l'action résolutoire des anciens créanciers vendeurs, non payés de tout ou partie de leur prix.

Jusqu'alors on avait soumis les adjudicataires à l'action résolutoire des précédents vendeurs, à qui le prix des aliénations n'avait pas été intégralement payé. Après l'adjudication, néanmoins, le prix est payable de suite aux créanciers, quand ils s'entendent; sinon après le règlement définitif de l'ordre et sur les bordereaux de collocation délivrés contre l'adjudicataire. Celui-ci n'a aucun moyen d'éviter, de retarder ce paiement, et c'est après l'y avoir contraint sans trêve ni répit, que cette même loi autorisait l'ancien propriétaire, non soldé de son prix, à dépouiller l'adjudicataire par une action en résolution et à le réduire à perdre, tout à la fois, l'immeuble qu'il avait reçu des mains de la justice et le prix dont il ne s'était dessaisi que sur l'exprès commandement de la loi.

Et pourtant, l'impossibilité dans laquelle sont placés les adjudicataires sur saisie immobilière, de connaître la véritable situation des parties saisies vis-à-vis de leurs vendeurs, ne peut inspirer qu'une faveur extrême pour eux. Le mécontentement naturel que cause au saisi la rigueur des poursuites, ne permettrait pas d'en obtenir des renseignements à cet égard, comme dans le cas d'une vente volontaire. Ici c'est la justice qui tient la place de l'ancien propriétaire. La dépossession de l'adjudicataire achetant sous la foi de la justice, sur son invitation, ses excitations et sa garantie, sans communication des titres, dans l'impossibilité de les exiger est une iniquité d'autant plus criante qu'elle se commet sous le sceau et la participation de la justice. Telles sont les raisons qui ont assuré le triomphe à cette proposition, émanée de la commission de la Chambre des pairs.

Pour mettre le vendeur toujours en demeure d'exercer son droit en connaissance de cause, la sommation à faire aux créanciers inscrits de prendre communication du cahier des charges doit à son égard contenir la déclaration formelle, que, faute par lui de former sa demande en résolution et de la notifier au greffe avant l'adjudication de l'immeuble, il sera définitivement déchu, à l'égard de l'adjudicataire, du droit de faire prononcer cette résolution. Si après un avertissement pareil, le vendeur gardait le silence et laissait prononcer l'adjudication, c'est qu'il y aurait lui-même renoncé, et ne pourrait plus attaquer une adjudication consommée avec son consentement.

Il faut dire cependant que cette restriction des droits du vendeur est une atteinte portée à l'article 1654 du code Napoléon, dont les termes sont absolus, sans restriction : « Si l'acheteur ne paie pas le prix, le » vendeur peut demander la résolution de la vente. » Il le peut en tout temps, contre toute espèce de personnes et sans l'observation d'aucune formalité ni condition. Pour mettre en harmonie le code Napoléon avec la loi sur la saisie immobilière, on propose, dans le nouveau projet de loi amendé sur la réforme hypothécaire, d'astreindre l'action résolutoire, accordée par l'art. 1654 aux vendeurs créanciers du prix à certaines conditions de publicité.

La loi de 1841 qui n'a admis que le dernier des deux amendements, proposés par la commission de la Chambre des pairs, n'a fait qu'un pas vers un système meilleur des ventes judiciaires des immeubles. Il faut espérer que le législateur introduira bientôt l'autre amélioration, qui a pour but de purger l'immeuble, de ne pas laisser survivre à l'adjudication des hypothèques occultes.

Un adjudicataire ne craindra plus alors de payer son prix, quand il sera assuré de conserver son immeuble. Le public achetant avec plus de sécurité, se rendra plus librement aux adjudications judiciaires, et les biens vendus de cette manière atteindront plus exactement leur valeur réelle.

Tout le monde gagnerait à ces innovations, la justice dont les actes auront la stabilité, la dignité, la loyauté qui leur conviennent ; la partie saisie qui obtiendra une libération plus complète de sa dette, par suite de l'élévation du prix de l'adjudication ; l'adjudicataire qui jouira paisiblement de son immeuble avec le prix payé; les créanciers inscrits qui ne verront plus vendre leur gage à vil prix ; enfin le crédit foncier en général, parce que le sol qui constitue la plus solide de toutes les garanties aura en même temps acquis une valeur supérieure, quand il s'agira d'en obtenir le prix par une vente forcée.

Arrêtons-nous encore quelques instants à cet article 692. La formalité de la sommation qu'il prescrit de faire à tous les créanciers inscrits et que la loi devrait rendre générale par la suppression des hypothèques occultes, peut aussi produire de grandes améliorations par la simplification de la procédure qui suit la saisie immobilière, celle de la distribution du prix par voie d'ordre. Elle peut servir à mettre en demeure tous les créanciers hypothécaires, quels qu'ils soient, de produire à l'ordre, dans un délai que la loi fixera à partir de la sommation.

Un tableau devrait être dressé au greffe, et le greffier serait obligé d'y inscrire toutes les productions. Si elles n'étaient pas faites dans le délai dont nous venons de parler, les frais qu'elles occasionneraient seraient à la charge des créanciers retardataires. Pour éviter jusqu'à la possibilité d'une surprise et avertir spécialement les créanciers hypothécaires d'avoir à faire connaître le montant de leurs réclamations, il faudrait ajouter dans la sommation qui doit leur être faite de prendre communication du cahier des charges, la mention formelle que, faute par eux de produire dans le délai déterminé par la loi, ils supporteraient les frais causés par leurs productions tardives et qu'ils seraient même forclos, si l'ordre était déclaré terminé. Cette mesure aura pour effet d'économiser des frais considérables et d'abréger de beaucoup les longueurs de la procédure d'ordre. A quoi bon faire les sommations nouvelles de produire à tous les créanciers hypothécaires dans le délai d'un mois, lorsque l'avertissement donné pour prendre communication du cahier des charges peut aussi servir à cet effet? L'utilité de cette innovation est trop évidente pour insister davantage.

L'objection qu'on pourrait faire consisterait à dire, que vous chargez le débiteur saisi des frais d'ordre, lorsqu'il peut encore arrêter toutes les poursuites en payant les créanciers inscrits et le saisissant avant l'adjudication. Mais elle tombe devant la réalité des faits, il n'arrive presque jamais que le saisi puisse satisfaire les créanciers dont il s'agit, sans la vente des immeubles. D'ailleurs pour concilier les intérêts on pourrait continuer la procédure d'ordre seulement après l'adjudication, en n'exigeant que les productions à faire au greffe qui n'occasionneront presque pas de frais à la charge du saisi.

Une question que soulève l'innovation que nous proposons, est relative aux hypothèques qui viendraient frapper l'immeuble saisi après la sommation faite aux créanciers inscrits alors. Comment les créanciers de ces hypothèques postérieures à la transcription seront-ils mis en demeure de produire à l'ordre? Nous pensons qu'aucune mise en demeure n'est nécessaire à leur égard. Ils peuvent connaître la saisie qui est transcrite, et produire à leurs frais sans nuire en rien aux créanciers antérieurs à cette transcription. C'est là une solution tout-à-fait conforme au principe de la loi sur les effets de la transcription.

Toutes ces améliorations et simplifications qui présupposent une sommation faite aux créanciers inscrits, ne peuvent se réaliser avec un succès complet que par la suppression des hypothèques occultes. Les réformes de la loi hypothécaire et celles de la saisie immobilière se lient ainsi étroitement.

Revenons à la procédure relative au cahier des charges. L'article 694 fixe le délai après lequel il en sera fait lecture à l'audience ; c'est à la même audience que le tribunal statue aussi sur les difficultés auxquelles le cahier des charges donne lieu, et détermine le jour où l'adjudication doit se faire. — Cette publication ne peut avoir lieu au plus tôt que trente jours et au plus tard quarante jours après le dépôt du cahier des charges au greffe, et le délai entre la publication et l'adjudication est de trente jours au moins et de soixante au plus. Dans la pratique, cette formalité de la lecture est tout-à-fait inutile, le tribunal donne acte à l'avoué, sans qu'elle se fasse et fixe le jour de l'adjudication.

Tout ce qui concerne le cahier des charges doit être réglé définitivement avant sa publication. La partie saisie et les créanciers sont obligés d'y faire insérer les modifications qu'ils veulent introduire, trois jours au moins avant celui de la publication à l'audience. Les tiers connaissent ainsi à temps les conditions du cahier des charges et leur confiance sera d'autant plus entière qu'ils sauront qu'aucun changement ne pourra y être apporté.

Il faut dire cependant que ce semblant de publication qui se pratique devant les tribunaux ne profite qu'aux avoués qui demandent leur droit d'assistance, et au fisc qui perçoit l'enregistrement du jugement de lecture, lequel ne juge rien. Ne vaudrait-il pas mieux supprimer cette procédure sans but, en fixant à trente jours, depuis son dépôt au greffe, le délai pendant lequel la partie saisie et les créanciers inscrits sont obligés de faire insérer dans le cahier des charges les modifications qu'ils veulent y introduire. Cette insertion emporterait de plein-droit citation à la première audience, pour que le tribunal puisse statuer sur les dires des intéressés. Après l'expiration des trente jours, ou en cas de difficultés sur les clauses du cahier des charges, à partir du jugement qui les a vidées, l'adjudication devrait se faire dans le délai de trente jours au moins et de soixante au plus. On laisserait à l'avoué poursuivant la faculté de faire venir l'adjudication dans ces limites tracées par la loi à une audience de saisie immobilière qu'il jugera convenable. De cette façon on épargnera sans inconvénient les frais du jugement de lecture.

Les moyens de publicité que la loi autorise pour faire connaître la vente et le jour de l'adjudication, ce sont : l'insertion dans un journal du département désigné par la Cour d'appel (1), et des placards affichés dans les endroits indiqués par la loi comme les plus propres au but que l'on a en vue.

La publication par la voie du journal s'adresse à tous les lecteurs de cette feuille périodique et donne plus de certitude que cette vente sera connue que l'apposition des affiches dans certains lieux, désignés par la loi ; la publicité est là un effet du hasard. Le placard apposé est rarement lu, si ce n'est dans la localité même où les biens sont situés. Ne vaudrait-il pas mieux remplacer les affiches par l'emploi de moyens de publicité en usage dans la localité et dans les communes environnantes ? Ce serait bien meilleur marché et le but serait bien plus sûrement atteint, surtout si la loi prenait des précautions, pour qu'une telle publication ait vraiment lieu et à plusieurs reprises et aux heures et jours convenables.

Toutefois si l'apposition des affiches était jugée nécessaire par le tribunal, il devrait l'ordonner formellement sur la demande des parties intéressées.

D'après la loi actuelle l'huissier a un grand pouvoir

---

(1) Le gouvernement provisoire a aboli ces dispositions en accordant toute liberté aux parties pour le choix du journal qui doit renfermer l'insertion. Cette modification a été introduite par des motifs plus politiques que judiciaires sur la plainte de certains journaux qui n'avaient pas été désignés pour les insertions sous le gouvernement antérieur. — La dernière loi sur la Presse a confié ce droit aux préfets.

sur cette partie de la procédure ; il suffit qu'il déclare que l'apposition des affiches a eu lieu aux endroits déterminés, sans faire aucune indication, pour qu'on ajoute la foi la plus entière à son procès-verbal. Une inscription de faux suspend seule l'autorité que les termes de la loi lui attribuent. Le trésor perd en partie ses droits de timbre sur les placards qui ne sont pas apposés au nombre voulu par la loi et les parties n'en profitent point. Le contrôle est très-difficile à exercer pour les juges en présence de la loi qui défend aux huissiers de détailler les lieux où ils ont mis les affiches.

Par ces raisons, nous croyons devoir appeler l'attention sur le point de savoir, si l'on ne devrait pas supprimer les placards, moyen de publication bien plus coûteux qu'utile et le remplacer par ceux en usage dans la localité comme le tambour, etc, qui sont moins chers et plus efficaces.

Le code de procédure prescrit l'apposition d'affiches, entre autres lieux, à la porte du domicile du saisi et à la porte extérieure de la mairie. Cette formalité qui humilie le saisi est non-seulement inutile ; mais même nuisible, parce qu'elle cause des retards, des frais et des embarras, surtout si la saisie est pratiquée sur plusieurs personnes qui demeurent dans différents arrondissements éloignés de celui où les biens sont situés. Il faudrait donc la supprimer.

Le jour de l'adjudication arrivé, la vente à l'audience sera provoquée par le poursuivant et, à son défaut, tout créancier inscrit aura le même droit ; ces mêmes personnes ainsi que la partie saisie peuvent demander aussi la remise de l'adjudication ; mais seulement pour causes graves et dûment justifiées. Ce n'est qu'avec circonspection que le tribunal l'accordera, et il devrait même être obligé d'exprimer les causes dans le jugement. Il n'oubliera pas qu'il retarde le paiement des créanciers et que par les nouveaux frais qu'occasionnera cette mesure, il diminue encore leur gage.

La loi exige l'intervention d'un avoué pour pouvoir enchérir. La présence des officiers ministériels donne une certaine garantie, elle ne permet pas de douter que les enchères soient sérieuses. Il serait à craindre que si tout le monde avait le droit de surenchérir sans l'intermédiaire de l'avoué, bien des enchères ne fussent faites par des personnes insolvables.

Il faut dire cependant que cette garantie de l'avoué, à l'égard des enchérisseurs, n'est que purement morale ; il n'est tenu personnellement qu'en cas d'enchères pour une personne notoirement insolvable. Les abus, au contraire, auxquels le privilége des avoués peut donner lieu, font craindre de grands inconvénients. Il est arrivé quelquefois que des officiers ministériels (1) se soient entendus entre eux pour acheter les immeubles saisis à vil prix sous des noms supposés et les aient revendus ensuite en partageant les bénéfices. S'il y a plusieurs enchérisseurs qui n'ont qu'un seul avoué, celui-ci peut favoriser au préjudice des autres l'un d'eux pour lequel il se rendra seul adjudicataire. Ces cas se présentent surtout, quand il y a plus d'enchérisseurs que d'avoués au tribunal, il résulte au moins de là une grande inconvenance de voir représenter plusieurs enchérisseurs par le même avoué. Dans tous les cas

(1) Lors de la rédaction du *Code de procédure civile*, les cours de Besançon, de Bruxelles, de Dijon et de Nîmes critiquèrent cette intervention nécessaire de l'avoué dans les ventes. La dernière de ces cours craignait les coalitions entre les avoués.

leur intervention augmente les frais et diminue d'autant le prix que vaudra l'immeuble. Nous pensons néanmoins que dans les ventes devant les tribunaux qui, selon nous, doivent avoir une certaine importance, la nécessité de leur ministère pourrait être conservée, avec la restriction qu'un avoué ne représenterait jamais qu'un enchérisseur. Celui qui ne trouverait plus d'avoué devrait être autorisé par le tribunal à enchérir lui-même, au cas où il resterait adjudicataire de constituer avoué au moment de la prononciation de l'adjudication par le tribunal (1). L'audience des criées qui n'est pas tout-à-fait en harmonie avec la dignité de la magistrature dégénérerait, si tout le monde pouvait enchérir, trop facilement en marché public par des clameurs simultanées des concurrents. D'ailleurs le tribunal ne connaissant pas, comme les notaires, la plupart des enchérisseusr, il lui faut au moins une garantie morale de solvabilité.

Si l'on exigeait, comme cela se fait dans plusieurs législations (2), basées sur notre code de procédure, des cautions présentant les conditions exigées par le code Napoléon ou une consignation approximative et préalable d'une certaine somme pour les frais et la différence de prix en cas de folle-enchère, on restreindrait peut-être trop le nombre des concurrents.

Il faut dire cependant que le nombre des folles-enchères suit toujours une marche ascendante ; en 1843 il était seulement de 252 sur 14,249 ventes (de 1 sur 57), en 1847 de 357 sur 17,770 ventes

(1) *Moniteur* du 15 Janvier 1841. V. l'amendement proposé par M. GAILLARD-LERBERTIN, premier président.
(2) Notamment dans celles de la Prusse et de la Hesse Rhénane.

(de 1 sur 49). Si le mal des folles-enchères augmentait encore, le législateur ne pourrait plus se contenter de la garantie morale des avoués, il devrait prendre d'autres précautions. Toutes ces nouvelles ventes procurent de nouveaux profits aux avoués; leur intervention forcée les met souvent dans des positions où le désir du gain lutte avec la garantie morale que présente leur ministère et l'emporte.

L'avoué dernier enchérisseur fera connaître le nom de l'adjudicataire ; si ce dernier n'est pas présent, l'avoué est tenu dans les trois jours de fournir son acceptation ou de représenter son pouvoir. La loi le répute adjudicataire en son nom, s'il n'exhibe pas son mandat ; il pourra être condamné en outre à des dommages-et-intérêts.

S'il ne survient pas d'enchère, pendant la durée de trois bougies d'une minute allumées, le poursuivant est déclaré adjudicataire pour la mise à prix. Ces dispositions existaient déjà dans le code de procédure et se justifiaient davantage en présence des publications et d'une adjudication préparatoire qui précédait l'adjudication définitive. Il n'en est pas de même depuis la loi de 1841, qui a abrégé toutes les formalités. Le poursuivant qui fixe la mise à prix à un taux très-bas, enlèverait souvent à vil prix sa propriété au saisi et leur gage aux autres créanciers. Ces derniers laissent en général toute la direction de la procédure au poursuivant qui, si le bien saisi lui convient, a tout intérêt à écarter la concurrence. La surenchère est un remède peu efficace, puisqu'elle doit être faite dans un trop bref délai, et que la nouvelle publicité n'est donnée que quand elle est déjà formée. On devrait donc, pour ces motifs, laisser au tribunal la faculté de déclarer le poursuivant adjudicataire, ou d'ordonner, suivant les circonstances, une nouvelle adjudication, sur la demande du saisi ou des créanciers inscrits, formée dans la quinzaine qui suit la première adjudication.

Les dispositions de la loi de 1841 sur la surenchère ont apporté de notables améliorations au code de procédure. Elles décident que toute personne pourra concourir à la nouvelle adjudication, par suite de la surenchère, au lieu de l'article 712 du code de 1806, qui n'ouvrait les nouvelles enchères qu'entre le surenchérisseur et l'adjudicataire. Puisque le législateur déclarait en principe que la surenchère était faite dans l'intérêt des créanciers et du saisi, dans la crainte que les premières enchères n'eussent pas porté l'immeuble à sa juste valeur, il était conséquent de renouveler la concurrence, d'exciter de nouveau la chaleur des acheteurs, de permettre à toute personne d'entrer dans la lice et de pousser le prix au dessus de celui qu'avait fixé le surenchérisseur.

D'un autre côté, la loi de 1841 n'admet formellement qu'une seule enchère. S'il était nécessaire de permettre une nouvelle concurrence, pour faire porter l'immeuble à sa juste valeur, il fallait mettre aussi un terme à cette instabilité toujours fâcheuse. Le législateur a compris qu'il fallait fixer la propriété, et par cette perspective encourager les adjudicataires, enfin mettre un terme à cette masse ruineuse de frais qui se prélèvent sur le gage commun.

L'article 714 du code de procédure défend d'une manière absolue aux avoués d'enchérir pour les membres du tribunal, devant lequel se poursuit la vente. Cette disposition a voulu éviter à la magistrature les soupçons injurieux que pourraient répandre des personnes mécontentes, frustrées dans leurs espérances ; mais elle est trop rigoureuse lorsqu'il s'agit d'un juge qui est créancier inscrit. Dans ce cas, on ne doit pas priver le magistrat du droit de surenchérir; car ce droit est un des attributs les plus essentiels de toute créance hypothécaire. Il faudrait par conséquent admettre à l'art. 711 du code de procédure une exception en faveur du magistrat créancier inscrit.

L'adjudication sera valable, si les personnes intéressées à ce qu'elle subsiste n'en demandent pas l'annulation contre l'avoué qui aurait obtenu l'adjudication dans un des cas prévus par l'art. 711. Ce n'est là qu'une nullité relative.

L'adjudication est terminée ; le jugement qui la consacre n'est que la copie du cahier des charges. C'est plutôt un véritable contrat qu'un jugement. Le magistrat ne fait, en déclarant l'adjudication, que l'office du notaire. L'article 713 ordonne une précaution, il ne faut pas remettre à l'adjudicataire son titre avant qu'il ait satisfait aux conditions de l'adjudication.

D'après l'article 716, le jugement de l'adjudication doit être signifié à la partie saisie, pour lui faire connaître que la propriété est transférée à l'adjudicataire par autorité de justice. On pourrait obtenir une économie notable en ne notifiant qu'un extrait sommaire de ce jugement, qui suffirait pour annoncer au saisi la mutation de la propriété, par suite de la vente judiciaire. De même une mention sommaire du jugement d'adjudication en marge de la transcription de la saisie, sera une révélation suffisante pour les créanciers inscrits qui assistent à la vente pour veiller à leurs droits.

Section III.

DES INCIDENTS DE LA SAISIE IMMOBILIÈRE.

Le but que la loi doit atteindre, c'est l'économie des frais et la rapidité de la procédure. L'article 718 est la consécration de ces deux importants avantages. Les poursuites seront interrompues le moins de temps possible. Il n'y aura point de préliminaire de conciliation, le délai de l'assignation contre toute partie, n'ayant pas d'avoué en cause, n'est que de huit jours, quelle que soit la distance du tribunal à son domicile. Les incidents seront jugés sommairement, c'est-à-dire sur-le-champ et sans écritures.

Les principaux incidents de la saisie immobilière sont :

1º La demande en jonction de saisie ;
2º La demande en subrogation ;
3º La demande en distraction ;
4º Les demandes en nullité de saisie ;
5º La folle-enchère ;
6º La demande en remise de l'adjudication ;
7º La conversion.

§ I.

DE LA JONCTION DE SAISIE.

Lorsque deux saisies sont pratiquées et transcrites sur la même personne, mais de biens différents, le tribunal peut ordonner la réunion de la poursuite de ces deux saisies qui seront continuées alors par le premier saisissant. Il n'accordera plus cette jonction, quand le cahier des charges est déposé ; cette formalité accomplie, la saisie est trop avancée. Ce serait augmenter considérablement les frais que de provoquer à ce moment la réunion des saisies. Le but de l'article 719 qui, en permettant cette jonction, a voulu diminuer les frais, serait manqué.

De même lorsqu'une seconde saisie, plus ample que la première, sera présentée à la transcription, elle ne sera transcrite que pour les objets non compris dans la première saisie. Le premier saisissant auquel il faut dénoncer la seconde saisie, poursuivra sur les deux et sursoiera, s'il y a lieu, à la première jusqu'à ce que la deuxième soit arrivée au même degré.

L'article 720 ne s'explique pas sur le point de savoir si la réunion peut avoir lieu, lorsque la seconde saisie est transcrite après le dépôt du cahier des charges. Nous pensons qu'il y a parité de motifs pour appliquer au cas prévu par l'article 720 la prohibition portée dans l'article 719. Après le dépôt du cahier des charges les frais sont faits en grande partie. Le législateur devrait trancher cette controverse par un texte formel.

§ II.

DE LA SUBROGATION.

La subrogation est un moyen que la loi donne aux créanciers inscrits avec lesquels l'instance est liée, de continuer les poursuites, si par collusion, fraude ou négligence, le saisissant ne fait pas les actes de procédure nécessaires pour arriver à la vente. L'article 723 n'est pas limitatif, mais seulement énonciatif. Ainsi, qu'il y ait désistement volontaire de la part du poursuivant, que sa créance soit contestée, qu'il soit désintéressé, dans tous ces cas il y a lieu d'accorder la subrogation.

Le législateur devrait être plus explicite sur ce point ; car le refus de subrogation par un tribunal qui consulterait seulement le texte de la loi, obligerait la partie à une demande en radiation de la saisie et en renouvellement de toutes les poursuites, ce qui entraînerait des frais considérables.

§ III.

DE LA DEMANDE EN DISTRACTION.

L'incident le plus important de la saisie immobilière, c'est la demande en distraction. Il ne s'agit plus d'une question de procédure ou d'économie de frais, mais on met en discussion la propriété de l'immeuble saisi en totalité ou en partie.

Autrefois le décret purgeait l'objet saisi de tous droits réels, aujourd'hui le respect de la propriété passe avant toute autre considération. La revendication peut avoir lieu après l'adjudication. Mais ce n'est pas là une distraction ; ce n'est qu'un procès soumis à toutes les conditions d'un procès ordinaire. Au contraire, la distraction se lie à la poursuite de la saisie immobilière ; et afin de la retarder le moins possible la loi doit soumettre cette action à toutes les conditions de la procédure sommaire. Les articles 724, 725 et 726 contiennent les formalités à suivre et ne présentent aucune difficulté. — Il faut seulement observer que l'art. 725 veut que la demande en distraction soit formée non seulement contre le saisissant et le saisi, mais encore contre le premier créancier inscrit. Cette mise en cause me paraît inutile et coûteuse à l'égard de ce dernier. Il n'est point un représentant bien choisi dans l'intérêt de tous, parce qu'il recevra généralement son paiement intégral, si la distraction porte seulement sur une parcelle de terre.

La faculté de l'appel, accordée à tous les créanciers, du jugement qui aurait accueilli la demande en distraction, serait une garantie bien plus sérieuse à introduire dans la loi.

Un système complet de la publicité des droits réels diminuerait évidemment le nombre de ces incidents et garantirait l'adjudicataire contre le malheur de perdre l'objet acquis en justice et le prix qu'il en a payé.

§ IV.

DES NULLITÉS DE SAISIE.

I.

La loi énumère dans l'article 715 les formalités et les délais prescrits à peine de nullité. Tout est précis et résulte du texte même de la loi. Cette rigueur se justifie en matière de saisie immobilière plus qu'en toute autre ; elle coupera court à toutes les difficultés que les intérêts et les passions divers pourraient élever pour compliquer cette procédure et retarder l'exécution. Ce n'est que lorsque la loi l'a prononcée, qu'une nullité peut être appliquée.

Nous trouvons parmi les dispositions réputées essentielles et prescrites à peine de nullité, l'article 690 concernant la rédaction du cahier des charges ;

nous pensons qu'on pourrait le retrancher du nombre, parce que, s'il y a des omissions dans ce cahier, elles peuvent être réparées par les dires de tous les intéressés, appelés à le contrôler.

Les nullités prononcées par la loi pourront être opposées par tous ceux qui auront un intérêt réel et véritable. Ce n'est pas une vaine exigence, une subtilité de procédure tracassière et chicanière qui doit diriger les tribunaux.

Pour dégager autant que possible la marche de la saisie de toute entrave, il fallait limiter le temps pendant lequel on pouvait faire valoir ces nullités. A cet effet, la loi contient une division fondée sur les deux phases de la procédure de la saisie immobilière. La première est relative à tout ce qui précède le jugement (1) de publication du cahier des charges ; la seconde à la procédure faite depuis cette époque jusqu'au jugement de l'adjudication. Les nullités qui concernent la première partie doivent être proposées trois jours au plus tard avant la publication. La loi suit la même voie pour les nullités postérieures à la publication de l'enchère. Elles devront être proposées trois jours avant l'adjudication. Ces déchéances ont pour objet de mettre le tribunal à même de statuer assez à temps, pour que la publication et l'adjudication ne soient pas remises.

(1) Si l'on supprimait, ainsi que nous le proposons, p. 331, ce jugement, la loi pourrait à cet effet facilement fixer d'autres délais pendant lesquelles les nullités devraient être proposées.

II.

DE L'APPEL EN MATIÈRE DE SAISIE IMMOBILIÈRE.

L'appel, dans ces cas, est épuisé dans de si courts délais et peut avoir lieu si rarement qu'il ne retardera guère les procédures.

L'article 730 indique les jugements dont appel peut être interjeté. Il est réservé pour les jugements sur des nullités antérieures à la publication du cahier des charges. Tout sans distinction peut être soumis jusqu'à cette époque à l'appréciation du juge supérieur; et le fond du droit et les formes de procédure. Mais après la publication du cahier des charges il ne reste à examiner qu'une seule chose, la publicité donnée à la vente. Les nullités, à cette période de la procédure, ne peuvent porter que sur des formalités. Aussi le législateur de 1841 a-t-il pensé que le tribunal de première instance offrait assez de garantie, lorsqu'il ne s'agissait que de nullités postérieures à la publication du cahier des charges. On devrait étendre cette privation d'appel aux jugements rendus sur les nullités de formes antérieures à la publication du cahier des charges. La poursuite ne se trouverait plus alors retardée au moyen des appels, réclamés par une partie saisie, inconsolable de perdre sa propriété, dans le but de différer sa possession.

S'il s'agit, au contraire, d'un litige sur le fond; par exemple si l'on soutient que l'immeuble saisi est inaliénable ou que la créance est éteinte, l'appel devrait être reçu.

Le projet de loi de 1841 portait qu'aucun jugement par défaut, en matière de saisie immobilière, ne serait susceptible d'opposition. Cette disposition a disparu de la loi, par suite d'un oubli de rédaction amené par une remarque de M. Thil, qui voulait que le jugement déclarant le saisissant coupable de fraude et de collusion dût être sujet à appel, parce qu'il attaque son honneur et sa loyauté. On renvoya l'article à la commission, et le paragraphe concernant les jugements par défaut a été omis dans la loi par inadvertance. Un texte formel est nécessaire pour lever tout doute à cet égard; car sans lui on pourrait croire que, tant qu'un jugement par défaut serait susceptible d'opposition, il serait impossible de procéder à l'adjudication.

Dans le but de diminuer les frais et les retards de cette procédure, la loi de 1841 a remplacé par un délai uniforme la multiplicité que fixait le code de procédure. Cette disposition est sage et évite beaucoup de difficultés. Elle étouffe tous les incidents que pouvait faire naître la diversité des délais. L'augmentation à raison des distances ne sera plus accordée que pour les appels des jugements de distraction; la gravité de l'incident exigeait cette concession.

§ V.

DE LA FOLLE-ENCHÈRE.

La folle-enchère est la peine infligée à celui qui se rend adjudicataire et ne réalise pas les offres qu'il a faites, ou n'exécute pas les conditions qu'il a acceptées. L'article 734 indique comment se constate l'inexécution des conditions exigibles de l'adjudication. Le poursuivant doit se faire délivrer par le greffier un certificat constatant cette inexécution. S'il y a des oppositions à la délivrance de ce certificat, la loi ne s'en rapporte pas au greffier, c'est au président du tribunal qu'elle confie le soin de les apprécier. Quand la folle-enchère n'est poursuivie qu'après la délivrance du jugement d'adjudication, c'est nécessairement en vertu d'un bordereau de collocation, ou plutôt d'un titre exécutoire du créancier envers qui l'adjudicataire n'a pas rempli ses engagements, qu'elle doit avoir lieu. Trois jours après la mise en demeure de ce dernier, une nouvelle publicité pour la vente sur folle-enchère doit être donnée. Les moyens seront les mêmes que ceux qui sont employés pour la première adjudication.

L'adjudicataire, poursuivi pour folle-enchère, peut réparer sa faute, si au moment de l'adjudication il a justifié de l'acquit des conditions et de la consignation de la somme, fixée par le président du tribunal pour les frais. (Art. 738.)

Nous avons ici les mêmes observations à faire que sur l'article 730; l'appel des jugements qui statuent sur des demandes, soit en nullité pour vice de forme, soit en remise et des jugements d'adjudication devrait être interdit par les motifs que nous avons donné précédemment, les autres jugements resteraient seuls sujets à appel.

La peine de l'adjudicataire se trouve écrite dans l'article 740. Si le prix provenant de la revente sur folle-enchère est inférieur à celui de la première adjudication, le fol-enchérisseur doit payer la différence. La contrainte par corps est même prononcée contre lui. L'excédant au contraire ne lui profite pas, mais aux créanciers et au saisi.

§ VI.

DE LA REMISE DE L'ADJUDICATION.

Quoique la loi fixe le maximum de soixante jours pour l'adjudication à partir de la publication, elle permet néanmoins aux tribunaux d'accorder des remises pour causes graves. Elle s'en remet à la prudence des magistrats qui ne devraient user de cette faculté qu'avec une grande circonspection. Selon la loi actuelle, cette remise entraîne une forte augmentation de frais, parce qu'à l'expiration du délai il faut faire de nouvelles annonces, et pourtant il peut arriver que la cause de la remise soit déjà prévue au moment où le tribunal fixe le jour de la vente. Il ne lui est pas permis de dépasser le maximum indiqué par la loi ; ainsi on voudrait procéder à l'adjudication d'une maison de campagne au mois de décembre, il est évident que la concurrence sera moindre qu'elle ne serait au mois de mai. Le tribunal ne peut arriver au printemps pour la vente que par des jugements de remises successives, et partant de nouvelles annonces fort coûteuses. Pourquoi forcer la justice à user d'une voie détournée? Dans ces circonstances il faudrait permettre au tribunal de remettre l'adjudication à un jour plus éloigné que le maximum fixé par la loi, pour cause grave, dûment justifiée et exprimée dans le jugement.

§ VII.

DE LA CONVERSION.

I. — CLAUSE DE VOIE PARÉE.

Une espèce de conversion qui se faisait au moment de la constitution de l'hypothèque par la volonté des parties sans l'intervention de la justice, s'opérait avant la loi de 1841 par la clause de voie parée. Les formalités de la saisie immobilière étaient si longues, si compliquées, si coûteuses, si hérissées de difficultés et de nullités, que la pratique cherchait un moyen de remédier à ces inconvénients. Ce moyen était la voie parée. Ainsi quand on vendait un immeuble, on stipulait que, à défaut de paiement, le vendeur pourrait sans l'intervention du juge, au bout d'un certain temps, après une sommation, faire apposer des affiches et indiquer la vente dans un délai convenu. La vente se faisait devant un notaire désigné dans l'acte. Tous ces points étaient réglés par le contrat d'une manière irrévocable. La cour de cassation a validé cette clause comme n'ayant rien d'illicite dans le silence du code ; mais consultée sur le projet de loi de 1841, elle a émis l'opinion qu'à l'avenir la voie parée devait être prohibée par une disposition formelle. Son avis a prévalu dans le sein des deux Chambres législatives, et la clause a été bannie par l'article 742 des contrats constitutifs d'hypothèques. Les motifs de cette disposition sont faciles à comprendre. C'est un devoir pour la tutélaire puissance de la loi de défendre l'emprunteur contre les exigences du capitaliste qui vient à son secours. Au moment où l'engagement est souscrit, rien n'est plus aisé que d'abuser des besoins où les circonstances peuvent placer le futur débiteur. C'est en vain que les adversaires objectent que cette prohibition de la voie parée porte atteinte à la liberté des conventions. Cette liberté ne doit rester illimitée que lorsque les parties sont dans une situation de parfaite égalité ; mais telle n'est pas la position respective du prêteur et de l'emprunteur. Le premier fait la loi, le second la subit, dominé par le besoin d'argent. C'est pour cette raison que le législateur s'oppose dans les articles 2078 et 2088, aux conventions usuraires entre le prêteur sur gage et l'emprunteur qui sera d'autant plus disposé à souscrire à toutes les exigences du prêteur, qu'il sera de bonne foi et qu'il se croira plus assuré de remplir ses engagements à l'époque convenue. D'ailleurs le besoin d'éviter les frais et les retards énormes de la saisie immobilière qui avait donné naissance à cette clause, devait disparaître avec la loi de 1841 qui simplifiait cette procédure.

Les partisans de la voie parée voudraient la ressusciter, se fondant sur ce que, malgré les améliorations introduites par la loi de 1841, la vente sur saisie immobilière serait encore trop coûteuse et trop longue. Cette clause, disent-ils, avivera le crédit foncier, les capitalistes se décideront plus facilement à prêter, lorsqu'ils sauront que l'expropriation, au lieu d'être faite en justice, s'accomplira devant un notaire avec moins de frais et plus de rapidité. Néanmoins, ils sont obligés de reconnaître qu'il y a certaines conditions et formalités substantielles dont on ne pourrait s'écarter, sans exposer le débiteur à une spoliation certaine.

Ou les formes qu'ils croient nécessaires pour l'exécution de la voie parée, sont suffisantes pour la protection de la propriété, ou elles ne le sont pas.

Dans le premier cas, la voie parée est inutile, car en réformant le code de procédure, on peut arriver au même but, en ramenant la saisie immobilière au même degré de simplicité.

Dans le second cas, il faudrait la repousser comme

dangereuse pour l'emprunteur qu'elle dépouillerait avec trop de facilité.

C'est donc avec juste raison que la prohibition de cette cause se trouve inscrite dans notre loi et qu'il faudrait la conserver.

II. — DE LA CONVERSION EN JUSTICE.

La seconde manière par laquelle les parties voudraient encore arriver à vendre, sous les formalités de la saisie immobilière, résulte d'une convention postérieure à sa transcription. Là ne se présentent plus les mêmes inconvénients, puisque le débiteur ne contracte plus, sous la foi d'espérance chimérique, et que le besoin de vendre est déjà né. Tous les intéressés deviennent maîtres d'en régler la forme. La loi de 1841 a coupé court à toute discussion, sur la signification du mot *intéressés*, en déclarant comme seuls intéressés, avant la sommation aux créanciers prescrite par l'art. 692, le poursuivant et le saisi; et après cette sommation, ce dernier et tous les créanciers inscrits.

Ce mode de vente présente souvent des avantages réels. L'établissement de la propriété est fait d'une manière plus sûre, le saisi fournit lui-même tous les documents nécessaires; la procédure est moins longue et moins dispendieuse; l'acquéreur n'est pas obligé de déposséder de force un débiteur qui refuserait de quitter l'immeuble vendu. Enfin, lorsque l'adjudication a lieu devant notaire, la vente produit un meilleur résultat, surtout quand il s'agit de petites propriétés. La loi de 1841 est plus favorable à la conversion que le code de 1806; elle la facilite pour les mineurs, en autorisant le tuteur d'y consentir, après avoir pris l'avis de la famille ; elle supprime la nécessité de la soumettre à l'observation de toutes les formalités prescrites pour la vente des biens de mineurs, ce qui emporte même l'obligation de l'expertise.

Le nouveau projet de la commission dont nous avons déjà parlé, va beaucoup plus loin ; il demande même la suppression de l'avis des parents, par le motif qu'il ne s'agit pas dans ce cas d'une aliénation, mais d'un changement de formalités, dans l'intérêt bien entendu des mineurs, soit émancipés, soit non émancipés. Cet intérêt veut, dit-elle, qu'on ne mette pas d'obstacles aux conversions.

Dans un but d'économie de frais et de temps, lorsque toutes les parties sont d'accord, la même commission propose de remplacer les jugements sur requête rendus par le tribunal, par une simple ordonnance du président pour constater le vœu des parties. Si ces dernières demandent le renvoi devant notaire, les juges ne pourraient retenir la vente à la barre du tribunal. C'est le notaire qui devra fixer le jour de l'adjudication. Cet officier public nous paraît plus à même que qui ce soit de fixer le jour le plus favorable pour vendre.

Une innovation très-importante que la commission propose toujours dans le but de faciliter les conversions, c'est le droit qu'elle voudrait accorder à la justice de prononcer la conversion, quoique toutes les parties n'y consentent pas. Ce ne serait plus alors le président qui rendrait l'ordonnance de conversion, mais le tribunal entier devrait statuer sur cette difficulté entre les parties, après les avoir entendues contradictoirement.

Selon le projet le saisi pourra la demander, mais non le saisissant, si ce n'est après la sommation faite aux créanciers, alors toute partie intéressée aura ce droit. Cette faculté ne leur serait donnée que jusqu'au jugement de publication qui viderait aussi cette question afin d'éviter les retards de l'adjudication, causés par des demandes de conversion, qu'une seule partie formerait contre la volonté des autres intéressés.

Le nouveau système que la commission veut introduire, consiste à donner au tribunal un pouvoir très-étendu pour régler le mode des ventes judiciaires. Ainsi s'agit-il de décider quels sont les moyens les plus propres pour leur donner de la publicité ? Le tribunal les fixera. L'adjudication doit-elle être remise à un délai plus éloigné que le maximum désigné par la loi ? Le tribunal en décidera. Les parties diffèrent-elles sur la question de savoir si la vente doit être convertie ? Le tribunal la règlera.

Cette théorie de la commission qui se révèle dans toutes ces innovations de laisser un grand arbitraire aux juges en matière de saisie immobilière sera-t-elle d'une application heureuse dans la pratique ? Il est permis d'en douter. Nous comprenons qu'on laisse aux juges le choix des moyens pour s'éclairer sur des contestations qui leur sont soumises ; mais dans les cas dont il s'agit le tribunal fait plutôt fonction d'officier ministériel, il est régulateur des formes d'une vente. Or, comment va-t-il s'éclairer sur les avantages et les désavantages dans chaque espèce particulière. Ce seront les avoués qui fourniront au tribunal les renseignements, et surtout l'avoué poursuivant qui connait parfaitement toute la procédure, les parties en cause et les biens saisis. Il est incontestable que les avoués aient tout intérêt à retenir les ventes à la barre du tribunal. Ils tâcheront donc d'obtenir des décisions au point de vue de leur intérêt personnel. L'avoué adversaire, s'il y en a, ne fera pas dans ce cas une opposition très-forte, l'intérêt de la corporation dominera. Souvent, selon que les parties auront pour conseil un avoué ou un notaire, elles demanderont tel ou tel mode de vente. Le législateur ne doit pas laisser dépendre du hasard les formes à suivre dans les ventes qui doivent être consacrées par l'autorité de la justice. La protection tutélaire du tribunal devrait plutôt consister à appliquer la loi, à examiner si les parties s'y sont conformées, qu'à la faire et à prescrire la marche à observer selon telles ou telles circonstances.

Nous pensons donc qu'il aurait mieux valu consulter l'expérience qui constate que pour les petites propriétés la vente par devant notaire est préférable. Le législateur aurait dû tracer en conséquence des formes spéciales : 1° pour les ventes peu importantes ; 2° pour celles d'une valeur supérieure, ainsi que nous l'avons déjà indiqué précédemment, et conserver la conversion seulement pour le cas où toutes les parties sont d'accord.

L'innovation, proposée par la commission, peut donner lieu à des procès fort coûteux sur l'opportunité ou l'inopportunité de telle ou telle mesure à prendre, et augmenter ainsi les incidents si nombreux des saisies immobilières. Il ne faut pas perdre de vue que les juges sont plus propres à décider qu'à faire les affaires des parties.

Nous avons déjà dit que l'adjudication devrait purger l'immeuble de toutes les hypothèques dans les ventes judiciaires sans distinction. A cet effet, l'avoué poursuivant ou le notaire, s'il y a lieu, serait obligé de faire des sommations aux créanciers inscrits ; le projet de la commission ne fait produire cet effet à la vente sur conversion que quand elle a lieu après sommation des créanciers. Elle aurait dû aller plus loin, en imposant au poursuivant l'obligation de sommer les créanciers inscrits, si la conversion a été obtenue avant cette formalité, afin d'affranchir l'immeuble adjugé de toute hypothèque.

Une dernière disposition de la loi de 1841 est celle qui prescrit de n'augmenter le délai de distance que d'un jour à raison de cinq myriamètres au lieu de trois. La vitesse et la facilité des communications devraient faire étendre ces dispositions à toutes les augmentations de délais accordées dans le *Code de procédure* et introduire des changements dans le tarif des huissiers pour les transports qu'ils font.

Il y a d'autres espèces de ventes que la loi de 1841 a comprises dans sa réforme et qui sont appelées à profiter des améliorations proposées pour l'adjudication forcée. Ces ventes sont au nombre de cinq.

1º La surenchère à la suite de l'aliénation volontaire ;

2º La vente de biens immeubles appartenant à des mineurs ;

3º Les partages et licitations ;

4º La vente d'immeubles dépendant de successions bénéficiaires ;

5º La vente des immeubles dotaux.

Les principes que nous avons posés pour la vente sur saisie immobilière doivent leur être appliqués, sauf les modifications qu'elles réclament à raison de leur nature particulière.

Appendice.

Les améliorations que nous avons proposées jusqu'à présent ont eu pour but de remédier aux inconvénients que la pratique a mis au jour dans la loi de 1841, sans détruire l'économie de ses dispositions. Nous n'aimons pas à accueillir facilement les innovations radicales. Cependant il s'agit d'une procédure qui fait l'objet de plaintes si amères, qui est si vivement attaquée, que le mal qu'elle cause semble nécessiter une destruction complète de son principe. Aussi, tout en croyant très-utiles les réformes partielles que nous demandons, nous pensons qu'une simplification bien plus grande devrait être introduite dans les formalités de la saisie immobilière, si elle n'offrait de danger pour aucune des parties intéressées. On obtiendrait ainsi une diminution de frais qui augmenterait la valeur du gage des créanciers et produirait une libération plus forte du saisi.

Nous avons soumis à un examen approfondi les modifications dont nous allons parler et qui supprimeraient totalement une partie des formalités de la loi de

1841. Il en est résulté pour nous la conviction qu'elles seraient tout-à-fait applicables en pratique.

Dans ce nouveau système, on conserverait le commandement et le procès-verbal de saisie, mais au lieu de notifier ce dernier au débiteur saisi, quinze jours après sa clôture, l'huissier lui en laisserait immédiatement copie. Par ce moyen, on épargnerait les frais d'un nouveau transport, que nécessite la formalité actuelle. Il faut dire cependant que cette économie ne pourrait se faire que quand le saisi habite non loin des immeubles que le procès-verbal met sous la main de la justice.

L'original de ce procès-verbal de saisie, qui fait la base du cahier des charges, serait déposé au greffe, dans un délai fixé par la loi, qui serait tout au plus de quinzaine, depuis sa clôture, et ce dépôt avec mention sur un registre destiné aux saisies immobilières, produirait dans notre projet tous les effets qui résultent dans la loi en vigueur de la transcription du procès-verbal de saisie au bureau des hypothèques. Cette innovation n'a aucun inconvénient; le greffe est aussi accessible au public que le bureau des hypothèques, et les communications s'y font gratuitement ou n'entraînent qu'une rétribution minime, pour les recherches relatives à des actes qui y sont déposés depuis plus d'un an, tandis que les extraits délivrés par les conservateurs se paient bien plus cher. On supprimerait ainsi la transcription qui est très-coûteuse, quand le procès-verbal de saisie est long.

Cet original du procès-verbal de saisie, déposé au greffe, servirait en même temps de commencement de cahier des charges auquel l'avoué n'aurait à ajouter que les conditions spéciales de la vente, non prévues dans la loi, et la mise à prix. Il est évident qu'il en résultera une économie de frais considérable, puisqu'il n'y aura plus lieu de payer la copie (1) de ce procès-verbal comme rôles du cahier des charges.

Les changements que nous proposons se résument donc en suppression de la notification, de la transcription et de la copie au cahier des charges du procès-verbal de saisie, ce qui réduirait les frais dans une large proportion. Quant au surplus des formalités de la saisie immobilière, nous n'avons rien à ajouter aux modifications que nous avons déjà indiquées.

Ainsi, les formalités de la loi de 1841 réduites (2) se composeraient :

1° Du commandement ;

2° Du procès-verbal de saisie et de sa copie laissée au saisi ;

3° Du dépôt au greffe de l'original de ce procès-verbal de saisie, qui servira de commencement de cahier des charges ;

4° Du complément du cahier des charges ;

5° De la sommation au saisi de prendre communication du cahier des charges ;

6° De pareille sommation aux créanciers inscrits ;

7° De l'annonce dans un journal à ce destiné du jour, des conditions, de l'enchère et de l'adjudication ;

8° Des affiches et placards, contenant la même indication, dans les cas seulement où le tribunal les aura jugés nécessaires ;

9° De l'adjudication.

(1) *Code de proc.* art. 690, n° 2.
(2) V. le tableau des formalités sous la loi de 1841, p. 241.

CHAPITRE XVII.
Partages et licitations.

Nous ne nous sommes point occupé des dispositions que le code de procédure range sous la dénomination de procédures diverses. Notre travail ne comprend que la procédure pour terminer les contestations et exécuter les jugements obtenus. Il y en a pourtant une dont les réformes réclamées ont une telle importance pratique que nous ne pouvons la passer sous silence. C'est celle qui règle les partages et licitations judiciaires.

En effet, la marche actuelle cause des frais si énormes que les petites successions en sont presque totalement absorbées. Ainsi l'intervention de la justice, nécessaire dans la liquidation des droits appartenant à des mineurs, pour protéger leurs intérêts, coûte si cher, qu'elle dévore souvent la majeure partie de la fortune dont la garde lui est confiée. D'autres fois, des parties majeures invoquent son secours pour régler leurs droits; mais elles apprennent à leurs dépens, trop tard, que l'accord établi par la justice a beaucoup amoindri le lot de chacun. Le mode actuel des partages judiciaires fait surtout la désolation des pauvres habitants de la campagne, dont le chétif patrimoine devient, par les frais considérables qu'il nécessite, la proie des officiers ministériels et du fisc.

Le mal de cette procédure provient principalement des formalités inutiles qui précèdent les opérations du notaire. — On commence par donner aux co-héritiers des assignations de comparaître devant le tribunal, pour assister au jugement qui décide qu'il faut sortir d'indivision, nommer un juge commissaire et renvoyer devant un notaire, pour procéder au partage. Si un ou plusieurs intéressés font défaut, on prend jugement de défaut profit joint, le leur signifie et les réassigne. Et comme il arrive fréquemment, dans les familles pauvres, qu'il y a peu de biens et beaucoup de co-partageants, on fait des procédures volumineuses et écrasantes de frais.

Tout cela n'est que formalité sans aucune utilité réelle. En effet à quoi sert ce simulacre de procès devant le tribunal (1) et ces actes si nombreux, quand la décision constante doit être forcément que personne ne peut être contraint de rester dans l'indivision (art. 815 du *Code Nap.*), qu'il faut nommer un juge commissaire et renvoyer devant un notaire pour faire les opérations du partage (art. 966 du *Code de proc.*).

Cette première phase des demandes en partage a si peu besoin de l'intervention du tribunal, que ce sont les avoués d'accord qui se présentent devant lui avec un dispositif tout fait qu'ils prononcent à l'audience et que les juges approuvent de confiance. Cette intervention du tribunal n'est donc qu'une véritable superfétation qui entraîne des frais considérables. Il suffirait évidemment que le président nommât, sur requête présentée par les co-héritiers, le juge commissaire et le notaire qui doit procéder aux comptes, liquidations et partages entre les intéressés. Le tribunal n'aurait à statuer qu'en cas de difficultés sérieuses.

Le président devrait désigner le notaire qui a fait l'inventaire, à moins que les parties ne conviennent d'un autre. L'avoué poursuivant donnerait copie de

---

(1) Dans beaucoup de tribunaux les avoués se signifient des requêtes que les juges passent en taxe.

l'ordonnance du président aux co-partageants qui n'auraient pas été présentés dans la requête, avec la sommation d'assister aux opérations du notaire. Si un des non-comparants avait des objections à faire contre le choix de tel ou tel notaire comme liquidateur, il pourrait porter cet incident à l'audience, avant que cet officier ministériel commençât son travail.

C'est ainsi qu'au lieu d'une procédure lente et coûteuse qui absorbe en frais inutiles une grande partie des successions dans les classes peu aisées, une simple requête au président suffira, sans inconvénient pour aucune partie, pour ordonner la vente des valeurs impartageables, commettre un juge et renvoyer devant notaire pour les opérations du partage.

Ce remède si facile à trouver à un mal si grave, pourquoi les rédacteurs du Code ne l'ont-ils pas employé? Pour répondre à cette question, il faut se se reporter aux discussions qui ont eu lieu sur cette procédure au Conseil d'État (1). La difficulté qui préoccupait les auteurs de la loi roulait sur le point de savoir si ce serait un juge lui-même qui ferait les opérations du partage, ou si l'on devrait les renvoyer devant un notaire. Le tribunal entier avait à décider de l'opportunité de telle ou telle voie à suivre. C'est dans cet esprit que le projet fut présenté, mais sur les observations judicieuses de l'Empereur qui avait pris part à cette discussion, on adopta le renvoi devant notaire, et on laissa cependant subsister les formalités telles que le projet les avait tracées.

(1) LOCRÉ, t. XXIII, p. 326 et suiv.

Les réformes que nous avons indiquées pour la vente sur saisie immobilière, s'appliquent aussi à cette matière. D'après le mode uniforme de la loi actuelle, lorsqu'il n'y a que quelques parcelles de terre à vendre, les frais absorbent presque entièrement le prix.

Pour remédier à cet inconvénient, nous proposons de même en matière de partage, d'instituer, pour les petites propriétés appartenant en tout ou en partie à des mineurs, un mode de vente particulier: savoir la vente devant notaire, sans autres formalités qu'une délibération unanime du conseil de famille et une ordonnance sur requête à l'effet de commettre le notaire. Ce mode de vente aura le double avantage d'être plus économique et de se faire à proximité des biens qu'il s'agit d'adjuger.

La valeur des immeubles dont la vente se fera plus avantageusement devant notaire trouverait une règle fixe dans la contribution foncière qu'ils paient. Le chiffre que nous avons adopté pour la saisie immobilière était de 15 francs ; il pourrait être de 20 francs, quand il s'agit de co-partageants. Ce maximum de 20 francs d'impositions correspond à peu-près à un maximum de 8,000 francs en capital. Le bienfait de cette innovation s'étendra donc à une masse énorme de petites propriétés.

La loi de 1841 a introduit une amélioration dans le code de 1806, en rendant l'expertise facultative, d'obligatoire qu'elle était ; il faudrait aussi permettre au président de dispenser les experts du serment dans les cas où ils seraient nécessaires.

Une amélioration très-désirable dans cette matière serait d'autoriser le partage par attribution dans le cas où les droits des co-partageants sont fort inégaux, au lieu d'exiger rigoureusement le tirage au sort des lots. Ainsi actuellement, quand de deux héritiers l'un a droit aux sept huitièmes de la succession, l'autre a un huitième, le tirage au sort ne peut s'effectuer qu'au moyen de la confection de huit lots, dont le premier héritier tire sept et le second un seul. Or, il est très-rare qu'on puisse *commodément* former un aussi grand nombre de lots dans une succession ; de sorte qu'on arrive en dernière analyse à cette conclusion que le partage en nature est impossible et que la vente est nécessaire, quoiqu'il n'y ait pas de dettes qui exigent la réalisation en argent des valeurs héréditaires.

Même lorsqu'il est possible de composer des lots, les conséquences de cette inflexibilité de la loi ne sont guère moins désastreuses. Par exemple, si, dans la situation dont nous venons de parler, il n'y a dans la succession qu'une pièce de terre ou de pré, et qu'on la divise en huit fractions, il arrivera le plus souvent que la part de l'héritier qui n'a qu'un huitième, se trouvera au milieu des sept parts de l'autre co-partageant ; ce qui morcellera l'immeuble d'une manière regrettable et contraire tant à l'intérêt des deux ayants-droit qu'à l'intérêt de l'agriculture.

Frappé de ces inconvénients, M. Mauat-Ballange avait présenté, lors de la discussion de la loi de 1841, un amendement dans ce sens ainsi conçu : « Si les
» droits des co-partageants sont inégaux, le tribunal
» pourra, après avoir pris l'avis de la famille, s'il y
» a parmi eux des mineurs et des interdits, ordonner,
» par voie d'attribution, le prélèvement des lots

» inégaux, mais il fera tirer au sort tous les lots qui
» en sont susceptibles. »

Cet amendement aurait dû, selon nous, être accueilli et transformé en disposition légale.

CHAPITRE XVIII.

Du tarif des frais pour les ventes judiciaires des biens immeubles.

Toutes les réformes de la procédure pour diminuer les frais seraient stériles, si en même temps on ne modifiait pas le tarif dans le sens de ces améliorations. Il est bien difficile d'étudier dans le sein d'une nombreuse assemblée tous les détails d'un règlement sur une semblable matière. D'un autre côté il serait imprudent de confier à l'administration seule cette tâche si importante. Le corps législatif devrait donc nommer, s'il y avait lieu, une commission spéciale qui, pénétrée de l'esprit de la majorité qui a fait la loi, s'entendrait avec l'administration sur la fixation du tarif.

Nous avons déjà dit précédemment (1) que le meilleur système est celui qui établit une proportion entre les frais et la valeur numérique des objets pour lesquels les officiers publics sont appelés à exercer leur ministère. Ce système me paraît surtout préférable pour le tarif des frais de vente judiciaire.

Ce qui produit le plus fâcheux résultat pour le crédit foncier de la petite propriété, c'est que les

(1) V. Titre des *Dépens*.

frais absorbent souvent le capital (1) en cas de saisie immobilière. Ils sont presque aussi forts pour les immeubles de peu d'importance que pour ceux de grande valeur ; la conséquence de tout cela est que tous les petits cultivateurs trouvent très-difficilement de l'argent sur leurs biens et sont obligés de recourir à des ventes simulées pour obtenir des prêts usuraires.

Le vice du tarif révisé après la loi de 1841 consiste principalement dans l'uniformité de la taxe, sans distinction de l'importance des ventes. Cette uniformité que nous avons critiquée dans la procédure, nous paraît aussi être l'obstacle capital à vaincre en matière de taxe. Il ne faut pas se dissimuler que la création d'un tarif variable, et proportionnel selon la valeur des objets, présente beaucoup de dificultés.

On pourrait suivre à cet égard deux routes différentes qui conduiraient au même but :

1° La première consisterait à réduire les émoluments des officiers ministériels et les droits du fisc, pour les ventes qui ne dépassent pas une certaine somme fixée par la loi ; en laissant subsister la rétribution de chaque acte particulier. A cet effet on ferait un tarif spécial pour ces sortes de ventes. Ce mode (2) existe déjà, sous un autre rapport, il est

(1) Tous ceux qui ont été mêlés quelque peu à la pratique des affaires pourraient citer de nombreux exemples de pareils faits. J'ai vu, il y a peu de temps, qu'une vente de deux lots était faite pour 800 francs par suite d'une baisse de mise à prix, les frais taxés s'élevaient à 750 francs ; que restait-il ? 50 francs.

(2) On le trouvera aussi dans le *Tarif des affaires sommaires.* V. *Taxe des avoués,* art. 67.

vrai, dans le décret de 1808 ; on a déterminé les émoluments des officiers ministériels pour le même acte, d'une manière différente, selon l'importance de la juridiction ou de la classe à laquelle ils appartiennent. Ainsi les vacations sont de 9 francs pour les notaires de Paris, de 6 francs pour les notaires des villes où il y a un tribunal de première instance, et de 4 francs partout ailleurs, etc. Ce n'est donc pas le travail seul qui entre dans la détermination de la taxe, le législateur s'est fondé aussi sur d'autres éléments. La valeur des objets dans les ventes judiciaires devrait, selon nous, être l'élément capital pour la fixation des frais. Dans ce but le législateur pourrait établir la taxe de manière que, dans les cas ordinaires, l'ensemble de tous les frais qui nécessitent ces procédures, ne dépasse jamais une certaine proportion de la valeur. Il faudrait donc qu'il y eût des incidents très-compliqués, pour que les dépens pussent monter au delà de la moyenne qui a guidé le législateur en tarifiant les différents actes. Ce mode aurait l'avantage de réduire les frais dans une limite qu'ils absorberont rarement le capital, et il évitera à la fois l'inconvénient de fixer un seul et même salaire pour tous les actes de procédure, sans avoir égard aux travaux différents que nécessitent les circonstances si variées des diverses poursuites de ventes.

2° L'autre manière consisterait précisément à donner, au lieu d'un émolument spécial pour chaque acte ou chaque opération, une allocation unique, proportionnelle à la valeur des objets pour lesquels les officiers publics sont appelés à exercer leur ministère.

Ce mode de rénumération a l'avantage d'assurer que

les frais n'atteindront jamais le capital, et de rendre en même temps impossibles les abus des procédures frustratoires.

« Si les frais étaient fixés invariablement à l'avance,
» si le volume et la complication des procédures ne
» pouvaient procurer aucun bénéfice, personne ne
» songerait à en augmenter la durée et l'étendue. Les
» officiers ministériels que ne retiendraient pas le
» sentiment du devoir ni la crainte d'une peine, se-
» raient placés, par le défaut d'intérêt, dans l'heureuse
» impossibilité de mal faire (1). »

On a trouvé ce système difficile à établir à l'égard des huissiers, parce qu'il faut tenir compte de l'étendue des pièces à copier, du nombre des personnes qui doivent recevoir les significations et enfin de la distance que l'huissier est obligé de parcourir.

L'application de ce système a paru plus facile à l'égard des autres officiers ministériels. Il leur est confié une série d'actes et de formalités. Une rétribution unique pourrait leur être allouée, calculée sur le produit de la vente.

Là encore, le rapport de 1841 a fini par rencontrer des difficultés insurmontables. « La valeur des im-
» meubles, dit-il, varie considérablement suivant les
» localités. A Paris et dans trois ou quatre grandes
» villes, elle est assez élevée pour servir de base aux
» honoraires des officiers chargés de procéder aux
» ventes. Dans les départements, elle est telle que la
» remise proportionnelle ne fournit presque toujours
» qu'une rénumération dérisoire. Pour donner aux

---

(1) V. le rapport au roi, de 1841, relatif au *Tarif des frais de ventes judiciaires*.

» avoués des petites villes un émolument acceptable,
» en raison de leurs travaux et la responsabilité qu'ils
» leur imposent, il eût fallu porter très-haut la remise;
» alors les avoués, établis dans les grands centres de
» populations, auraient des allocations trop considéra-
» bles. Vouloir distinguer entre Paris et les départe-
» ments, entre les cités populeuses et les villes de
» second ou de troisième ordre, augmenter pour
» celles-ci le taux de la remise proportionnelle, c'é-
» tait se jeter dans les calculs les plus dangereux,
» tenter les appréciations les plus arbitraires. On ar-
» rivait d'ailleurs à ce mauvais résultat, que la petite
» propriété était frappée d'un droit plus fort que la
» grande. Ainsi, sur un immeuble vendu en province
» deux ou trois mille francs, l'avoué aurait perçu
» trois ou quatre pour cent, tandis qu'un immeuble
» dont le prix à Paris se serait élevé à cinquante
» mille francs ne paierait qu'un pour cent. Votre
» Majesté, dans sa sollicitude constante pour les in-
» térêts des classes inférieures, ne l'eût pas accueillie,
» si j'avais songé à la lui présenter. »

Dans la crainte prétextée d'être obligé de faire une remise proportionnelle, trop élevée pour la petite propriété, on a mieux aimé la grever de frais de vente aussi importants que pour les biens d'une grande valeur. Etrange raisonnement qui part de l'intérêt pour les classes inférieures, afin d'arriver à une conclusion qui leur impose les charges les plus lourdes. Nous pensons au contraire que c'est plutôt la sollicitude pour les avoués de province qui inspirait le rapporteur dans le passage que nous venons de citer.

N'aurait-il pas mieux valu établir une remise proportionnelle plus forte pour les immeubles de peu de valeur, que de leur faire supporter, par un tarif et une procédure uniforme, les mêmes frais que pour des biens vendus à des prix élevés ? Ainsi l'expropriation, selon le tarif actuel, d'une pièce de terre valant 500 francs, coûte pour le moins 300 francs ; il n'y aurait presque pas d'augmentation dans les dépens pour un immeuble de 5,000 francs.

Supposons au contraire le système de la remise proportionnelle appliqué. Cette remise eût-elle été de dix pour cent jusqu'à la valeur de mille francs, les frais ne seraient montés dans ce cas qu'à cinquante francs ; tandis que l'immeuble de cinq mille francs avec une remise proportionnelle de deux pour cent aurait produit à l'officier ministériel cent francs et ainsi de suite.

En fixant un minimum, on pourrait facilement échelonner ensuite les rémunérations proportionnelles uniques pour les officiers ministériels, selon le prix des immeubles.

Le même système pourrait être appliqué aux droits du fisc.

Une espèce de compensation des pertes faites dans les ventes d'une valeur inférieure, s'établirait ainsi par les bénéfices plus grands que donneront les adjudications importantes, pour sauvegarder les intérêts du fisc et des officiers ministériels, et le sol même morcelé en petites parcelles constituerait encore le plus solide de tous les gages. Il serait celui vers lequel afflueraient les capitaux avec confiance pour se fructifier mutuellement.

CHAPITRE XIX.

De l'Ordre.

Les dispositions du code de procédure dont la réforme est bien attendue, sont celles qui règlent les ordres. Tout le monde sait que par le retard inévitable que leur mode actuel fait éprouver dans tous les tribunaux, ils font le désespoir des débiteurs, des créanciers et des magistrats. Et pourtant c'est la distribution du prix de l'immeuble vendu qui importe le plus au prêteur sur hypothèque. La rapidité de la saisie immobilière ne lui servirait à rien, si les lenteurs sans fin de l'ordre paralysaient le paiement de sa créance. En vain la loi sur les hypothèques donnerait la sûreté au prêt foncier, en vain l'expropriation forcée faciliterait la vente du gage, si les longueurs de la distribution du prix empêchaient le créancier de rentrer dans l'argent prêté. Améliorer le système hypothécaire et la saisie immobilière sans réformer la procédure d'ordre, ce serait négliger un élément essentiel du crédit foncier.

Les lenteurs de sa marche ne peuvent se justifier par aucun prétexte d'humanité ; le débiteur est exproprié, il est expulsé de son champ, de sa maison, et sa libération est indéfiniment retardée. Les créanciers, après avoir parcouru toute la série des formalités et des délais qu'exige la saisie immobilière, ont à recommencer une série non moins longue de nouvelles formalités et de nouveaux délais pour obtenir leur paiement.

Pour remédier aux vices de cette procédure, il faut rechercher les causes qui les ont créées. Ces causes de lenteurs et de frais exorbitants ne sont pas nombreuses, mais elles suffisent pour produire tout le mal.

On peut les ramener à quatre points principaux qui ont surtout besoin d'être réformés. Ce sont :

1º L'ouverture de l'ordre après la saisie immobilière;

2º Les délais pour remplir certaines formalités, laissés à la discrétion du poursuivant;

3º La confection de l'état de collocation et la manière de le contredire ;

4º Le mode de paiement des créanciers (consignation et bordereaux).

1º — RÉFORME DE L'OUVERTURE DE L'ORDRE APRÈS LA SAISIE IMMOBILIÈRE.

Sous le code de procédure, l'ordre n'accompagne pas la saisie immobilière, mais la suit ; ce sont deux opérations distinctes, dont l'une ne commence que lorsque l'autre est consommée. Et même, après le jugement d'adjudication, devenu inattaquable et les longs délais (1) pour payer, l'ordre ne peut être ouvert que quand il s'est écoulé un mois accordé au saisi et aux créanciers, pour se régler à l'amiable sur la distribution du prix. Ce délai est une pure perte pour ces derniers et ne produit presque jamais un résultat utile dans la pratique.

Le mode actuel de procéder a d'autres inconvénients : il est préjudiciable, si l'on admet la consignation du prix qui, dans la pratique, est souvent suivie d'une procédure de validité d'offres fort coûteuse, et occasionne une perte partielle des intérêts, perte

---

(1) Ils sont en général de quatre mois.

qui retombe principalement sur les derniers créanciers inscrits. Il est dangereux, si l'on refuse cette consignation et ajourne ainsi, en cas d'insolvabilité de l'adjudicataire, la poursuite en folle-enchère jusqu'après la clôture de l'ordre. Car ce n'est qu'à ce moment que l'adjudicataire peut être contraint au paiement.

Loin donc que les dispositions du code méritent d'être maintenues, il serait bien plus conforme à tous les intérêts de faire courir les délais de l'ordre avec ceux de l'expropriation. C'est ce qui se pratiquait jadis dans le ressort de plusieurs parlements. Dans celui de Dijon, on ne procédait pas même à l'adjudication que l'ordre ne fût clos. L'adjudication faite, la consignation réalisée, les créanciers étaient presque immédiatement en mesure de toucher le prix. Dans la loi du 9 Messidor an III, ce concours des deux procédures était établi ; seulement les retards qui arrêtaient l'ordre, n'empêchaient pas l'adjudication. Telle est la mesure qui mérite la préférence, et d'autant plus que non seulement la marche de l'ordre serait accélérée, mais qu'il y aurait grande économie dans les frais. En effet, il suffirait d'ajouter aux notifications faites à tous les créanciers inscrits de prendre connaissance du cahier des charges, la mention de l'ordonnance du juge-commissaire, avec sommation à ces créanciers de produire leurs titres dans le délai fixé par cette ordonnance. Ainsi une seule notification appellerait les créanciers à la saisie et à l'ordre, tandis que le *Code de procédure* exige dans ce but deux exploits distincts dont le dernier coûte fort cher (1).

(1) Une pratique vicieuse admet l'expédition par le greffier du permis de sommer, qu'on copie dans toutes les sommations. Ce permis et les copies qu'on en fait augmentent de beaucoup les frais d'ordre.

Quant aux créanciers qui prendraient inscription après cette sommation, on n'aurait qu'à obliger le conservateur des hypothèques de faire mention de la saisie à la suite de leurs titres. Prévenus par cet (1) avertissement, ils seraient à même de prendre les mesures conservatrices de leurs droits.

2° — RÉFORME QUANT AUX DÉLAIS POUR REMPLIR CERTAINES FORMALITÉS, LAISSÉES A LA DISCRÉTION DU POURSUIVANT.

Les retards les plus fâcheux dans les ordres résultent de l'absence de délais rigoureux et précis, imposés pour certaines formalités à remplir dans le cours de cette procédure.

Si l'on suit l'ordre dans son allure actuelle, il est facile d'observer qu'il ne s'avance qu'au gré du poursuivant. Souvent c'est l'adjudicaire qui, en vertu de l'article 750, s'empresse de prendre ce rôle et qui, parfois, le joue de manière à garder son prix pendant plusieurs années. Il trouve dans la loi un arsenal de moyens pour différer la fin de cette procédure.

L'article 751 ne fixe aucun délai au président pour la nomination du juge-commissaire. Dès qu'un intéressé a obtenu cette nomination, la poursuite lui appartient, et comme il n'y a pas de délai prescrit pour prendre de ce juge l'ordonnance d'ouverture de l'ordre, il ne la demande que quand il le trouve à propos. Et quelquefois dans la pratique

---

(1) Dans le système exposé dans l'appendice, ces créanciers devraient puiser eux-mêmes ce renseignement au greffe.

il s'écoule des mois avant la nomination du juge-commissaire, et des années avant la réquisition d'ouverture et les sommations aux créanciers. Lorsque le poursuivant a bien voulu prendre cette ordonnance, il peut encore se reposer, puisque le code, en exigeant que les créanciers produisent leurs titres dans le mois de sa notification, n'a pas déterminé le temps dans lequel cette notification leur serait faite. La même imprévoyance s'y trouve pour la sommation aux créanciers de prendre communication de l'état provisoire de collocation ; ils doivent la prendre dans le mois de cette sommation ; mais il n'y a pas de délai fixé pour la faire. Enfin il n'y en a pas non plus pour porter à l'audience les contredits. En sorte que quatre fois le mouvement de l'ordre peut être arrêté à la discrétion du poursuivant. L'article 779 à la vérité, pour réprimer ces négligences, a établi la subrogation. Mais au lieu de la prononcer de plein droit, il veut une requête, que cette requête soit communiquée au retardataire, puis suivie d'un rapport, incident auquel la confraternité oppose un tel obstacle qu'il ne s'élève que rarement.

Le remède à ces graves inconvénients est facile à trouver, le législateur n'aurait qu'à fixer des délais précis dont l'observation rigoureuse serait prescrite aux avoués poursuivants, sous peine de perdre de plein droit le rôle de poursuivant. Par là, la marche de l'ordre sera accélérée, et la distribution de prix ne se fera plus aux héritiers de ceux qui ont vu la vente de l'immeuble.

Un délai fixé par la loi est celui d'un mois que l'article 754 donne aux créanciers pour produire. Quelles seront les conséquences du défaut de production pendant ce laps de temps, une forclusion absolue devra-t-elle être prononcée contre les retardataires, ou une peine est-elle suffisante, celle de supporter les frais et tous les dommages causés par ce retard? Le code de procédure, tant que les choses sont entières, que l'ordre n'est pas clos, a trouvé trop rigoureux de forclore un créancier légitime venant en degré utile, dont une maladie, une absence, ou peut-être la négligence de son avoué auront empêché la production à temps. Mais dans ce cas la loi veut aussi, avec juste raison, que ce créancier supporte seul les conséquences de son retard. Les frais qu'il occasionne, les dommages qui en résultent, doivent rester exclusivement à sa charge ; autrement un individu insolvable et sans responsabilité pécuniaire, pourrait intervenir sans droit dans un ordre, et créer des obstacles pour en éloigner la clôture. Afin de prévenir ces abus nous voudrions une disposition légale qui obligeât le créancier, quand il produit tardivement, s'il est requis par les parties intéressées, de fournir caution pour les frais et dommages-intérêts, ou de consigner la somme à laquelle ils seront approximativement évalués. A défaut par lui de satisfaire à cette obligation, sa demande serait rejetée. C'est ainsi que la loi concilierait l'intérêt des créanciers retardataires et de ceux qui ont produit dans les délais légaux.

Mais une fois l'ordre définitivement clos, le recours de celui qui a négligé de produire ne saurait plus être accueilli. Pour la sécurité des créanciers, il faut que la procédure ait un terme et que les paiements faits soient irrévocables. Le préjudice que, dans quelques cas très-rares, des créanciers en retard pourraient éprouver par cette forclusion, ne saurait être mis en balance avec le mal qui résulterait d'une incertitude générale et prolongée.

3° — RÉFORME DE LA CONFECTION DE L'ÉTAT DE COLLOCATION ET DE LA MANIÈRE DE LE CONTREDIRE.

Selon le code, la confection de l'état de collocation est confiée à un juge commis par le président. On se demande si ce mode de procéder est utile dans la pratique. N'aurait-il pas mieux valu, dit-on, faire statuer sur les ordres par le tribunal sur la réquisition de l'avoué poursuivant ou du ministère public qui présenterait l'état de collocation à son homologation? Pourquoi recourir encore à cette vieille pratique des juges-commissaires, tradition de la procédure écrite dans laquelle il fallait un rapporteur?

Nous pensons qu'un juge spécial est nécessaire pour la direction des ordres. En effet, le tribunal réuni ne peut s'occuper de vérifier tous les détails qu'exige la confection de l'état de collocation. Il y a des intérêts multiples et compliqués à contrôler, des comptes à régler; toutes ces opérations ne peuvent se faire à l'audience. L'état de collocation n'est pas une seule difficulté à vider, mais la liquidation d'intérêts collectifs. Le tribunal ne doit intervenir que quand des contestations s'élèvent. De là résulte la nécessité d'un juge spécial qui doit présider aux ordres. Mais quel rôle doit-il jouer dans les opérations successives de cette procédure? La loi actuelle veut que ce soit le juge lui-même qui dresse l'état de collocation, mais une pratique abusive lui a substitué en général l'avoué. L'état de collocation signé par le juge et son œuvre en apparence, est en réalité l'ouvrage de l'avoué poursuivant, et cela d'une manière assez notoire, pour qu'on lui passe une rétribution pour ce travail. Ceci a des inconvénients très-graves. On place en effet l'avoué, en lui confiant une pareille besogne dans une position délicate, relativement aux parties dont il défend les intérêts. Son rôle n'est pas neutre comme celui du juge ; il doit naturellement pencher à favoriser ses clients au préjudice des autres créanciers. L'examen que fait le juge du règlement provisoire, confectionné par l'avoué, ou plutôt par ses clercs, avant d'y apposer sa signature, n'est point une garantie suffisante, parce que très-souvent il l'approuve de confiance; il ne vérifie pas par une lecture préalable les titres produits, comme il eût été obligé de le faire, s'il avait dressé lui-même l'état de collocation.

La faculté de contredire, accordée aux créanciers, est toujours un remède fâcheux, parce qu'elle donne naissance à des procès fréquents, et que d'ailleurs elle fait dépendre le sort d'un produisant de l'attention ou de la négligence de son avoué. C'est ainsi que tout le système de la loi est bouleversé. Celle-ci en effet a compté sur une œuvre impartiale faite par un magistrat, et voici que c'est une main intéressée qui l'accomplit.

En recherchant la cause qui a fait naître cet abus, nous trouverons plus facilement le remède qu'il faut employer pour le détruire. Cette cause est dans la répugnance qu'inspire en général aux juges le travail pénible et fastidieux que nécessite la confection de l'ordre. Il faut, pour se livrer à l'occupation minutieuse de tous les détails qu'exige un tel règlement, un courage toujours difficile à rencontrer, mais qui le devient davantage, à mesure qu'on est moins souvent obligé d'y recourir. Les magistrats de première instance ne sont plus habitués à la procédure écrite, ni aux lectures de pièces qu'elle impose. Ils sont effrayés quand on leur apporte le dossier d'un ordre à examiner et à traduire en tableau de distribution.

Pour se débarrasser de l'ennui que leur donne un pareil ouvrage, l'abus, presque général, s'est introduit de faire faire ce travail par l'avoué. Sans confondre l'abus avec la loi dont on abuse, l'expérience démontre que sa stricte observation serait difficile à obtenir, en ce qui concerne la confection du règlement provisoire par des magistrats indépendants. Dans la plupart des tribunaux, la besogne du juge-commissaire est préparée par l'avoué poursuivant.

Ce désordre ne cessera que lorsqu'un seul juge, dans chaque tribunal, sera chargé de la direction des ordres et des contributions, comme le juge d'instruction l'est de la partie criminelle. Comme lui, choisi et révocable dans cette qualité par le gouvernement, indemnisé de ce surcroît d'occupation, par une légère augmentation dans son traitement, il serait responsable, et lorsqu'un ordre serait ralenti, il aurait à rendre compte au tribunal des causes de retard, et même à provoquer des mesures de discipline contre les officiers ministériels coupables de négligence, ou, ce qui n'est pas sans exemple, ne s'occupant qu'à entraver la procédure.

Chargé spécialement de cette partie, dans laquelle les questions les plus ardues se présentent très-fréquemment, ce magistrat les étudierait plus à fond, et l'expérience venant bientôt chez lui se joindre à la théorie, les ordres les plus compliqués cesseraient de l'être pour lui. Ce qu'on fait souvent, se fait mieux et plus vite.

Enfin la nomination d'un juge spécial aux ordres éviterait la formalité d'une requête pour le faire désigner.

Si cette nouvelle mesure, que nous croyons la meilleure, souffrait trop de difficultés, il faudrait, dans tous les cas, ôter aux avoués la confection du règlement et charger officiellement les greffiers de ce travail. Ces derniers présentent une garantie d'impartialité que nous ne trouvons pas dans les avoués vis-à-vis de leurs clients, et ont en général une habitude de cette procédure qui se passe en grande partie au greffe. Ils ont peu d'intérêt à la prolongation des ordres et obtiendraient une indemnité pour ce travail. La rétribution du greffier pourrait être augmentée d'un quart, si le réglement provisoire n'était pas contredit ou si les contredits étaient repoussés par une décision définitive. Le juge devrait toujours surveiller le greffier pour contrôler et accélérer son ouvrage. La confection de l'état de collocation serait ainsi plus soignée, et les ordres ne formeraient plus des procédures interminables.

Une des causes qui mettent obstacle à la prompte expédition des ordres, c'est la manière adoptée dans le code pour faire connaître aux avoués le réglement provisoire et le contredire.

Quand le juge commissaire a dressé son état provisoire de collocation, les avoués des parties en prennent successivement communication. Ceux dont les espérances sont déçues le contredisent, ceux dont ces critiques contrarient les intérêts les réfutent, et tout cela sur le procès-verbal du juge. C'est de cette forme bizarre d'instruction que naissent les lenteurs les plus désolantes. Qu'attendre en effet de ces débats où les parties en lutte discutent leurs intérêts sans être mises en présence, où l'avoué, sans entendre le juge, le contredit, puis est combattu lui-même par son confrère qui ne l'entend pas davantage. Je crois que, quels que soient la vigilance et le zèle des magistrats, on ne parviendra jamais avec ce système, à donner à l'ordre la rapidité désirable pour les créanciers.

Le moyen le plus efficace pour diminuer ces inconvénients, serait que le juge, sur le vu des productions ne fît l'état de collocation qu'en projet ; qu'ensuite, par une simple lettre, il convoquât devant lui ; assisté du greffier, les avoués produisants. Il leur ferait lecture de son projet, leur en expliquerait les motifs, entendrait leurs observations, accueillerait celles qui lui paraîtraient justes, sur les autres il essaierait d'éclairer les esprits et de les concilier.

Dès cette première conférence, s'il n'y avait pas de contestations, il pourrait rendre définitif l'état de collocation, et déclarer forclos ceux qui n'auraient pas produit.

En cas de difficultés devant le juge-commissaire, ceux qui se croiraient lésés seraient tenus de le déclarer dans le délai de quinzaine ; en précisant les points par eux contestés ; sinon la collocation serait irrévocable. A cet effet le règlement provisoire devrait être dans les trois jours déposé au greffe où les avoués pourraient en faire un examen attentif avant de l'attaquer.

Chaque fois que sur ces points litigieux, une seconde

conférence serait demandée au juge et qu'il pût en espérer quelques succès, il pourrait l'accorder et surseoir au renvoi à l'audience. Mais tout devrait s'y terminer par une soumission sans réserve au travail proposé par le magistrat, ou par le renvoi à l'audience. Dans le dernier cas le juge donnera aux contestants assignation d'office au plus prochain jour. Il n'en ferait pas moins délivrer les bordereaux de collocation pour les créances non contestées ni subordonnées par leur rang à la solution des points en litige.

On conçoit facilement tout ce que ce mode a de préférable à celui du code de procédure. Dans ce dernier, le juge fait son état de collocation sur l'examen des productions et suivant ses seules inspirations. Souvent les contredits, par des développements sur le fait et même le point de droit, lui donnent des regrets; mais il n'est plus temps, il n'a pas le droit de modifier son travail; ce n'est qu'à l'audience et par le tribunal qu'il peut l'être. Il en est de même pour les avoués; ils contredisent parfois ce qu'ils approuveraient, si tous les motifs leur en étaient expliqués : ou ils réfutent un contredit auquel ils souscriraient, si leur confrère, en le faisant, avait prévu leurs objections et qu'il y eût répondu. Nous le disons avec confiance, une conférence de quelques heures aplanirait plus de difficultés que trois mois d'instruction comme celle qui se fait aujourd'hui sans se voir ni s'entendre.

On doit remarquer en outre qu'en suivant cette marche, il n'y aurait pas d'autres frais que les honoraires des avoués venus aux conférences.

Il nous reste à faire une dernière observation relative aux dépens dans les contestations sur le règlement provisoire. L'article 768, tout en condamnant la partie succombante aux frais, n'en accorde pas moins à l'avoué, pour leur paiement, un privilége sur le prix, sauf au créancier sur lequel les fonds manqueraient, à recouvrer ces dépens contre la partie condamnée, dont l'insolvabilité reste ainsi à sa charge. Il vaudrait mieux ne pas admettre le prélèvement de ces frais sur la masse et les faire supporter ainsi en totalité par le créancier sur lequel les fonds manqueront. Le prix de l'immeuble est destiné à payer les créanciers, et ne doit pas être détourné à d'autres usages. D'ailleurs cette disposition, conforme au droit commun sur les condamnations aux frais, rendra les avoués plus circonspects dans les contestations qu'ils soulèvent et préviendra les difficultés téméraires.

4º — RÉFORME DU MODE DE PAIEMENT (CONSIGNATION, BORDEREAUX).

Il arrive fréquemment que l'adjudicataire n'est pas en mesure de payer son prix. Il compte sur des ressources qui ne sont pas certaines. Il fait alors tout ce qu'il peut pour traîner la procédure d'ordre en longueur et donne mission à son avoué d'en retarder la clôture par toutes les entraves possibles. Cette mission est d'autant plus facile à remplir que les dispositions qui régissent cette matière s'y prêtent merveilleusement.

Pour détruire les causes de ces lenteurs, le meilleur remède serait de mettre l'adjudicataire dans l'impossibilité de nuire à la marche de l'ordre. A cet effet, la loi devrait prescrire la consignation du prix à distribuer dans un court délai qu'elle fixerait après l'adjudication. Si l'adjudicataire ne le consignait pas, il y aurait lieu contre lui à la revente sur folle-enchère.

Cette mesure attirerait les bons acquéreurs, ceux

qui ont l'argent prêt pour acquitter le prix, et éloignerait les mauvais, ceux qui ne peuvent payer immédiatement. Elle aura l'avantage de simplifier l'ordre, en mettant hors du débat l'adjudicataire, qui se trouve libéré par la consignation et n'a plus aucun intérêt à le compliquer. La nécessité de consigner écartera des ventes judiciaires ces spéculateurs, qui achètent les biens dans l'espoir de les revendre avec profit, sans débourser le prix. Souvent aussi ils se font faire de fortes remises, pour payer d'avance les créanciers hypothécaires qui ne peuvent attendre la fin de l'ordre dont ils prolongent la procédure par des difficultés presqu'inextricables.

La consignation présentera ainsi un avantage réel pour les ventes judiciaires, et dégagera l'ordre d'un élément qui entrave souvent sa marche.

L'adjudicataire doit être libéré par la consignation vis-à-vis des créanciers qui ont ainsi la somme à leur disposition. Les retards que l'ordre pourra éprouver, par suite de quelques contestations, ne sauraient lui préjudicier. Aussi devra-t-il cesser d'être tenu des intérêts de son prix du jour de la consignation. La perte partielle des intérêts retombe entièrement sur le dernier créancier colloqué. Il y a donc grand avantage pour amoindrir ce préjudice, de faire marcher de front l'ordre avec la saisie immobilière, pour arriver à la délivrance des bordereaux, le plus tôt possible, après la consignation du prix.

Cette consignation donne des facilités pour le paiement des créanciers colloqués. Le greffier leur remet des mandats sur la caisse des consignations qui les solde, moyennant l'acquit de la partie prenante. Ainsi on n'a pas besoin de signifier les bordereaux à l'adjudicataire, ce qui augmente le coût des ordres.

En les terminant, le juge ordonnera la radiation de toutes les inscriptions grevant les biens adjugés, tant celles des créanciers utilement colloqués que celles de ceux qui ne viennent pas en ordre utile. La production de l'ordonnance suffira au conservateur pour opérer d'office cette radiation des inscriptions, en tant qu'elles grèvent les immeubles adjugés. Il n'est pas nécessaire qu'on lui remette l'extrait de quittance des créanciers colloqués, dont le paiement est assuré par le dépôt des fonds à la caisse des consignations.

—

ORDRE SUR ALIÉNATION VOLONTAIRE.

Les réformes que nous venons de proposer pour l'ordre sur saisie immobilière, peuvent s'étendre à celui sur aliénation volontaire, à certaines différences près qui résultent de sa nature particulière. Ainsi la consignation du prix ne peut être obligatoire, mais seulement facultative (1).

Les notifications que l'acquéreur est obligé de faire aux créanciers inscrits, devraient contenir la sommation de produire à l'ordre. En cas de surenchère, le créancier qui l'aura faite sera subrogé de plein droit dans la poursuite d'ordre commencée par l'acquéreur, et suivra les mêmes formes que dans celui sur expropriation forcée. Il sera ainsi inutile d'attendre, pour l'ouverture d'un pareil ordre, encore un mois après l'expiration des délais prescrits par les articles 2185 et 2194 du code Napoléon, ainsi que l'exige l'art. 755 du code de procédure.

Nous avons ainsi signalé les vices principaux de la pro-

---

(1) Il serait utile de rendre la consignation obligatoire après les délais de surenchère où le prix est définitivement fixé, lorsqu'il n'y a pas de surenchère.

cédure d'ordre et indiqué les moyens pour les amoindrir. Le mal est d'autant plus grave qu'il ne s'attaque pas seulement aux individus, mais qu'il nuit au bien général. Celui qui connaît les lenteurs actuelles de la liquidation judiciaire des créances hypothécaires, répugne d'enterrer son capital dans un prêt foncier, et le sol, qui devrait être le gage le plus sûr, ne trouve pas le capital nécessaire pour le fertiliser. — C'est donc un devoir sacré pour le législateur d'accélérer l'amélioration de la procédure d'ordre, élément essentiel du crédit foncier.

Dans tout le cours de ce travail nous avons été guidé par la pensée constante qu'en cette matière, plus qu'en toute autre, les réformes ne doivent pas être le résultat de théories absolues. Les lois de procédure ne s'améliorent que par l'expérience pratique qui ne se plie pas aux systèmes préconçus. Aussi peut-on simplifier sa marche, la rendre plus rapide, plus économique, la débarrasser de ce qui prête aux subtilités de la chicane; mais il est impossible de lui en substituer une entièrement nouvelle.

Une économie dans chaque formalité, une abréviation dans chaque délai produisent des résultats très-importants, lorsqu'on les additionne, pour en déterminer la somme dans chaque affaire, et qu'on multiplie cette somme par le nombre total des affaires. Les améliorations de détails amènent le bien général en matière de procédure où l'on trouve tant d'éléments, petits si on les prend isolément, mais énormes dans leur agglomération, pour favoriser le crédit, affermir la propriété, conserver le patrimoine des familles, et par conséquent servir la moralité et l'ordre public, en même temps que la richesse et le bien-être national.

TABLE DES MATIÈRES.

	Pages
CHAPITRE I.	
Critiques de la procédure et leur appréciation.	5
CHAPITRE II.	
Influence que la philosophie doit avoir sur la procédure.	13
Influence fâcheuse de l'esprit philosophique du XVIIIe siècle sur la procédure.	18

PREMIÈRE PARTIE.

Principes généraux et type de la procédure. — 25

CHAPITRE III.

Organisation judiciaire.

De la magistrature.	26
Organisation de la défense en justice.	39

CHAPITRE IV.

Quel est le meilleur système des formes de procédure. — 57

DEUXIÈME PARTIE.

CHAPITRE V.

Sources historiques du code de procédure.	75
Origine et causes de l'institution des offices des procureurs ou avoués.	96

TROISIÈME PARTIE.

Exposé des réformes à opérer dans notre code de procédure. — 110

CHAPITRE VI.

Lacunes du code de procédure et ordre rationnel des matières qu'il contient. — 111

CHAPITRE VII.
De la conciliation.	113

CHAPITRE VIII.
Des ajournements.	124
Constitution d'avoué pour le demandeur.	126
Constitution d'avoué du défendeur.	138

CHAPITRE IX.
De l'Instruction.
Comment les affaires sont portées devant le tribunal ?	140
Comment se fera cette instruction préalable à la plaidoirie ?	149
Des audiences, — de la publicité et de leur police.	152
Des exceptions.	156
Des conclusions du ministère public.	161

CHAPITRE X.
Des jugements.	164
Des dépens.	174
Des jugements par défaut.	181
Des procédures probatoires.	186
De l'interrogatoire des parties.	186
Du serment déféré en justice.	189
De l'enquête par témoins.	191
Des rapports d'experts.	201
Des descentes sur les lieux.	205
Vérification des écritures et faux incident civil.	208
Interventions.	215
Suspensions, reprises et péremptions d'instance.	215
Des matières sommaires.	217

CHAPITRE XI.
De la procédure devant les tribunaux de commerce.	219
Des justices de paix.	225

CHAPITRE XII.
De l'arbitrage.	231

CHAPITRE XIII.
De l'appel.	235
Des voies de recours devant les mêmes juges.	246

CHAPITRE XIV.
De l'exécution des jugements.	249
Idées générales sur l'exécution.	250

	Pages
Notions communes à tous les modes d'exécution forcée.	252
De la cumulation des poursuites.	257
Contestations sur l'exécution forcée.	260

CHAPITRE XV.

Exécution forcée sur les biens meubles.	262
Saisies-Exécutions.	263
De la saisie-arrêt.	270
De la saisie-brandon.	273
De la saisie des rentes constituées sur particuliers.	274
De la distribution par contribution.	275

CHAPITRE XVI.

De la poursuite des biens immobiliers.	277
Effets de la transcription.	291
Des ventes judiciaires devant notaire.	295
Ventes judiciaires devant les tribunaux.	300
Des incidents de la saisie immobilière.	317
De la jonction de saisie.	317
De la subrogation.	318
De la demande en distraction.	319
Des nullités de saisie.	320
De l'appel en matière de saisie immobilière.	322
De la folle-enchère.	323
De la remise de l'adjudication.	325
De la conversion. — Clause de voie parée.	325
De la conversion en justice.	328

APPENDICE.	333

CHAPITRE XVII.

Partages et licitations.	336

CHAPITRE XVIII.

Du tarif des frais pour les ventes judiciaires des biens immeubles.	341

CHAPITRE XIX.

De l'ordre.	347
Réforme de l'ouverture de l'ordre après la saisie immobilière.	348

	Pages
Réforme quant aux délais pour remplir certaines formalités, laissés à la discrétion du poursuivant.	350
Réforme de la confection de l'état de collocation et de la manière de le contredire.	353
Réforme du mode de paiement (consignation, bordereaux).	359
Ordre sur aliénation volontaire.	361

Reims, Imp. de P. REGNIER.

PUBLICATIONS NOUVELLES.

BONNIER, professeur. Traité théorique et pratique des Preuves en droit civil et en droit criminel. 2ᵉ édit., revue et consid. augmentée. In-8. 9 fr.

HUMBERT, doct. en droit. Des Conséquences des condamnations pénales relativement à la capacité des personnes en droit romain et en droit français; Mémoire qui a obtenu le premier prix de doctorat dans le concours de 1845 près la Faculté de droit de Paris, suivi d'un commentaire de la loi portant abolition de la mort civile, etc. 1855, in-8. 6 fr.

LIEGEARD (Step.) De l'origine, de l'esprit et des cas d'application de la maxime « le partage est déclaratif de propriété. » (Mémoire couronné à la Faculté de droit de Dijon, le 15 novembre 1854). In-8. 2ᵉ édit., 1855, 4 fr.

PIOGEY, avocat. De l'influence des lois de procédure civile sur le crédit foncier en France. 1855, in-8. 5 fr.

REGNARD. De l'organisation judiciaire de la procédure civile en France. 1855, in-8. 8 fr.

REVUE HISTORIQUE de droit français et étranger, publiée sous la direction de MM. Ed. Laboulaye, membre de l'Institut, professeur de législation comparée au Collége de France; E. de Rozière, ancien professeur à l'Ecole des chartes; R. Dareste, avocat au Conseil d'Etat et à la Cour de cassation; C. Ginoulhiac, chargé du cours d'histoire de droit à la Faculté de Toulouse. Prix : Paris, 10 fr.; départements et étranger, 12 fr. Cette revue paraît tous les deux mois.

REVUE BIBLIOGRAPHIQUE et critique du Droit français et étranger, par une société de jurisconsultes et de savants, sous la direction de M. Charles Ginoulhiac. Revue paraissant tous les deux mois par livraison d'une ou deux feuilles in-8. Prix de l'abonnement : pour Paris, 3 fr.; les départements et l'étranger, 4 fr.

SALVANDY. Essai sur l'histoire et la législation des gains de survie aux époux. 1855, in-8. 5 fr.

TREBUTIEN, professeur. Cours élémentaire du Droit criminel, comprenant l'exposé et le commentaire des deux premiers livres du Code pénal, du Code d'instruction criminelle en entier, et des lois et décrets qui sont venus modifier ces Codes, jusques et y compris 1853, notamment les lois du 4 juin 1853, sur la composition du jury, du 10 juin, sur les pourvois en matière criminelle, et sur les attentats contre la Famille Impériale. 1854, 2 vol. in-8. 15 fr.

ZACHARIÆ. Le Droit civil français, traduit de l'allemand sur la 5ᵉ édition, annoté et rétabli, suivant l'ordre du Code Napoléon, par MM. G. Massé, président, et Ch. Vergé, avocat, docteur en droit. 5 vol. in-8 30 fr. Prix pour les premiers souscripteurs, expédiés franco.—Après la publication du 3ᵉ volume, le prix sera porté à 37 fr. 50.

Aucun ouvrage, en France, n'a formulé, dans une synthèse plus puissante et à la fois plus lucide, les principes du CODE NAPOLÉON; personne n'a aussi bien exposé que ZACHARIÆ les règles de notre droit civil et leurs conséquences immédiates. Toutefois il importait de rétablir l'ordre si rationnel du CODE NAPOLÉON, sans altérer la pensée de l'auteur. Cette tâche a été savamment et scrupuleusement accomplie par MM. Massé et Vergé, non-seulement pour le texte, mais encore pour les notes (en les distinguant par des signes typographiques) considérables qu'ils ont ajoutées à celles de ZACHARIÆ, afin de compléter son œuvre, en la mettant au courant de la jurisprudence et de la doctrine les plus récentes.

En vente les tomes 1 et 2.

Le troisième volume, contenant les DONATIONS ET TESTAMENTS, et les OBLIGATIONS, est sous presse, et paraîtra fin novembre prochain.

Paris. — Imprimerie d'E. DUVERGER, rue des Grès, 11.

www.ingramcontent.com/pod-product-compliance
Lightning Source LLC
Chambersburg PA
CBHW050549170426
43201CB00011B/1628